Empirical Studies on Women and Gender by Young Scholars

（2012-2014）

青年学者
妇女/性别实证研究成果集

（2012-2014年度）

中国妇女研究会办公室
Office of Chinese Women's Research Society

汕头大学妇女研究中心　　／主编
Center for Women's Studies
at Shantou University

社会科学文献出版社
SOCIAL SCIENCES ACADEMIC PRESS (CHINA)

前　言

　　青年像早晨八九点钟的太阳，青年人的参与是各项事业发展的希望。党的十八大报告指出："中国特色社会主义事业是面向未来的事业，需要一代又一代有志青年接续奋斗。全党都要关注青年、关心青年、关爱青年，倾听青年心声，鼓励青年成长，支持青年创业。"自1999年成立以来，在持续推进妇女研究事业发展的过程中，中国妇女研究会始终把培养妇女研究人才，特别是青年学者作为重要工作任务。通过年度研训班、优秀博士/硕士学位论文评选、基地建设及青年论坛等一系列活动，为青年研究者创造机会、搭建平台。

　　为鼓励青年学者关注中国社会各个领域的发展问题，开展基于性别视角的实证研究，培养妇女/性别研究领域的新生力量，促进妇女/性别研究事业持续发展，从2012年起，中国妇女研究会与汕头大学妇女研究中心合作，由李嘉诚基金会资助，面向中国大陆青年学者开展妇女/性别领域的实证研究项目活动，共资助立项24个青年项目。本书是经专家委员会评审，从2012—2014年度中国青年学者妇女/性别实证研究项目中选择优秀的研究报告结成专集出版，旨在扩大青年项目的社会影响，分享青年学者的研究成果，反映青年学者的学术视角。

　　本书所收集的15份研究报告对妇联组织官方网站、公益性民间妇女组织、网络性别形象、媒介对大学生性别文化认同的影响、"村改居"社区女性生活状况、新生代外来女工、青年榜样的性别形象等问题进行实证研究，涉及社会学、社会工作学、女性学、法学、文学、传播学等学术领域，反映了青年学者敏锐的社会观察力，无论对丰富学术研究还是为完善相关法律政策都具有参考价值。希望本书不仅能激励参与该项目的青年学者进一步深化和拓展他们的研究领域，而且能引导更多青年学者增强性别平等意识，树立马克思主义妇女观，坚持理论联系实际的学风，针对重大现实问题开展实证研究，客观分析妇女发展和性别平等面临的新问题和新挑战，为完善妇女发展和性别平等的法律政策提供科学依据，进一步推动中国特色妇女理论的创新发展。

　　这本论文集是中国妇女研究会办公室和汕头大学妇女研究中心与各位专家学者和青年作者团结合作的结晶。衷心感谢陈瑜、杜洁、蒋永萍、郑真真、佟新、刘爱玉、赵捷、冯媛、方炼、叶文振、王金玲等专家在项目立项评审、项目设计和开展过程中的辅导、研究报告的修改与完善等工作中付出的心血与智慧。感谢中国妇女研究会办公室的吴菁、李海燕、高倩等同志和汕头大学妇女研究中心方炼、黄晓绚、张丽玲、林洁等同志为青年项目管理和成果集的编校付出的努力和辛劳。感谢青年学者们的积极参与。感谢李嘉诚基金会的大力支持。感谢社会科学文献出版社的同志为本书的编辑出版所做的工作。

全国妇联书记处书记兼妇女研究所所长　　　谭　琳
中国妇女研究会副会长兼秘书长
2015 年 12 月 9 日

目 录

促进妇女村民代表参与基层民主管理水平的催化条件
　　——以黑龙江省宁安市项目村培训为例 …………………… 闵　杰／001
"村改居"社区女性生活状况研究
　　——基于社会性别的视角 ………………………………… 张静敏／015
中国农村婚居模式的多样化趋势与性别平等
　　——以江浙地区农村为例 ………………………………… 杨　笛／031
农村仪式性人情活动的性别差异研究 …………………………… 高修娟／046
我国妇联组织官方网站发展研究 ………………………………… 陈　宁／061
青年榜样性别形象的编码与解码
　　——基于"感动中国人物"的分析 ……………………… 王小璐／080
媒介对大学生性别文化认同的影响调查
　　——以中国传媒大学为例 ………………………………… 张敬婕／098
主体建构视角下的网络性别形象研究
　　——以"女汉子""绿茶婊""剩女"为例
　　………………… 张　娜　辛　鑫　王浩然　贺楚君　韩晓乐／109
高校科研人员学术生涯模式性别差异研究 ……………………… 宋　琳／124
高校社会工作专业学生性别敏感度研究
　　——以北京市为例 ………………………………………… 王　颖／138
妇女权益保障法律体系的立法语言研究
　　——以宪法、婚姻法等为例 ……………………………… 张　燕／157
抱团维权：新生代外来女工的一种非正式集体维权
　　——以闽南地区的女工调研为研究样本 ………… 王　兰　陈慰星／175

多重困境下的行动策略：关于公益性民间妇女组织的实证研究
　　…………………………………………………………… 石　鑫 / 191
生育保险取消户籍限制对女性生育权益的影响：基于北京的调查
　　………………………………………………… 黄桂霞　李　文 / 207
服务业转型中售货员多维身份认同的变迁
　　——以 L 市为例 …………………………………… 苏熠慧 / 223

促进妇女村民代表参与基层民主管理水平的催化条件
——以黑龙江省宁安市项目村培训为例

闵 杰[*]

摘　要　随着社会主义新农村的建设和发展，妇女村民代表在基层民主中日益发挥着不可替代的作用，她们行使权力的意愿和能力水平不仅关系着村域内各项公共事务的开展，更关系着农村民主化进程中男女两性权利、机会、资源的获得和分配。本项目试图通过培训达到提升妇女村民代表的社会性别敏感和领导力的作用，在此基础上尝试对促进妇女村民代表参与基层民主管理水平的催化条件进行解构。

关键词　妇女村民代表　基层民主管理　培训

一　研究背景与研究路径

（一）研究背景

参政是"公民自愿地通过各种合法方式参与公共政策的行为"（中国大百科全书总编辑委员会，1992：485）。妇女参政作为衡量社会性别平等和妇女社会地位的重要尺度，既是民主政治的重要组成部分，也是实现社会可持续发展的关键性因素。随着我国经济社会的快速发展和农村劳动力

---

[*]　闵杰，女，黑龙江省婚姻家庭研究所助理研究员，研究领域：社会性别与公共政策。本项目执行在课题设计、研究思路方面深受原课题申请者郝蕊的启发，在此表示感谢。

向城市持续转移，农业劳动力女性化趋势日益凸显。目前，黑龙江农村的年轻劳动力、男性劳动力大量向非农产业转移，2013年全省农业从业人员中50岁以上人口的比重已接近50%，妇女已占农业劳动力60%以上，农业劳动老龄化、女性化现象日益严峻。农村妇女作为农村生产建设的生力军，在政治参与领域也贡献了自己的智慧和经验，成为促进基层民主发展，创新社会协同共治，创新管理的重要力量。

以村民代表的身份行使民主权利，直接参与讨论和决定本村公共事务，并对村干部实行民主监督，是农村妇女参与村务管理的重要途径，在基层民主建设中发挥着不可替代的作用。她们行使权力的意愿和能力水平不仅关系着村域内各项公共事务的开展，更关系着农村民主化进程中男女两性权利、机会、资源的获得和分配。

自2005年黑龙江省第七届村委会换届选举以来，专职专选、"定位产生"成为强力推动农村妇女参选参政的重要方式。一方面，在2011年第九届村委会换届选举中，省委组织部、省民政厅、省妇联联合下发《关于在全省村党组织和村委会换届选举中加强妇女参选参政工作的通知》，对推进农村妇女当选比例加以明确规定："村民代表中女性比例达到三分之一以上，村委会成员中至少有一名女性，村党组织女委员比例和村级组织女性正职比例实现大幅度提升"，从制度层面对农村妇女参选参政加以保障；另一方面，2011年，联合国"推动中国妇女参政"项目选取黑龙江为试点省份之一，也为该省农村妇女参选参政提供了前所未有的历史机遇。在项目实施和工作推进相结合的工作机制下，黑龙江省村委会换届选举程序日益规范，政策环境有所改善，妇女参选意愿有所上升，参选技能有所提高，当选比例震荡攀升。2011年，第九届村委会换届选举中，在完成换届选举的8886个行政村中，共推选产生了妇女村民代表129585人，占村民代表总数的35.2%，比第八届村委会换届选举提高了17.7个百分点，政策收到了立竿见影的实效，这在很大程度上改善了农村妇女在村庄治理格局中的缺席状态。但是，"村民代表中女性比例达到三分之一以上"比例配额这一暂行特别措施并未完全改变农村妇女在村庄治理中的失语处境，甚至加剧新的性别歧视和农村妇女的政治冷漠，在村庄内生型权力分配格局中产生了双重性别焦虑：对于女性来说，一部分被选为村民代表，但本人并没有充分的意愿；另一部分有意愿的妇女村民代表又因参与村务管理的经验普遍欠缺，不懂得如何收集民情，不熟悉村庄管理的规则和程序，对相关的国家法律和政策一知半解，在村民代表会议中往往不能、不愿、不敢表达自己的意见。对于男性来说，大多都抱持着农村妇女参政议政"没必要，也做不好"的心态，因而在男性主导的村务决策中，本应成为战略伙伴的男女两性自然而然因性别划定了一条鸿沟，挫伤了妇女村民代表的自我效能。

（二）研究路径

在妇女村民代表比例不断上升的历史进程中，通过何种方式进一步赋权妇女，扭转和改善妇女在村庄公共治理中的边缘化处境，是摆在我们面前的重要议题。本研究的目的在于设计并实施针对妇女村民代表的参与式培训，选择宁安市两村作为试点村，采用定性研究和定量研究相结合以及参与式行动研究方法，通过培训这一载体促进农村妇女参与基层民主管理水平的提高，并分析解构促进过程中的催化条件。

本研究认为，资本、机会与社会支持是促进妇女村民代表参与基层民主管理的重要因素，其中，资本是个人拥有的基础，机会是对资本的利用，社会支持是妇女政治参与的良好外部环境。本研究假设参与式培训本身既是机会的一种衍生，同时又直接或间接增加了资本和社会支持，而资本和社会支持也在一定程度上作用于培训，最终提高妇女村民代表参与基层民主管理的水平，见图1。

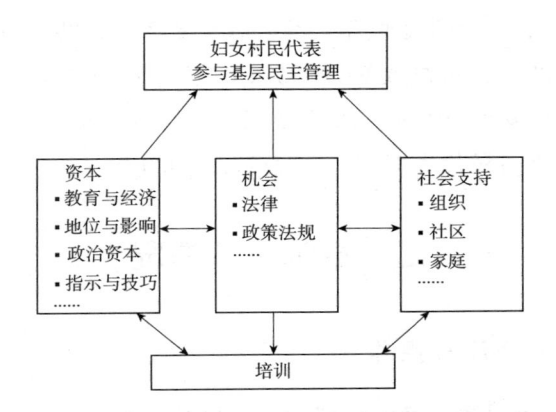

图1 促进妇女村民代表参与基层民主管理的要素与条件

为了更科学地解构催化条件，我们在选择试点村的过程中控制了部分条件：①社会支持。选取的两个村均为联合国"推动中国妇女参政"项目的试点村，市、县（市）、镇各级妇联组织均参与其中，研究学者多次深入村屯，村委会配合程度较高。2012 年 12 月 3—6 日，项目组对两个试点村 81 名村民的性别意识及参政情况展开问卷调查和个人访谈，调查发现受访者普遍认同传统"男主外，女主内"的性别角色分工，认为"妇女竞选村干部不利于家庭和睦""当村干部是男人的事，女人不适合当干部"以及不同意"男人也应该主动承担家务劳动"的受访中，女性村民比例远高于男性。可以说，试点村妇女参政的外部环境呈现一种"外热内冷"的状态。②机会。新修订的《村民委员会组织法》实施之后，黑龙江省委组织部、省民政厅、省妇联在 2011 年村级组织换届前，联合下发了《关于在全省村级组织换届选举中加强妇女参选参政工作的通知》，明确提出村民代表中女性比例达到 1/3 以上、村委会成员中至少有一名女性、村级组织女委员比例及村级组织女性正职比例实现大幅度提升、妇代会主任进村委会达到 100% 的目标。③资本。两个试点村渤海镇大三家子村和东京城镇于家村是唐代"渤海国上京故城"遗址所在地，历史文化悠久；1958 年宁安县成为当时全国第一个扫盲县，当地村民文化水平和自我意识相对较高；两个试点村同时还是享誉全国的"响水大米"产地，当地农民家庭年均纯收入高于全省平均水平。基于以上原因，我们选择两个村中学历为初中及以上的部分妇女代表进行培训。

试点村的基本状况如下：宁安市东京城镇于家村户籍人口为 797 人，其中女性 389 人，2013 年家庭年均纯收入 14832 元，共有村民代表 36 人，妇女村民代表 18 人，占总数的 50.0%；宁安市渤海镇大三家子村户籍人口 1442 人，其中女性 701 人，2013 年家庭年均纯收入 10000 元，共有村民代表 38 人，妇女村民代表 19 人，占总数的 50.0%。

二 培训基本情况

（一）培训设计与操作

培训目标：通过参与式的培训方式，提升妇女村民代表及其配偶的性别平等意识，促进男女共同承担家庭责任，使男女两性都投身于妇女赋权活动之中，并从中获益。

培训对象：联合国"推动中国妇女参政"项目黑龙江试点村宁安市东

京城镇于家村和宁安市渤海镇大三家子村的村"两委"成员、部分妇女村民代表及其配偶、普通村民,计划培训25人。事前将学员要求、数量下发至村委会,由村里统一组织。

培训方法:参与式培训方法,运用游戏、卡片、挂图、小组讨论、小讲座等多种培训形式,倡导参与者"多想一想、多说一说、多问一问、多听一听"的自我赋权模式。

培训宣传:采取面、线、点结合的宣传方式。利用国际项目开展的契机,对试点村、乡镇、市(县)等基层政府层面开展培训的宣传,取得各级政府的支持;将市(县)妇联相关负责人纳入项目组,有针对性地提高其社会性别平等意识,以便在今后的工作开展过程中为乡镇妇联及村妇代会主任提供更多有效支持;在培训进行期间,在培训场地张贴培训名称、培训主要内容以及社会性别平等标语。

培训过程:2013年8月8—9日,项目组运用参与式方法对项目村部分村民代表进行了社会性别意识培训和参政能力培训。培训主要内容为"社会性别平等与女性领导成长""女性参与村务管理的方法与途径""女领导者沟通协调能力的培养""积极参与村委会选举"四个环节。在社会性别意识培训过程中,原计划培训25人(妇女村民代表10人,妇女村民代表配偶10人,村"两委"成员及普通村民5人)。实际参与培训19人。其中,妇女村民代表12人,村"两委"成员5人,普通男性村民2人,妇女村民代表配偶无一人参加。在参政能力培训过程中,原计划培训妇女村民代表10人,实际参与培训12人。

(二)培训效果评估

培训前后我们分别对学员的社会性别意识进行了问卷调查,并对个别学员进行了个人访谈。我们在两个试点村各选取一位比较有代表性的妇女村民代表进行培训前后访谈对比。在培训前的个人访谈中,这两位妇女村民代表的社会性别观念以及对妇女参政的认知相对传统保守,但在培训后有了较大转变。

培训前两位妇女村民代表访谈对话如下:(访问人为A,大三家子村受访者为B,于家村受访者为C)。

培训前大三家子村某位妇女村民代表访谈(部分)

……

A：你怎么看待"男主外，女主内"？

B：我挺认可的，家外的那些事我全都不管，家里的所有事都是我管。

A：家里的大事小事都是你做主吗？

B：小事我拍板，买机械车、孩子上学、盖房子这些事都是我家那口子决定。

A：请问你怎么看待妇女参选参政？

B：咱们都是自己过自己日子，没想到参政议政。

……

A：你的表达能力不错，又能购粮又能推销粮，有没有考虑参加村"两委"竞选？

B：自己能力不够，还需要提高。能管好自己家，但管不好大家。……再说，我家那口子已经是村干部了。

A：你觉得你比你老公能力差吗？他文化程度是……？

B：他初中毕业，我觉得他做事果断，我还是不行。

A：你认为他这种果断是天生的还是后来培养的？

B：我看他是天生的。

A：作为村民代表，你有没有什么需求，比如需要哪方面培训？

B：没啥需求。有就培训，没有培训的话，就算想培训也没地方可去。

A：有的话你想参加吗？

B：行，可以，懂就听听，不懂的话，听了也没有意义。

大三家子村的这位妇女村民代表37岁，家庭收入可观，以水稻和烤烟为家庭主要产业，她的丈夫是村"两委"委员，她本人十分认同"男主外，女主内"的性别分工。培训前，她对培训的态度相对比较消极，认为耽误了自己的时间。培训开始时，被动观望情绪强烈，随着培训气氛整体热烈起来以后，她也开始积极起来。培训结束后，B说："这些年来没参加过什么学习，村里指定让女的参加我还挺意外，就想着没啥事儿来玩玩，没想到真能学到东西"，"重要的是以前想不明白的事情（传统社会性别分工）好像有点儿明白了"，"以后有这机会还来"，"回去就给我家那位上上课","以前（村民代表会议）不知道提啥，现在也能发现点儿问题了，老师讲得很实用，下次提意见就先用这些方法分析分析"。

> 培训前于家村某位妇女村民代表访谈（部分）
> ……
> A：你认为你们村存在男女不平等现象吗？
> C：我觉得，现在据我了解，（于家村）这块儿不存在男女不平等。我觉得无论从经济上还是从应该享受的待遇政策上，各个方面都是男女平等。所以说你刚问到他们，他们也就觉得我在家也是一样，问我什么感受也都是一样。不存在男女不平等。
> A：那2008年当选以后，你的身份也不一样了，那你当了村"两委"成员以后，你是怎样发挥自己的作用呢？
> C：我也不想说，也有苦也有甜。
> A：那你每天都忙村里的这些事，你家里的事谁干，你老公乐意吗？
> C：说心里话，不乐意，要离婚了。家里活一点儿干不上，家里乱他就摔摔打打的，可一说我，我也摔打。……我心里也挺难受的，我家地多，种的样数也多，（村里）来个电话就走了，家里什么也帮不上。有的时候他饭也吃不上。
> A：你自己怎么想？
> C：其实说句心里话，我也挺抱怨的，那没办法，只要你干了，咱还要干好，这是必须的……

于家村的这位妇女村民代表45岁，是香菇种植大户，所在村的"致富带头人"，2008年当选村妇代会主任，兼村调解委员，自我评价"爱张罗，公正，不怕得罪人，嘴冷心热"。这位妇女本身既是村民代表又是村"两委"成员，所以在培训过程中表现得相对比较兴奋，在各个环节都跃跃欲试，培训结束后，C表示"男女平等是个大事，以前不觉得有啥不平等，现在明白一点儿了"，"我也知道有些观念不对，但是按照你们这个，在村里不一定行得通，老百姓不理解啊"，"一两个人明白不行，我们跟别人讲不清你们这道理"，"处理冲突的那些角度我觉得挺好，实用"……

个人访谈中我们还发现，男性村民表现得相当矛盾，一方面他们觉得"别人家的媳妇"确实"更进步了"；另一方面则抱怨"你们来了以后，媳妇儿都不爱做饭了"。

由于培训人员数量有限，我们还采取了个人问卷前后对比的方式进行了统计，结果发现：培训后，村民代表和村干部对男女平等的认识更加深入，对目前存在的男女不平等现象敏感度有所提升（见表1）。

表1 参与式培训开展前后对比

	妇女村民代表		村"两委"干部		男性村民	
	培训前	培训后	培训前	培训后	培训前	培训后
社会性别意识	更认可传统的社会性别分工，不了解"男女平等"的内涵，不能辨别不平等现象	开始反思传统社会性别分工（部分采取实际行动，如向配偶宣传培训内容等），部分明晰"男女平等"的内涵，能辨别部分不平等现象	不了解"男女平等"的内涵，不能辨别不平等现象	开始反思传统社会性别分工（尚未采取实际行动），部分明晰"男女平等"的内涵，能辨别部分不平等现象	更认可传统的社会性别分工，不了解"男女平等"的内涵，不能辨别不平等现象	开始反思传统社会性别分工（尚未采取实际行动），部分明晰"男女平等"的内涵，能辨别部分不平等现象
参政意识	自信心不足，参与意识淡薄	自信心大幅提升，参与热情提高	—	—	—	—
参政能力	能力不足，无法提出合理化建议	能力有所提升，参政质量提高	—	—	—	—
参政价值	多从自身利益以及小群体利益出发	主要以自身利益和小群体利益出发，兼顾妇女利益	—	—	—	—

注：非本研究重点考察的内容用"—"代替。

三 催化条件解构

影响农村妇女政治参与和政治赋权的因素是多元的，既包括资本、机会的可及性，也包括社会支持的建立和拓展。要促进妇女村民代表参政能力的提高，就需要在这些领域消除其制约机制，为农村妇女政治参与和政治赋权营造公平、公正、友好的外部发展环境，并通过强化教育、给予其更多经济发展机会等方式，提高其自我权利意识和参与意愿。从以上评估结果我们可以看出，参与式培训对促进妇女村民代表参与基层民主管理有正向的作用，在一定程度增强了参政意愿，提升了参政能力（包括代表妇女利益的能力），这也证实了部分研究假设。

（一）妇女对资源获得的可及性增强

1. 妇女经济赋权的进一步实现

妇女在经济生活中的自主性和独立性增强，参与家庭资源分配、收入支出等经济决策的活动和行为不仅改善妇女在经济领域的不平等状况，在村庄中更容易获得村民的认可和肯定，更重要的是，经济赋权的实现过程为农村妇女增强自信和能力，重新认识自身在家庭和社会中的价值和作用，以及储备参政知识和人脉资源做好准备。在此基础上，妇女以村民代表的身份参与村庄事务，通过各种途径表达对公共事务的意见与看法，进一步维护自身及家庭（家族）的合法权益和经济利益，则既有信心也有动力，同时也拥有资源（政治信息、参与技巧等）。

在个人访谈中，农村妇女多次谈到经济因素对其参政议政获得家庭支持的巨大影响，"要是没有挣钱的本事，（妇女）连在自己的家里都说不上话，插不上嘴，更别说村里的事了"，"要是不挣钱，男人会更加觉得女人就应该洗衣服做饭捡鸡蛋，照看家里"。在培训过程发现，那些具有"致富带头人"身份的妇女，以及作为家中主要经济贡献者的妇女经过培训后表现出的自信更强烈，对村庄各项事务的表达意愿也更为强烈。宁安市东京城镇于家村村民代表、女种植大户崔某某说，参加这次培训就仿佛"萎靡的秧苗得到了充足的营养和水分"，今后要从"自我利益中走出来"，"给更多姐妹们争口气"。

2. 妇女参政知识与技巧的获得

第三期中国妇女社会地位抽样调查黑龙江统计数据显示，该省农村地区妇女受教育年限为6.8年，比农村男性低0.8年；同时，在培训和进修机会的获得方面存在显著的性别差异，在各年龄段中，农村妇女均低于农村男性。受教育程度偏低，以及继续教育/培训的机会稀少，不仅限制农村妇女在村庄治理过程中发声，也让农村社会对妇女能力的质疑找到了"合理性解释"，"没文化""素质低"至今仍是农村社会对农村妇女的主流评价。培训过程中，一些妇女村民代表表示，在农村地区，总体培训机会就比较少，许多培训机会在男性村领导和男性村民的闲聊过程中就让给了他们，妇女的教育和发展机会无形中流失了，而这种现象势必会加深农村妇女生存和发展的"劣势累积"。在个人访谈中我们发现，农村妇女由于缺乏管理村庄的知识与技能，不仅更自觉接受传统性别规范，也更容易让渡自己的各项权利和机会，对自己的能力和意见常抱着怀疑的态度，在参与村级政治生活时也往往附和他人。

培训设计的"女性参与村务管理的方法与途径""女领导者沟通协调能力的培养""积极参与村委会选举"等三个环节，通过角色体验、案例分析、设计行动方案等方式，使妇女村民代表获得了一定的知识与技巧，通过现场模拟我们发现，多数妇女掌握了如何准备竞选演讲、如何争取村民支持、如何化解矛盾冲突等，并且部分妇女已经具备了社会性别视角，能从村庄治理中发现问题，从只关注自身利益，到有意识地关注妇女群体利益。

（二）充足的制度和机会供给

国家、政府是公共管理的主体，而公共政策是政府进行公共管理包括推动性别平等与妇女发展的主要手段（韩廉、韩自韵，2011），农村妇女的政治赋权有赖于以社会性别平等为价值导向的制度创新和制度推动。最低比例制这一暂行特别措施对保障妇女村民代表的比例发挥了至关重要的作用，为农村妇女参选参政提供了有力支持。最低比例规定在现阶段不仅有助于持续提高妇女村民代表当选比例，推动基层民主，同时也对打破农村男性垄断的权力分配格局，纠正现有性别盲视甚至性别歧视政策，改变根深蒂固的社会性别秩序具有积极意义。在政策由上而下传达和执行的过程中，无论对各级政府部门还是对男女村民的社会性别意识都会产生积极的引导作用，促使全社会对农村妇女在经济社会发展中不可替代的作用进一步认可，对农村妇女参选参政的重要性和必要性认识进一步深化。

(三) 社会支持网络的建立和拓展

1. 先进的社区性别文化初见星火

在培训中我们了解到，"比例配额制"保障了妇女村民代表得以进入政治生活，多数妇女村民代表最初都很欣喜能获得这种身份。但这种自上而下的保护性政策在进入村庄治理的真实场景中会不同程度地消解，妇女对村庄公共事务的实际话语权仍然微弱，甚至妇女会因村庄权力结构的巨大压力而主动回避男性化的"权力场域"，退缩到传统村庄妇女的固有场域，形成新的性别隔离。这也正是"如果保护性政策不从根本上将性别意识根植于男性主导的社会并改变这种社会的文化，在政策运行中往往可能徒具工具理性而丢失价值理性"（陈琼、刘筱红，2008）的危险。

参加培训后的村干部、男性村民开始有意识地反思自身曾有悖于男女平等基本国策的思想、言语和行为，有的村干部在农村基层民主管理中有意识地倾听妇女的意见和诉求。而在项目运作下，男女村民对农村妇女在村庄建设中不可替代的作用有了更加深刻的认识，男性开始意识到自己也是妇女政治赋权的获益者；女性内在觉醒度、参与程度都有一定的改善。

2. 妇女村民代表自信心和参政意愿的提升

自信心是发展更加积极、更有影响力的自我意识，获得自己对生活的决定权和行动权的基础，是农村妇女参与村庄治理、实现政治赋权的心理基石。农村妇女由于历史和现实的原因，往往对自己的能力和贡献严重低估，然而当她们群体中出现一位"榜样"，她们的自信心就会点燃。培训过程中我们发现，当一位妇女表现得积极踊跃之后，大家都会因此受到鼓舞，开始尝试表达自己的真实想法，参与的热情也随之高涨，互动的积极性也相应增强，对角色体验、案例分析、设计行动方案等环节表现出跃跃欲试的状态。

通过对传统社会性别观念的辨析，妇女村民代表们感觉"茅塞顿开"，找到了内心深处那些"莫名压力"的来源，认识到"自己只围着家转，生活很窄"，并且意识到性别与能力并无绝对联系。培训进行到最后一个环节——"积极参与村委会选举"时,妇女村民代表轮流登台,演讲现场气氛热烈,有三名妇女村民代表当场表示下次村委会换届选举自己愿意"试一试"。

四 思考与建议

(一) 思考

政治参与和政治赋权是妇女的基本人权之一,也是衡量一个国家政治民主和社会进步的重要标志。尊重和保障农村妇女的政治权利,促进农村妇女政治赋权是国家履行《消除对妇女一切形式歧视公约》、落实男女平等基本国策的现实需要,是体现权利公平、机会公平、规则公平的法律制度框架的内在要求,是完善基层民主政治制度的重要举措。尽管比例配额制的施行取得了立竿见影的效果,妇女村民代表的比例达到或超过了1/3,然而如果两性村民内化的传统性别观念不能真正得到纠正,不能从思想意识领域认识到性别平等对于自身和村庄发展的意义,并促使妇女村民代表在参政议政能力上切实提升,那么村庄各项公共事务商议和决策的过程,势必成为再现家庭性别关系的镜像,妇女的"第二性"处境仍旧无法扭转和改善。

如果说村庄的权力分配格局是一个坚硬的瓷器,那么针对妇女的培训也许可以在这个瓷器上敲出一点儿裂缝来。培训一定程度上促进了妇女自我效能的提升,知识和技能的增多,并且强化了经济赋权的效应,为先进性别文化的形成创造了可能,通过这些催化条件最终促进了其参与农村基层民主管理的水平。

然而,在各种催化条件中,本次培训对家庭支持网络的构建却起到了反向作用。妇女村民代表的配偶无一例外地拒绝了参加培训,在他们看来"能同意她参加培训就很不错啦","我很支持她,还用得着培训吗?","你们来了,我媳妇儿都不做饭了","一家学一个就行了"。当然这并不能说明培训本身不能促进家庭支持网络的构建。妇女村民代表表示"你们选的培训时间不太好,现在正是农忙的时候";男性村民认为"一听说是妇女培训,我们觉得跟自己关系不大,可来可不来的时候就不来了"。家庭成员的支持是妇女村民代表参政议政的重要推动力,参训的男性村民表示,在农村,参与政治生活最重要的家庭支持就是家庭其他成员对家务劳动的分担。一方面,农村妇女承担了家庭中"大部分"或"全部"的做饭、洗碗、洗衣服、做卫生、照顾孩子生活等无酬照料劳动,耗费了妇女大量时间和精力,挤压了她们自主学习和与他人交流的机会,阻碍妇女社会资源的获取和参政能力的提高;另一方面,随着农业劳动女性化的日益加深,妇女承担农业劳动和副业活动的人群比例和时间也在增加。家务劳动以及农业生产劳动的双重负担使得农村妇女的劳动总时间远远高于男性,她们参与村庄治理的时间就更加少了。而且,由于家务劳动的重复和繁重,没有固定的休息时间和劳作时间的区分,当村民代表会议的召开时间与做饭、洗碗时间重合,或者选择晚上召开时,妇女往往因为忙于做饭和照料孩子而难以参加。这一现状反过来又会成为村庄政治生活排斥妇女的"正当理由",加剧妇女在村庄公共事务决策过程中的边缘化处境。

当然,由于培训对妇女自身意识的唤醒,加之实用技巧的传授,在一定程度上可提高妇女在家庭中"谈判"的技能,从而在寻求家庭其他成员的支持方面赢得可能。

(二) 建议

1. 强化针对包括妇女村民代表在内的农村妇女能力培训

为农村妇女提供与其需求相匹配的各类信息、培训和服务,改变农村妇女政治参与能力不足、机会匮乏的劣势。政府部门在各项资金使用过程中注意向农村妇女倾斜,在农村定期开展农村妇女参政能力参与式培训,组织促进农村妇女进村"两委"、当"村官"的好经验、好做法等交流培训会,尝试组织妇女小组自我学习活动等。农业部门的培训资金中应确定一定比例的妇女培训专项资金,组织开展具有性别平等视角的创业培训,在"阳光工程""现代新型职业农民培训""现代农业人才支撑计划""农村实用人才培养计划"等现有项目培训中,应明确执行妇女参训比例不低于40%、培训学时不少于150小时的规定,并逐年扩大培训覆盖面,力争推动妇女参训比例与妇女参加农业生产劳动比例一致。在高等院校开办的农民合作社学院或专业学科招生中应向农村妇女有所倾斜,在同等条件下应优先录取和选送女性学员,特别是女大学生"村官"、优秀妇代会主任及"巾帼现代农业科技示范基地"领办人。

2. 开展立体式社会性别意识培训

鉴于先进的性别文化形成需要漫长的过程，探索恰当的培训方式是接下来要做的工作之一。通过本次研究我们认为，社会性别培训的时间应不少于 4 课时，过短的时间不利于学员打破原有性别观念进行重组和构建。此外，在培训实施中尤其要注重利用公共部门和广播、电视、报纸、网络等大众传媒的宣传权威性，在农村大力宣传男女平等的宪法原则和基本国策，系统介绍保护妇女权益的各项法律法规，宣传妇女在政治、经济、文化发展中的贡献和妇女在村级事务管理中不可替代的作用，提高社会各界和广大农民群众对农村妇女参与村级事务决策管理重要性的认识。要消除村规民约中的性别歧视，推动变革农村传统性别分工制度，引导农村男性更多地承担家庭责任，减轻妇女家务负担，为农村妇女参选参政创造更加平等宽松的社会环境。

3. 在农村发展托幼、养老等社会公共服务，减轻农村妇女家务照料负担

家庭照料不仅影响妇女参与有收入的社会劳动，而且阻碍农村妇女政治赋权的实现。政府部门应发挥主导作用，引导和规范市场，在农村地区提供可负担的、相对优质的托幼和养老等社会公共服务。这不仅可以使农村妇女更好地创业就业、参与经济社会发展，同时也为其更好地实现政治参与解除后顾之忧，在一定程度上还可以扭转"男主外，女主内"的传统社会性别观念，为农村男、女两性共同发展提供友好的社会环境和制度支持。

参考文献

陈琼、刘筱红，2008，《保护性政策与妇女公共参与——湖北广水 H 村 "性别两票制" 选举试验观察与思考》，《妇女研究论丛》第 1 期。

韩廉、韩自韵，2011，《'95 世妇会以来中国以公共政策促性别平等的新进展》，《湖南师范大学社会科学学报》第 6 期。

中国大百科全书总编辑委员会，1992，《中国大百科全书（政治学卷）》，中国大百科全书出版社。

"村改居"社区女性生活状况研究
——基于社会性别的视角

张静敏[*]

摘　要　从我国当前社会经济发展形势和社会政策发展趋势来看，"村改居"必将在一定阶段内长期存在。在"村改居"这一社会变革过程中，由于传统社会性别观念的影响，基于性别的家庭分工使得女性发展面临更多挑战。本研究采用个案研究的方法，选择"村改居"社区女性为研究对象，呈现她们的生活状况及发展过程遇到的困境，并提出改善的对策。

关键词　村改居　女性　生活状况　社会性别

一　研究背景

"村改居"是指按照"居住社区化、资产股份化、就业非农化、福利社保化"的目标要求，将"村民委员会"改为"居民委员会"，使行政村的性质从农村向城市转变。它所涉及的范围非常广泛，具体到实行"村改居"政策的农村地区来说，从行政体制上将农村村委会改为社区居委会，使农村居民转变为城市居民，同时也失去了他们所赖以生存的土地。

政府与学术界对"村改居"有普遍共识，实施"村改居"，是城市化进程中的必由之路，对社会发展具有重大意义。实施"村改居"有利于加

---

[*] 张静敏，女，山东女子学院社会与法学院副教授，研究领域：妇女社会工作。

快城市化、城乡一体化进程,能够进一步健全完善城乡统筹发展机制,能够推动发展方式加快转变,能够更好地保护和发展群众利益,能够加快推进城乡基本公共服务均等化等。也就是说,实施"村改居"要能改善民生,把城乡二元结构变成一元结构。但"村改居"政策的实践情况却与这些共识相差甚远,已有政府调研与学术研究发现"村改居"后社区存在诸多问题,由于相关惠民利民政策落实不到位,"村改居"后居民的可持续发展受到威胁;由于"村改居"后居民没有享有与城镇居民身份相应的城镇社会保障制度,他们的生活不确定性增加,当失业或是伤残等现代社会不可预料的风险来临时,没有稳定可循的机制可以保证他们有尊严地生活;由于政府没有明确对"村改居"社区建设的职责,致使社区建设资金缺乏,社区公共服务不足,社区公共基础设施维护和完善乏力。总之,"村改居"后居民并没有享有市民待遇,社区居民普遍存在就业发展、社会保障及自我身份认同等问题,同时,社区自身也面临社区管理体制的转换。

在学术期刊网上检索,发现现有的相关生活状况研究,一般从经济状况、社会保障状况、社会交往状况、闲暇活动及自我观念等几个方面展开。在实际研究中,往往因研究目的不同对生活状况这一概念内涵做具体界定:对老年群体生活状况研究一般从居住方式、经济状况、医疗状况、闲暇活动、养老方式与养老观念等方面进行调查分析(韩梅等,2009);对高龄老人生活状况研究则从生活料理、医疗保健、日常活动、娱乐休闲等方面进行描述(陈星宇,2009);对"城中村"改造后居民生活状况的研究,则从居民的收支变化、出行方式变化、邻里关系和就业状况变化入手调查(王宁等,2008);对农民工生活状况研究则从就业与收入、劳动权益、社区生活环境、社会交往与闲暇生活等方面分析(《当前农民工工作和生活状况调查研究》课题组,胡杰成,2011);对中间阶层社会生活状况调查则从居住模式、社会交往、婚姻匹配和生活方式四个方面着手(李路路等,2009),尚未发现对"村改居"社区女性这一群体生活状况的研究。本研究将从经济收入、社会保障、家庭关系、社会网络、自我发展等方面调查分析"村改居"社区女性的生活状况。

从运用社会性别视角开展研究的现状来看,尚未发现在"村改居"社区研究中采用性别视角。本研究运用社会性别理论审视"村改居"社区女性的生活状况,探讨"村改居"这一由上而下由政府主导的社会变革导致的社会变迁，对身处其中的女性的影响，既从微观上分析女性个体及群体应对"村改居"带来的一系列变化行动、策略，描述女性个体的自主性、能动性，也从宏观社会结构的角度分析制度变革对女性生活状况的影响，从而丰富学术界对"村改居"社区女性群体及"村改居"制度本身的认识。

从我国当前社会经济发展形势和社会政策发展趋势来看，"村改居"必将在一定阶段内长期存在，在"村改居"这一社会变革过程中，受传统社会性别观念的影响，基于性别的家庭分工，使得女性发展面临更多挑战。本研究选择"村改居"社区女性为研究对象，从经济收入、社会保障、家庭关系、社会网络、自我发展等方面呈现她们的生活状况及发展过程遇到的限制，将为政府和相关部门制定、完善与"村改居"相关的政策、服务提供参考依据。

二 研究方法

本研究将山东省济南市长清区乐天小区作为调研地，以文献法、访谈法、实地观察法等定量及质性研究方法收集资料。从 2013 年 4 月至 2014 年 4 月选取处于不同生命周期、具有不同人口学特征的社区女性、基层政府人员、女性相关群体等作为访谈对象，深入了解女性的生活状况，了解他们对女性生活现状的感受和看法。同时深入调研地，参与观察社区女性的日常互动，发现女性的日常生活逻辑。

三 研究对象基本情况

（一）社区基本情况

本研究调研地点为山东省济南市长清区乐天小区。长清区为了支持济南西部新城区建设，按照总体规划，积极对高校科技园内涉及的村庄和群众进行了整体搬迁，规划建设了长清区乐天小区。长清区乐天小区无论工程投资、建筑规模，还是搬迁村庄、居住人口都是山东省最大的居民安置小区。它位于长清区文昌街道办事处原东、西八里村，占地 1002 亩，规划建设住宅楼 135 栋，5000 余套，总投资近 10 亿元，总建筑面积 73 万平方米；其中公建面积15.71万平方米，商业用房3万平方米，绿化率达35%。根据建设需要，现有文昌街道办事处2个村、崮云湖街道办事处9个村，共计11个村庄的4276户10069人已入住108栋楼房。小区安置楼房在建27栋。社区内建有4所学校和1所托老所。① 社区周边有9所大学，第三产业发达。

（二）访谈对象基本情况

本研究访谈对象为处于不同生命周期、具有不同人口学特征的社区女性、基层政府人员、女性相关群体等。依据年龄，考虑家庭生命周期将同一家庭的男性、女性，或是不同家庭的男性、女性划分为16岁~22岁、23岁~35岁、36岁~45岁、46岁~55岁、56岁及以上不同组。访谈时重点注意计划生育政策、大病医保、养老、医疗及就业方面，以及传统的男外女内的性别分工对两性发展的影响。

四 "村改居"社区女性生活状况

"村改居"社区女性群体本身具有多样化的特点，处在不同年龄、不同生命周期、不同家庭经济基础、具有不同受教育水平的女性，"村改居"对其经济收入、社会保障、家庭关系、社会网络、自我发展等方面的影响是不同的。总体上讲，受教育水平低、年龄较大、处于育龄期或家庭照顾责任大的女性，一般处于做家庭主妇、兼做零工的状态，较少有独立的货币收入，其社会网络没有实质性变化，谈不上自我发展。受教育水平较高、年青、容易接收新知识、适应新环境、家庭照顾责任较小的女性，容易实现市场化就业，但就业质量与同样情况的男性相比低得多。有独立的货币收入，社会网络的异质性增加，发展了基于业缘、趣缘的关系网络。年龄在60岁及以上的老年女性较"村改居"前更有价值和尊严，她们对家庭的贡献以货币的形式呈现，但仍然存在实际的生活压力和对未来生计的担忧。

---

① 《长清区乐天小区成为山东省最大的居民安置小区》，大众网，http://www.dzwww.com/shandong/sdnews/200510/t20051019_1229439.htm。

(一)"村改居"社区女性的就业、经济收入状况

"村改居"后社区的经济、社会生活呈现出势不可挡的市场化趋向，经济收入按资本分配的趋势明显，资本性收入越来越成为个人、家庭收入差距的主要原因，通过辛勤劳动致富的信仰受到冲击。面对"村改居"这种不可抗拒的社会制度变迁，她们的就业境遇呈现以下特点。

1. "村改居"后社区女性有独立经济收入的可能性增加，但收入的不稳定性增加，收入差距越来越大

"村改居"后社区女性就业及经济收入来源呈现多样性。"村改居"前，以农业生产、家务劳作为主的女性，没有独立计量的经济收入；"村改居"后，大部分女性的经济来源有了多种可能性：有搬迁时按居民身份而获得的补偿款、分红、利息、安置房等，还有通过打零工等获得的临时性收入，通过出租房屋获得的租金收入，也有通过投资理财产品获得的资本性收入等多种收入。"村改居"前以打工、个体经营为主，基本实现职业转移的女性，有一定的商业意识，有独立计量的经济收入，"村改居"变迁成为她们发展的机遇，其收入更加多元：除打工、个体经营获取收入外，还凭借"村改居"变迁中获得的地域优势获取其他收入，如房租、店铺租金等收入；也有通过投资理财产品等获得的资本性收入。女性个人的受教育水平、市场竞争意识、家庭原有的经济结构对其收入影响非常大。

2. "村改居"社区女性就业稳定性、可持续性差

理论上讲，"村改居"这一变迁，使女性摆脱农业劳动的拖累，有时间和精力，可以完全投入自由的劳动力市场；拆迁过程中给付的土地补偿款，也使有创业能力和想法的人有了一笔创业资金。但现实中自由劳动力市场择优录用的原则，对因历史原因在文化教育和技术上不具备优势的中老年女性不利。年龄超过 45 岁，受教育水平低（小学学历），不具备市场需要的职业技能的女性，很难就业，即使勉强获得就业岗位，也是工资低[1]、待遇差的岗位。大多数处于生育期、哺乳期的女性，承担着较多照顾家庭责任的女性没有实现市场化就业。即使年轻一点的、家庭照顾责任小的女性也是在非正规部门、灵活就业者居多，工作的可替代性强，工资

---

[1] 2013 年长清区月最低工资标准 1220 元（适用于全日制就业者），每小时工资 12.5 元（适用于非全日制就业者），《山东省人民政府关于公布全省最低工资标准的通知》，鲁政字〔2013〕39 号。

普遍低，用人单位不愿签订正式的劳动合同，因此，工作的稳定性不够，更谈不上持续的职业发展。

3. "村改居"社区女性缺乏就业、创业机会及相关支持

"村改居"社区女性就业境遇严重依赖于社区周边经济发展情况，驻社区的企业、单位提供就业岗位的能力。她们主要通过熟人、朋友等非正式网络获得就业创业信息和机会，极少接触到社区、居委会、政府、媒体等正式网络的就业创业信息和机会。政府提供的各种形式的就业培训，因为各种原因，并未使女性受益。作为准基层政府的居委会的支持常以"社区能人"的方式呈现，社区女性能否就业问题转变为居委会领导的个人社会活动能力是否突出的问题。

（二）"村改居"社区女性的社会保障状况

1. "村改居"社区女性主要被纳入农民社会保障体系，影响了女性的生存与发展

"村改居"政策实施时，已年满60岁的居民每月获得55元的养老金，一个隐性强制性前提条件是：子女必须参加新型农村养老保险。济南市长清区政府2014年政府报告中指出，2013年城镇居民人均可支配收入、农民人均纯收入分别达到25720元、12770元，分别增长12.6%和12.8%。处在这样的经济发展状况下的老人依靠55元养老金无法满足其基本生活需求。低水平的养老保障，使得60岁以上的老年人注重储蓄，并注重维护与子女间的关系；即将迈入60岁的中老年人，对未来的晚年生活充满担忧。老年女性与男性相比，承担更多的家务劳动，照料孙辈生活起居，这个年龄段的老年夫妻合作密切，分工明确：男人负责孩子接送、购物、打扫，女人负责洗衣、做饭。在调研中发现，60岁以上的健康男性比较容易找到学校传达员、楼管这样的就业岗位，收入在1000元左右，而这一年龄段的女性没有就业机会。

"村改居"后的社区居民享有的仍是新型农村合作医疗、新型农村养老保险等适用于农民的社会保障体系，保障水平低，保障项目少。没有享有包括生育保险、最低生活保障制度、失业保险等城镇居民享有的社会保障项目，大病保障的社会共济机制也未建立，对于经历生育风险、预期寿命长、就业不稳定、独立经济收入低的女性来说，担忧自然更多一些。

2. "村改居"社区女性社会风险意识觉醒

由于"村改居",失去了土地,居民感受到更强的生活不确定感,因此,会有计划地储蓄及购买商业保险以确保生活中遇到大事件时能应付过去。"村改居"后社区女性的社会风险意识提升,不管是个人,还是家庭都会努力提高抵御风险的能力,并采取多种渠道保障。养儿防老的观念有所减弱。

低水平的医疗保障,有限的公共医疗供给,使得新农村合作医疗保险的意义大打折扣。近几年,政府、基层组织对居民的社会保障投入增加,居民个人缴费增加,政府补贴增加,新型农村合作医疗的报销比例较之前有所提高。但受访居民表示新农村合作医疗保障水平低,报销的程序烦琐,报销的限制多,购买药品的品种类型少,在指定医疗单位购买药品、治疗的费用,即使享受补贴后,与在一般私人医疗单位所花费用相差无几,况且就医、报销都很不方便。可见,低水平的社会保障项目无法让处于高风险的居民产生安全感、归属感,因此,居民表示生病或是养老都不能依靠社会保险,经济上有余力的购买商业保险,经济上没有余力的老年人重视身体锻炼,自求多福。

(三)"村改居"后社区女性的家庭关系状况

"村改居"后社区女性的家庭关系变得复杂多样,婚姻中的情感性、功利性等因素并存:大家庭、核心家庭、单亲家庭、单身家庭等多种家庭形式并存;日趋重视小家庭,提倡两代家庭间独立又相系的关系。家庭、婚姻越来越成为一种个人生活方式的选择,而非生存方式的选择。年青一代的夫妻关系面临新的挑战。这与现代社会中婚姻观念及婚姻实践的多元存在是一致的,也与现代社会的发展趋势保持一致。由于居住方式、居住空间变化,以核心家庭居住的形式为主,两代人之间交往频度减少,婆媳关系更加容易和睦;与大家庭,也就是亲缘家族的交往频度降低,交往内容以大家庭的重大事件为中心,并且由老一代组织,年青一代对此越来越淡然。总体来看,"村改居"后女性对家庭关系的变化感受复杂。一方面感觉家庭关系更加和睦了,另一方面各种形式的家庭冲突不断。

1. "村改居"后女性面临新的婚姻问题,缺乏应对能力

受访女性普遍认为"村改居"后夫妻更和睦了,不再为钱吵架,减少了因经济困窘造成的家庭冲突,但缺乏有效的沟通、交流,缺乏夫妻相处的技巧，婚姻质量和满意度并没有提高。同时，部分婚姻不稳定性增加，主要是由于"村改居"过程中，有些人为了经济利益仓促结婚，婚姻基础不稳定，但为了房子，双方又拒绝离婚；另外也出现了家庭暴力、婚外情、离婚等问题，面对婚姻问题，女性往往缺乏应对能力。

2. "村改居"后女性在子女教育方面面临新挑战

在访谈中发现，"村改居"后，由于生计方式的变化，女性有了更多闲暇时间，也有更多时间关注孩子。对于依旧在照顾孩子方面承担主要责任的中年女性来讲，她们感受到很大的责任及压力。没有了土地，她们感受到更大的生活压力。她们意识到知识的重要性，因此更加重视对孩子的教育，愿意在孩子教育方面投入经费，但由于自身素质及缺乏必要的家庭教育方面的社会支持，感觉无教育、引领的能力，徒有期望，结果是造成偏重孩子文化、技能方面的学习，但在亲子沟通方面存在不足。

3. "村改居"后婆媳关系总体上趋向和谐

在访谈中发现，"村改居"后，由于经济压力减少，空间距离增加，多数家庭婆媳间关系大为好转。当然，小的矛盾还是存在，婆媳间缺乏相处的技巧，老人的照顾问题尤为突出。相对独立的居住空间减少了摩擦，但"有钱就有地位了，年轻的也尊重你了"，对婆媳关系变好的经济原因的强调，让人担忧。试想，如果年老而无经济能力，是不是就很难受到尊敬呢？同时，如果认为经济能力是家庭地位最主要的表征，那么女性照顾家庭的无酬劳动就不会受到重视。

影响"村改居"社区女性婚姻家庭稳定的因素变得复杂多样。土地补偿款的分配使用、居住方式和居住空间、就业方式、社会网络等因素对婚姻家庭关系的维持起到重要作用。相对独立的居住空间，使得两代人之间的日常生活摩擦减少，老人货币化的家庭作用，获得年青一代的尊重。对失去市场化的就业能力、进入老年期的女性来讲，"村改居"变迁，将她们对家庭的贡献货币化，她们的社会价值、家庭价值得以凸显，使其家庭地位、自我形象感及生活水平有了明显提高。在传统文化和现实社会经济条件下，在社会保障制度无效的情况下，家庭成员是有现实照料需求的老年人最主要、最希望的照料依托，老年人必须小心维护与成年子女间的关系，老年女性往往通过照料孙辈和做大量的家务劳动来维护与成年子女间的互惠关系。

（四）"村改居"后社区女性的社会网络状况

社会整合的观点认为，个人的社会互动越稀少，存在的与社会相关的问题则越多，因此需要更多地与社会进行联系。本研究在调研中特别关注女性社会互动交往的对象、互动的频次、互动的深度等，以考察其社会网络状况。"村改居"后社区女性的社会网络有业缘、趣缘、地缘、亲缘、姻缘等多种可能的基础，不同受教育水平、不同就业状况女性拥有社会网络的数量、质量表现出更多的差别，但由于居住方式、居住空间的变化，使得基于地缘的邻里关系变得越来越弱，交往越来越表面化，甚至没有交往，当然也没有互助。由于从事非农产业的工作发展了基于业缘、趣缘的社会网络，处于转变适应中的小家庭，其姻缘、亲缘基础上的关系作用重大。

1. 长期在乡土社会积累的非正式社会关系网络以及嵌于其中的社会资本面临重构的挑战

有着相近社会位置的人们之间的社会交往要比其社会位置相差大的人们的交往普遍些（布劳，1998）。从调研中可以看出，"村改居"社区女性的关系纽带仍以血缘、地缘为主，沿袭着传统乡村社会的特色。但是，地理空间的移动割裂了她们原有的社会关系，人际关系处于断裂重建状态。原先在农村社区，村民在日常生活事务中的相互帮助，往往是其日常生活和经济活动等各个方面必不可少的支持系统。"村改居"后，建立在乡土社会的交往圈子在场域的变化下，交往方式发生变更，例如之前相互间串门聊天等交往方式不再继续，原先形成的社会关系网络和社会资本由于"村改居"后场域的变更而贬值或失效，对其在城市社会和非农业领域的经济、社会参与助益甚微。在"村改居"社区女性的社会交往中，趣缘、业缘关系的重要性日益凸显，这使得"村改居"社区居民的社会交往又有了些许城市社会交往的特征。

2. "村改居"社区女性个体之间缺乏互动，联系较少

政府给予女性一定物质帮助、指导等形式的社会支持，但没有有意识地营造社区居民互动的公共空间。"村改居"社区女性缺乏进行社会交往的媒介和平台，没有形成相互支持的社会网络，导致女性呈孤岛般存在，她们之间缺乏互动联系。

（五）"村改居"后社区女性的自我发展状况

"村改居"后社区女性脱离农业生产，有了闲暇时间，可以在社区休闲广场健身娱乐，发展与个人兴趣相关的爱好特长。另外，由于有了多样化的经济收入来源，或是在要获取更高收入的压力下，她们越来越注重个人职业技能、文化水平的提升，积极利用现代传媒获取信息，衣、食、住、行标准在向城市市民靠拢。

1. 女性消费、休闲观念与方式趋向现代化

在访谈中，多数女性提到现在的消费观念、休闲方式和以前大不相同。由于在"村改居"过程中，每个村民都得到相应的补偿，衣食暂时无忧，大多数人的谋生方式改变，不需要再下地干活。受访者认为她们不用再"灰头土脸"，也不会再被太阳晒黑了，更加注重自我形象。很多女性的消费观念改变，舍得在吃穿上花钱，也有娱乐的需求，但目前休闲娱乐方式单一，社区也缺乏相关的服务。"村改居"后，女性开始有了追求高品质生活的需求，但同时也有了对重大疾病等意外的担忧。

2. 女性的自我发展意识得到提升

研究发现，受访女性提到"村改居"后，她们增加了提升自我文化素养和能力的需求。很多女性希望参加各种培训班以提高自己的生活能力，也希望能有机会多和其他女性一起分享沟通，增加互动机会。

3. 女性具备了一定的现代意识、独立精神

由于"村改居"，失去了土地，女性感受到更强的生活不确定感，因此，会有计划地储蓄及购买商业保险以确保生活中遇到大事件时能应付过去。在"村改居"变迁中，没有享受到政策利好的年轻人，强调生活机会的自我创造，生活水平的自我保障。通过增强自己在就业市场上的竞争力来把握自己的未来。养儿防老的观念有所减弱。男女平等的意识增强。受传统家庭分工的影响，男性自我发展意识高于女性，表现在更有动力和行动力去学习更新技能、建设维护社会网络等。

4. 女性不确定自我的身份归属

研究发现，年龄、受教育程度对身份认同影响最大。"认同可以来自于支配性制度，但只有行动者将其内化，且将其行动意义环绕着这一内化过程建构时，它才能成为认同"（卡斯特，2003）。"村改居"社区女性的年龄、文化程度和对生活现状的满意程度与认同度相关，其中年龄与认同度呈负相关，即年龄越低越倾向于认为自己是城市人，不同年龄对自我的身份归属感具有不同影响。14~30岁的青年人中82.1%认为自己已经是城市人，而老年人中过半的人倾向于认同农村生活。文化程度与认同感呈正相关，即文化程度高的群体，倾向于认同市民身份，愿意留在城市生活。

五 "村改居"社区女性生活状况改善的障碍因素分析

在"村改居"这一政府主导的自上而下的社会变革过程中，社会问题的产生与集体、政府的退出，市场化机制的演进有关，加之传统社会性别观念的影响，基于性别的家庭分工使得女性发展与男性相比面临更多挑战。

（一）传统社会性别观念的影响

传统社会性别观念渗透到与女性生活状况相关的社会政策、社区文化、家庭安排、自我发展等各个方面，阻碍了女性在经济、人格、精神方面的独立发展。

1. 政府主导下的相关拆迁补偿安置政策，忽视了失地女性居民现实处境，使女性处于不利的政策环境中，直接或间接地损害了女性权益

安置房大部分没有独立产权，只有购房合同，没有房产证，分房选房的时候以家庭户为单位实施，使女性迫于亲情、面子不好意思主张个人财产权益，也使将要出嫁的女性、婚姻破裂的女性较难实现自己在家庭中的财产权益，迫使女性更加依赖婚姻家庭。"村改居"之初，政府承诺计划生育政策保持不变，第一胎是女孩，就可以生第二胎，迎合了村民的习惯，但客观上造成女性忙于生育、照顾孩子，不利于女性进入社会生产领域。政府提供的相关就业培训、创业扶持政策，往往以家庭为政策对象，没有考虑到女性的现实处境，缺乏针对女性特点的就业培训、创业扶持政策。

2. 社区文化观念发展滞后于社区变迁的速度，延续传统性别观念，阻碍了女性进入自由的劳动力市场

社区的性别意识认为，男性是家族的继承人，负责养家糊口、对家庭的经济收入和社会地位获得负有主要责任，延续传统性别意识中男高女低的择偶模式，男主外女主内的家庭分工模式，提倡、强调女性在家庭中的付出，不提倡、不主张女性在家庭中的权益。社区普遍重视家庭生活，视照顾家庭为女性主要、首要责任的观念，被绝大多数女性内化为自觉遵守的人生准则。对大多数"村改居"社区女性而言，由于传统婚姻家庭观念的影响，结婚、生育均会影响女性就业的持续性。再加之对家庭利益最大化的考虑，使得大部分已婚女性选择就业岗位首要原则是工作地点就近原则——在社区及其周边（能及时回应家庭的需要）。第二个原则是不与照顾家庭责任相冲突的灵活机动原则。在这两个原则指导下择业，女性就业范围、领域必然有限，进入社会生产领域难，获得持续的职业发展更是难上加难。

3. 家庭整体利益最大化的原则，延续并强化着传统的家庭性别分工

强化男性负责经济收入、女性负责家庭照顾的性别分工，在机会、资源有限的情况下，出于家庭利益最大化的考虑，往往牺牲女性的职业发展以支持男性的事业：女性在未婚阶段因重男轻女的家庭发展策略而缺乏创业机会，在已婚阶段又因履行母职、妻职而错失创业、就业机会，最终导致女性经济独立发展的机会减少。

4. 大多数女性个体内化了传统的社会性别观念

女性个体自觉或不自觉地迎合、接受社会与家庭对女性的性别定型与期待，自主或被迫地承担照顾者角色，满足社会、家庭对女性的期待，忽视自我发展。作为女儿，为大家庭牺牲自我发展的机会；作为母亲、作为妻子，为小家庭的长远发展牺牲自我发展的机会。

（二）社会保障制度的影响

社会保障制度不完善，在一定程度上会影响女性在家庭婚姻中的独立性，对女性的不利影响远远大于对男性的不利影响。

在我国当前的社会政策环境下，优质的工作机会必然带来良好的社会保障，当女性从自由劳动力市场中被排挤时，其社会保障权也相应受损，往往通过经营、坚守婚姻家庭实现其人生价值与利益。受传统社会性别观念影响，社会建构了女性在家庭中的首要照顾责任以及在儿童社会化过程中不可替代的作用，这些最终使得用人单位认为男人属于工作，女人属于家庭，降低了女性的市场竞争力。

(三) 社区服务的影响

社区服务的缺位，使女性的家务负担得不到分担，限制了作为家庭首要照顾者的女性参与社会、政治、经济发展的机会。

家庭的私人化和公私两个领域的分离，对社会中的绝大多数女性（除极少数不需要从事家务的上层阶层女性）产生了结构性不利。在传统父权制的性别分工没有得到彻底改变之前，生育、抚养儿童、赡养老人成为家庭的私事，很大程度上呈现为家务劳动的女性化。绝大多数无力通过市场解决家务劳动和养育职能的家庭，只能通过夫妻之间的性别分工或代际分工来承担这部分职能。当个人或核心小家庭无法承担这部分职能时，就不得不由暂时性的扩展式家庭来分担。暂时性体现在孩子上幼儿园之后，老人又会离开这个家庭。双职工家庭往往需要请夫妻双方父母（特别是夫方的老人）来轮流照看小孩（特别是0～3岁婴幼儿）一段时间。而在家庭中承担这部分无偿劳动的往往是女性，因此，女性并不是因其生理性别，而是因其照料家庭的社会性别（当然，还有其他差异，如年龄、城乡、婚姻，甚至身体和智力上的残障等）被视为廉价劳动（宋少鹏，2012）。

(四) 社区教育的影响

"村改居"社区是政府主导的变革，户籍身份的变化可以一朝实现，但文化的滞后性决定了村民到市民文化意识的自然转变需要更长时间，同时，社会关系也面临重构。"村改居"归根到底是社会结构变迁的组成部分，它意味着一种新的经济形态、新的公共生活、新的人际关系及新的精神状态。社区教育的不足，致使市场原则渗透到"村改居"社区居民关系的所有方面，对社区性别文化、社区关系造成不利影响。社区教育应根据本社区特定的人文、地理和社会特点，开展多形式、多层次、多类型的教育活动，将家庭、学校及社区融为一体，成为一个生活、学习的社会环境，为社区的建设、发展服务，为提高社区成员的生活质量服务，为女性发展提供良好的人文环境和有利的社会支持。

六 结论与建议

在不同的区域、年龄、文化程度、"村改居"的时间、地方政策、家庭状况等状况下,"村改居"社区女性生活呈现出形式各异的现实困难和发展需求,但从本质上看,一是需要有可持续的经济收入;二是需要公平的制度环境;三是需要重建有效的社会网络,获得社会支持;四是需要可持续学习的机会和平台。因此,政府、社区、民间组织、家庭、女性个体等多层面可以从不同角度介入满足"村改居"社区女性的发展需求。

(一) 政府应提升性别意识,完善各项政策法规,搭建支持体系

政府有责任提高性别敏感度,将社会性别意识纳入一切政策制定和实施的过程中,在此基础之上,创新基本公共服务均等化机制,建立健全统筹城乡的公共服务体系,努力提高城乡基本公共服务均等化水平。明确社区建设经费投入,理顺"村改居"社区管理体系,强化基层服务能力,建立教育培训保障机制,完善就业服务培训体系,不断提升女性的人力资本,同时,规划设计好区域经济布局,拓宽就业渠道,完善针对女性创业的扶持政策,为女性群体创造就业、创业机会。

(二) 社区建设要着力营造对女性友好的社区环境

加强社区文化建设,以提高社区居民素质为根本,促进村民到居民的身份置换,通过以城市居民身份为主体的精神文化生活来重构其生活意义和人生价值以便形成新的社会认同和身份认知,营造性别平等的社区环境,通过强化社区服务来促进家务劳动社会化,使家务劳动逐步从家庭转移到社会,成为社会性劳动。对老人照顾和对孩子抚养的责任应被视为社会成本,社区应当设立托幼、托老设施、机构,发展家政服务产业,为女性参加社会劳动提供支持。提供邻里互动平台,注重社区资本的培育。着力建设基于社区的家庭教育基地,为女性的婚姻家庭、子女教育、职业发展提供培训指导。

(三) 引入社会工作专业服务,发展民间组织的作用

以妇女为本的社会工作方法强调关注女性自身的成长,肯定女性的经验,强化女性的身份认同、自我形象和自尊感,实践中更多地强调女性的成长和建立互助网络(张李玺,2008:62)。以妇女为本的社会工作方法

可以从女性自身能力建设、协调婚姻家庭关系、增强婚姻家庭功能、构建女性的社会支持网络等方面进行专业服务，充分挖掘女性潜力，增强家庭功能，发掘、整合"村改居"社区内部资源，建立互助网络，发展志愿者组织及其服务，鼓励发展各种社会化服务，为女性提供支持性的外部环境。

（四）重视家庭精神文明建设，建设两性平等的家庭文明

重视家庭精神文明建设，倡导现代社会性别意识，建立新型两性关系。通过各种形式的倡导，改变不恰当的性别角色定型与期待，支持家庭重视女性能力的发挥，从而为女性发展提供来自家庭的支持。

（五）女性个体要持续学习，提升个体的人力资本

一个人的人力资本与职业地位的获取和失业风险密切相关。人力资本结构优化、存量大，社会竞争能力就越强。人力资本会增值也会损耗，女性必须不断学习、实践，提升自己的人力资本，为自我发展奠定坚实基础。因此，女性个体要持续学习，克服不利影响，形成健康心理，坚持职业发展，提升个体的人力资本，提高社会竞争能力。

参考文献

布劳，1998，《不平等和异质性》，王春光等译，中国社会科学出版社。

陈星宇，2009，《农村空巢老人生活状况和政策建议——基于厦门市的调查》，《前沿》第 7 期。

《当前农民工工作和生活状况调查研究》课题组、胡杰成，2011，《边缘化生存：农民工的工作和生活状况——来自珠三角某工厂的一项田野调查研究》，《宏观经济研究》第 1 期。

韩梅、侯云霞，2009，《河北省农村老年人生活状况研究——基于河北省 XJ 市 JC 镇的调查》，《河北农业科学》第 3 期。

李路路、王宁，2009，《当代中国中间阶层的社会存在：社会生活状况》，《江苏社会科学》第 1 期。

曼纽尔·卡斯特，2003，《认同的力量》，夏铸九、黄丽龄等译，社会科学文献出版社。

宋少鹏，2012，《资本主义、社会主义和妇女——为什么中国需要重建马克思主义女权主义批判》，《开放时代》第 12 期。

王宁、王录仓、李纯斌、罗宏文,2008,《"城中村"改造后居民生活状况调查研究——以兰州市城关区为例》,《城市发展研究》第 4 期。

张李玺,2008,《妇女社会工作》,高等教育出版社。

致 谢

本研究获得中国妇女研究会 2012—2014 年度中国青年学者妇女/性别实证研究项目资助。感谢项目组从立项到研究过程的全方位指导,谭琳教授、蒋永萍研究员的指导令人印象深刻,本人受益匪浅,感谢愿意和我一起探索"村改居"变迁的所有访谈对象,感谢长清区妇联的支持,是你们的支持让我完成了这个小小的研究,相信这只是开始。

中国农村婚居模式的多样化趋势与性别平等
——以江浙地区农村为例

杨 笛[*]

摘 要 婚居模式作为家庭制度的基石与继承、供养和赡养关系相关。妇女婚后居于何处不仅仅是一个居住地的问题,而且影响到婚姻双方的亲属关系网络、社会资源配置以及权力结构的构成。本研究采用村落研究的方式,选择3个经济较发达、基本完成生育模式转型(少生、一胎化)、从夫居制不再一家独大的苏南和浙北地区的样本村,研究近年来当地婚居模式的变化情况及其对性别权力关系的影响。

关键词 婚居模式 家庭结构 父权制 性别平等

国外研究,尤其是人类学方面,很早就对婚居模式有着极大的关注:早在1949年,Murdock等一批学者就把女性婚后的居住地与整体社会的性别劳动分工关联起来(Murdock,1949:206;Eggan,1950:131;Linton,1936:168-169;Lippert,1931:237;Service,1962:120-122)。而随着女权主义理论的发展,尤其是"父权制"概念以及理论的成型,许多社会学家以及人类学家开始关注婚居模式与父权制之间的关系。在这方面的研究中,中国因被放入较典型的父权制社会的范畴而进入比较研究以及个案研究的视野(比如Murdock,Lévi Strauss,I. M. Lewis,Fox)。在单独针对中国的研究中,学者们提出了父权、父系

---

[*] 杨笛,女,南京师范大学金陵女子学院女性学系讲师,主要研究领域:性别社会学、妇女史。

以及从夫居家庭是传统中国社会结构的核心且最重要的制度①。并由此衍生出 4P（Patriarchy, Patriliny, Patrimony, and Patrilocality）结构，即认为从夫居与父姓、父系、父权，共同构成父权制度，因而构成父权制家庭的重要基石（Margery Wolf, 1970, 1972, 1985）。由此，对于婚居模式的研究开始与父权制研究以及试图动摇父权制的行动研究关联在一起。"父系继嗣、父系继承以及从夫居婚姻是中国家庭的特点"，从夫居是"男女不平等的一项重要特征"（宝森，2005）。中国的"从夫居"模式开始在新的意义层面被重视起来，被视为一个深植文化中的使女性处于附属地位的重要制度性因素。

与此同时，对于婚居模式，尤其是对非从夫居婚居模式的研究也开始展开。招赘婚在中国由来已久，有研究证明在 20 世纪 50 年代以后，传统的父系家族制度和婚姻风俗发生了一些变化，但嫁娶婚姻在当前的中国农村仍占绝对主导地位（Lavely and Ren, 1992），在全国范围内，60~90 年代招赘婚姻的比例仅为 5%~10%，即使在北京等大城市招赘婚姻的比例也很低（李中清、王丰，2000）。而中国 14 省（市）农村家庭协作调查资料显示的情况则是：新居制占了总体的 38.21%，从夫居占 50.32%，从妻居只有 9.76%（中国农村家庭调查组，1993：88）。2000 年中国妇女地位调查显示，流动经历对婚居影响不明显，女性农民婚后仍有 7 成采取从夫居，独立门户的不过 1/4（谭深、马春华，2006：659-681）。

从妻居是否具有消解父权制的变革意义？费孝通先生认为招赘婚只是"暂时的改系"，是父系制的补充（费孝通，1998）。而相反的观点认为，招赘婚能提高女儿的养老价值、淡化农村"传宗接代"观念。招赘婚的流行有利于削弱生男孩偏好（李树茁等，2006；杨菊华，2008）。而国外研究则认为，即便是在招赘婚流行的地区，"从妻居"也只能作为"从夫而居"的一种补充（Wolf and Huang, 1980）。

有研究指出，进入 21 世纪以来，在经济发达和少子化的农村地区，双独生子女缔结婚姻增多，催生了一种既不从夫也不从妻的"两头婚"形

---

① 参见 S. Harrell, 2015 年的一篇综述性英文文章，"Patrilinity, Patriarchy, Patrimony: Surface Features and Deep Structures in the Chinese Family System", (in Hill Gates, ed., A Bolume on Where China Goes in the Construction of Materialist Theory), accessed on Jun 10th 2015, http://faculty.washington.edu/stevehar/PPP.html。

式，具有类新居制意义（金一虹，2010）。中国历史上一直实行严格的父系家族制度，嫁娶婚姻在当前中国农村仍占绝对主导地位，即使改革开放30年，传统的从夫居制仍被恪守（王跃生，2002；李中清、王丰，2000；杨菊华、Susan Short，2007）。

对于从夫居传统表现出来的超强稳定性，李银河认为"是在农村破除男权制的一道不可逾越的死墙"（李银河、蔡双喜，2008）。与她悲观的论点相反，有研究者，比如李慧英，就认为只要在中国农村推广招赘婚姻，就可以改变传统的男性传承制度，提高妇女地位①。

无论如何，在一些地区，从妻居和新居制已悄然兴起，婚居模式呈现多样化趋势，挑战着"无法逾越"的"从夫居"。因此本研究主要希望探讨的问题如下。

第一，在经济发达、已完成生育模式转型的农村的婚居模式正在发生哪些变化，这些变化是否呈现趋势性？

第二，非从夫居制的兴起对农村的代际关系、性别关系、亲属关系将产生何种影响？是否能起到削弱父权制和改变生男偏好的积极作用？

课题采用村落研究的方式，选择3个经济较发达、基本完成生育模式转型（少生、一胎化）、从夫居制不再一家独大的苏南地区和浙北地区的样本村。

（1）对3个样本村进行家庭结构、婚居模式的抽样调查。

（2）进行从夫居家庭和非从夫居家庭的比较研究。从每个村抽取非从夫居家庭和从夫居家庭至少各10户，采用结构性访谈的方式对男女两性资源分配、经济活动和收入、家庭决策、家庭内劳动分工、性别观念、夫妻权力关系、亲属网络以及对婚姻家庭关系满意度诸方面进行比较分析。

（3）在以上基础上，每村选择2～3户"从妻居"和"新居制"的家庭，通过观察、访谈、焦点座谈等方式，了解采取非从夫居的起因、家庭决策过程、财产关系、结婚的仪式和礼金、下一代姓氏的选择；双方的协商和妥协、婚后的矛盾冲突、双方对婚居模式的评价和感受等。

---

① 李慧英教授是中共中央党校妇女研究中心副主任，2008年，中央党校性别平等倡导课题组受国家人口计生委委托进行性别平等培训，探寻治理出生性别比治本之策，探索国家法纳入民间法的路径。在农村大力推动"招赘婚"是该项目所探索的一个方向。

一 三村的基本情况

1. 江苏省常熟市 G 村

G 村一队有 44 个姓,全村 340 户中,共有逆舍女婿(上门女婿)64 个,其中女婿为非户主的 37 人。其中两代逆舍的 5 家,三代逆舍的 1 家,4 代 1 人,"领囡招"(没有子女,领一个女儿再招上门女婿)的 3 例。

2. 江苏省吴江 J 村

全村 773 户中,共有招赘婚 156 户,161 个女婿;其中养女婿 16 人。其中一方健在、一方已故的 13 人;两代招婿 4 户,三代招婿 1 户;三对离异,其中 2 对再次招婚。外地女婿 21 人。16 个养女婿中 2 个未改姓,1 个夫妻同姓。161 个女婿中 8 个改姓,2 个夫妻同姓。领养儿子 11 例;领养女儿 6 例(招婚);1 例夫妻均为领养。

3. 江苏省常州市 Z 村

2010 年金一虹教授的统计数据中,Z 村共有户口 1320 户,常住人口 3024 人;其中农户 733 户,人口 1680 人;其中男性 791 人,女性 889 人。共有上门女婿 24 人、投靠女婿 11 人;其中外地人 7 人,本地 24 人,其余未注明;外地媳妇 33 人,夫妻共同投靠男方亲属 7 对,共有 40 位外来媳妇;不明投靠何方一人。

而 2014 年根据作者的不完全统计(妇女主任刚上任,对情况不是很了解,只能根据户口登记的情况以及之后作者与每个妇女小组长的访谈了解统计基本情况),Z 村在 2011 年"村改居"变为 Z 村社区(农村社区),下辖 8 个自然村,其中 2 个自然村在 2010 年拆迁,村民都就地迁入了安置小区,所以仍归属 Z 村管理。这 8 个村共有 544 户,人口 1838 人,女性 998 人,男性 840 人。其中外来媳妇 41 人;外来女婿 14 人,25 名女婿住女家。

二 三村婚嫁习俗的特点

第一,G 村的主要婚居模式仍是三类,分为最常见的婚居模式(从夫居)、新居制、招赘婚,同时还有因在周边地区开始出现而被当地人纳入考虑范围并被认为比较适合未来发展的两头婚(或也被叫作"两边蹲"

"两头作人家")。这种两头婚的模式,大多在实际居住时,更接近新居制,其中有不少儿女都是长期在外地,小家庭单独居住。但是他们在各种婚嫁仪式上,以及"名分"上却非常强调两边的地位一致,以"男系"为基准。这在很大程度上,将其与仍然是以父系单系继承为原则、嫁娶婚为主要基础的新居制区别开来。

在G村,最常见的婚居模式(从夫居)已经开始逐渐减少,但在数量上仍占大部分(至少在七成以上,不过这也有过去基数大的原因);新居制在近年来的新婚夫妇中逐渐增多。这是因为近年来人口流动性增加,有不少年青一代都在外地打工居住。还有村中子女高学历者也越来越多,就业向附近城镇转移增多,有一定经济条件的家庭都在子女工作单位所在地买房,婚后让小夫妻独立居住,星期天、节假日到农村看望男女双方长辈①。而留在农村随男方父母居住的小夫妻,相对来说经济条件差一些或就业层次低一些。

当地条件好一些的女方会要求招上门女婿,男方往往经济条件比女方差,或者家里有很多兄弟,或者家在外地欠发达地区。此地有较久远的招逆舍女婿(上门女婿)的习俗,所以这方面规矩非常严格。在新中国成立前,逆舍女婿不但要改随女方姓,所有仪式和社会关系都几乎照搬被娶的"媳妇"的模式。婚嫁时给的也是"嫁妆",对女方父母和对自己父母的责任义务也完全与"媳妇"的要求相同。这些都会在婚书上标明。老一代的逆舍女婿一般会被要求与自己"娘家"断干净关系,孩子不论男女几人都是姓女方姓氏。不过现在的要求没有如此严格了,孩子还是跟女方姓,但女婿在新中国成立后就不用改姓了。但这主要也是因为新中国成立后的婚嫁中媳妇不用改随夫家姓的原因。

2013年该村还没有两头婚的情况,但周边地区已经有不少。在访谈中,不少独生子女家庭的家长都表示将来可能采取这种方式。但同时,因为周边的两头婚中关于孩子的姓氏和归属的争斗事例在村民中流传,让一些人表示担忧。大多数人都表示,这是没办法中的办法,都只有一个孩子,"男不娶,女不嫁""谁也没离开家""两头挂花幡"是最好的选择。也有人表示,在找对象时,如果找到同姓的则更好,免了很多

---

① 调研的三个村,都属于经济较发达地区,到很远的经济开发区打工的有,但并不多,更多的年青一代是在就近的城镇工作并买房居住。

麻烦。

第二，J 村的基本情况与 G 村类似，不过 J 村不仅招赘婚的历史悠久，而且还有很特别的"养女婿"（童养婿）的习惯，即在男孩儿还小的时候就抱到家中，作为自己女儿的未来上门女婿养大。这样的模式在 J 村有不少例，访谈案例中就有两例。除此外，两头婚在村里也已经开始实行，只是作者已知的三例当事人都不在村里住，两对在外地打工（有一对远在深圳），还有一对住在市里。三对夫妻有两对双方都是本地人，另一对男方家在外地，但并不远。三对的居住模式都类似于新居制，不同点主要如下。

（1）不承认是嫁娶婚，双方都没有嫁妆，只有礼金。
（2）双方家里都按嫁娶婚中的男方规格来置办婚宴，布置新房。
（3）三对夫妻婚后常住之地都不是双方父母家里，但家中都将新房留着让子女一家有空可以回家住。
（4）在各自常住的地方买的房子，双方家里都出钱（其中一对是基本一样，另两对还是男方稍微出得多一点儿）。
（5）生下孩子后管双方的父母都叫爷爷奶奶，没有外公外婆。
（6）双方都有赡养各自老人和对方老人的义务。
（7）孩子的姓氏通过商讨决定。

"两边蹲"的主要矛盾还是在孩子姓氏上。其中一家，夫妻都是独生子女，本村人，生的女孩将夫妻的姓一起用，男方的姓在前。双方父母都希望能再要个孩子，好让女方姓在前，以示公平。但年青一代并不打算再生，按他们的话说，想"自在点儿"。

J 村的"两边蹲"暂时还没有因为姓氏问题出现很大矛盾的情况，但毕竟这种模式才刚刚兴起，案例还不多。不过类似 G 村，他们也听说过其他地方不成功的案例，而这种"两边蹲"又是当地不少人认为未来比较适合的模式，所以在访谈中有不少人表示曾考虑过很多周边的经验，并给出很多可选的方案：比如生两个，一个归一家；或双姓，男孩就男方姓在前，女孩就女方姓在前（也有不论男女都男方姓在前）；尽量找同姓的人结婚；户口上一个姓，日常一个姓……这一方面可以看出"两边蹲"作为新出现的模式，还有许多问题待解决，且因其不确定性，也常常造成矛盾，因此也有被访谈人表示太麻烦，倒不如招女婿或普通嫁娶婚干脆；但另一方面，在笔者看来，种种矛盾和不确定性正意味着它触及了原有婚嫁模式中的一些核心问题,如果能在争论中形成比较普遍的共识,有可能成为动摇父系单系婚嫁模式的新模式。

第三,Z村的情况与前两个村很不一样,村中既不流行招女婿,也基本没有"两边蹲"的情况。被问及上门女婿时,全村只有一户是自认也被公认是招女婿的。① 但当问到真实日常婚居情况时,却有至少20例是被公认男住女家的情况,其中大概一半是直接住在女方家中,其余有的是在女方家宅基上共同出钱建新房住,有的是住女方家拆迁后补偿的房子,有的是女方家出钱置办的离女方家极近的房子。除此外,还有不少大家并不认为是男住女家,但男方因为各种原因(主要是拆迁补偿的问题)而把户口迁到女方家中的。比较有趣的是,在访谈中,还有不少年轻夫妻,三顿饭及晚上休闲时间都在父母家(或男方或女方,甚至还有各回各家的),只有睡觉回自己家的新居模式。

在Z村,所有孩子都随父姓,包括那唯一一户招女婿的。有两家被访谈者都曾提到婆家提出第二个孩子姓女方姓,但作为女方家,被访谈方都拒绝了。两者都表示姓什么不重要,这边不看重。其中一个更是给出理由,认为这样不合规矩,不好,容易出问题;另一个给出的答案更有趣,认为让两个孩子明明亲兄妹(姐弟),却不一个姓,"弄得不属一家",不好。

随着整体社会经济的发展和人口流动的增加,有一至两户非常类似"两头蹲"(或叫两家并一家),或者说是住男家或女家,但其实只是在父母家做了房,平时夫妻都到外地打工,应该算是比较典型的新居制。不过这种情况在这三个村比作者以往访谈的一些村要少一些,一是因为这三个村本身经济发展较好,20世纪90年代末开始的乡镇企业和家庭作坊式的企业虽在近几年开始没落,但仍极大地影响着这三个村的经济和生活模式。许多那时期成家或开始工作的年轻人都选择在本地创业或参与家庭经营,出外打工而在打工地形成新居制的人也有,但相对许多出现大量空巢

---

① Z村在这一点上非常特别,即使不少家的婚姻即婚居模式在很多条件上都符合一般意义上的"招女婿",他们也不称之为招女婿。笔者在调查结束后两个月,再次到Z村时,正好遇到一次葬礼。逝世老人没有亲生子女,抱养了一个女儿,之后找了个女婿。女儿、女婿都住在老人这边的房里。老人自己因为与女儿不合所以外出打工了。在丧葬中,是女婿负责守夜的。但即使这样,村里人仍不认为这算是招女婿。他们也说不出区别,只是被问到时,只会说Z村只有一家招女婿的,就是前文提到的那家。

的村落来说,还是较少的。

第四,"招赘"与"上门女婿"的区别。在三村调查中,被访者对于"招赘"和"上门女婿"之间究竟有没有区别有不少不同看法。Z村的人认为都是一样的,也一致认为在他们那儿这种形式很少。而他们对与上门女婿很类似的"男住女家"却没太多意见,也不认为这是招赘或者是"上门"。在这一点上他们的观点很明确。有一个访谈者有两个女儿,其中大女儿夫妻俩都住在这边的娘家。但被访者却强调他是嫁女儿的,女婿也不是招赘,因为女婿的母亲当初的唯一要求就是自己的孩子不能入赘(男方是张家港人,他母亲本人就是招婚的)。唯一一例招赘的人家,所有人确认他们是"招赘"的原因是,在一开始找人介绍时就说明了是招女婿:在仪式上,男方不做房,没有家具,也不常回自己家(其实这点上有些男住女家的也类似),主要婚嫁仪式在女方这边办。之后,女方跟着回了趟男方的家,没有新房,只在其哥哥家住了一晚上,有点类似以往的"回门"。男方家有三个儿子,他是最小的,口头说好他不用对自己的父母养老。除了这一例外,Z村就没有"招赘"了,许多即使是男到女家的,在婚嫁仪式上也是在男方家办的喜酒,再在女方家办回门酒。在"名分"上是很明确的嫁娶婚。

而在另两村,则有不少人认为两者有区别,区别主要体现在姓氏上。新中国成立前,关键是男方改不改姓,而现在则是孩子的姓氏,跟女方就是招赘,而不跟女方,男住女家就算上门女婿。

三 非从夫居婚居模式与家庭内权力关系

1. 非从夫居以及多元的婚居模式是否提高了妇女家庭和社会地位并产生增权效应?是否起到促进两性平等家庭和谐发展的作用?

事实上,通过访谈可以发现,非从夫居的模式中,传统招赘婚、"两头婚"和新居制对于家庭内的权力关系的影响是很不一样的。尤其是孕育于传统父权制文化下的招赘婚,即使在现有社会经济背景下有所变化,它与从新的社会经济大背景和人口结构特征中产生的新居制和两头婚也有着非常巨大的差异。

(1)招赘婚。

在访谈中,新中国成立前招赘婚的一位女婿表示,在当地(Z村)招赘并不少见，很多家里男孩子多，房子少或地少的话一般都会让除老大之外（当地有老大不离血地的习俗）的一两个孩子出去当上门女婿，所以，他很早就有心理准备，也不太会被歧视。他老婆"性子闷"，不太有脾气，所以也不会有什么大矛盾。总的来说，按他的说法就是过得还不错。不过从他谈话的字里行间可以感到，他和老丈人还是会有一些摩擦，对方有点难伺候。女方家算不上什么大家，没什么叔伯兄弟，两个女儿，嫁一个，招赘一个。招来的女婿主要是种田，没太多家产要计较。不过女婿不断强调自己在对两位老人的养老上是非常用心的，绝对尽到了孝道。这种强调可以看出养老在招赘婚中有十分重要的意义。

另一位养女婿，也一直表示与女方家处得不错，对方并没有让他受什么委屈。但他也提到曾经在小的时候，因为干的活太累，所以偷偷跑回自己家表示不想再做女婿，后又被送回的经历。可见上门或养女婿在家庭中的权力还是与嫁娶婚中的女婿很不同。大多上门女婿或养女婿，外人给的评价都是老实，话不多，有一两个已经去世的在自家孩子的印象中，都是安静。排除确实是性格的原因之外，可能在家庭内部的权力关系中相对较弱也是原因之一。这些家庭中的女方都认为自己对丈夫与其他家庭没有不同。但被问到生活方面，大多表示，因为生活习惯是随女方家，得男方适应女方，所以女方觉得在这点上过得相对自在些。在所有访谈中，不论是从当事人，还是从外人的描述中，会对这些女婿表示不满或与之有冲突的主要都是老丈人（女方的父亲）。

总之，以此次调查的案例为基础，老一代自传统父权制模式中衍生出来的非从夫居模式，不能说对于家庭中夫妻性别关系没有影响，女性因制度性压迫而处于的弱势被家族性优势相对平衡，但这种影响对于女性的帮助并没有想象中大，它更多的是展现在女方家族与男方的关系中，即女方父母尤其是女方父亲的权力在下一代小家庭的影响中。换言之，从妻居以及入赘更多是维系女方的父系家族权力的模式。三个村子（包括不流行招女婿的 Z 村）村民都表示，"以前"①，不论是招女婿、养女婿还是入赘，都必须是老一辈叔伯兄弟（父系家族权利相关者）都同意才行。而且，究竟要不要招女婿，怎么招都是由女方父母做的主；有两个女儿的，三个村

---

① 村民很多时候指的"以前"时间点都比较模糊，大多数时候指的是新中国成立前。在提到婚俗时，大多指现在已经 50 岁以上的那几辈人的情况。

都没有确实的规定究竟是姐姐还是妹妹招婿,但以现实例子来看,招婿的都是比较"孝顺""听话"的那一个(不论姐妹)。这大概也是之后的婚姻生活中,在夫妻关系中妻子一方并没有体现出太过强势的原因之一。而在招赘的契约中(口头或书面),最重要的就是子嗣传承、财产继承、养老问题,它们不仅都建立在女方父系基础上,而且都更加强调代际的责任关系,在这样的权力关系中,女方父系老一代的权利被充分体现。

而在新一代的招赘婚或上门女婿中,情况就更为复杂。真正严格的招赘婚已经很少,大多数人把男住女家或小孩跟母姓认同为招赘或上门女婿(Z村例外),其中男住女家的也分和女方父母住在一栋房里的;住在女方宅基上的新房的;住在女方拆迁房的,以及为了拆迁把户口迁到女方家的。在这些家庭中,内部的性别关系和权力关系也因情况不同而很不一样。

和老一辈住一起的,与招赘婚类似,生活上女方感觉"自在些""当然是和爸妈住得好",而男方则会有不少生活和饮食口味上的不习惯。而且,虽然有三家女方的家长表示,家里很和睦,并认为这是男住女家的优势,"丈母娘"和"女婿"的关系总是比"婆婆"和"媳妇"好处,不会有大矛盾。但也有至少两家的情况明显体现出老丈人和女婿之间的矛盾,主要是丈人挑剔女婿"长不大""不懂事"等。女方基本都表示并没有因此就"欺负"男方或在有争论时就更强势,但招女婿和男住女家的女方没有受家暴的情况(不论是本人描述还是他人提到)。

男方参与女方家庭经营的企业管理的情况,或男方的企业是利用女方家这边的土地建的厂房的情况下,女方谈到自己在企业管理中的作用以及与男方在投资管理理念上的争论时大多会显得更加自信。

而从夫居的媳妇们,本地媳妇大多因为离家近,并不会太有孤立感。一般都强调关键是看个人性格,有不少会提到婆婆脾气"躁",也会说有矛盾,但仍认为是个人性格,与婚居模式不大相关。只有三位表示了如果可能,当然是留在父母身边好的意愿,但并不认为这对自身婚姻状况会更有好处,只是认为自己会过得舒服些。而外地媳妇在这三个村本来就不多,大多表示没注意到从夫居或非从夫居之间的区别。来自招女婿不盛行地区的甚至认为招女婿不好,招来的大多没出息,是万不得已的情况。在养老方面,男住女家的家庭中,女方表示这样在父母身边更放心一点。

在三个村中,除一家外,其他招女婿的都是女方父母先提出的,女儿都表示同意,但都认为这样的模式主要考虑的是老一辈的养老,更顾及的是老一辈的利益（"主要考虑的就是爸妈""主要就是为了他们"）。但父母方面，有一位强调是女儿舍不得，还有一位强调是男方家孩子多，没有足够的房和地。最重要的是，大部分父母都表示"这年头，养老主要看儿女是什么样的，好的，不在身边也没问题；不好，在身边也不会管的"。

（2）男住女家。

男住女家的情况中，代际的权力变化则更加明显。对年青人来说，男住女家更多是因为双方工作的地点或孩子上学的学校更靠近女方家庭。而与老一辈居住在一起的时候，基本上都是老一辈负责所有家务以及大部分带孩子的工作。整体家庭的权力结构向年青一代倾斜。有的家庭，年青一代住在女方家附近或女方家的宅基上并不真的同处一房，老人有的还有自己的工作（打一些零工），但基本家务仍由老人负责。当问及女儿留在身边会不会更放心未来养老问题时，老人普遍回答是其实得看孩子本身。

性别间的权力关系变化更多受到时代变化的影响。案例中并没有明显因为住在女方家中，所以妻子在家庭关系上就成为主导的情况。大多男住女家的情况都是在保障男方工作地点与工作发展前景之后的决定，除此之外就是孩子的发展尤其是教育前景。女方的工作前景基本不在考虑范围。甚至Z村有一例，男住女家，与女方老一辈住一个宅基地上，女方本来工资比男方高，但怀孕生育后，为照顾孩子，还是决定女方辞职回家带孩子。因没能访谈到女方当事人，所以并不知她自己对此的感受，但女方母亲的意思是，当时是全家（包括夫妻俩和女方的父母）都觉得应该这样。而男方的钱并不足以支持家庭，除了女方父母补贴之外，在孩子三岁后，女方又出来在本村超市打零工，工资少于男方，而且比之前要辛苦很多。从这一点上来看，住女家使得女方父母在家庭决策上能有一定参与权，但这并不一定会维护女性个体的权力，尤其是在现有性别文化结合起"孩子本位"的情况下。

（3）两头蹲。

"两头蹲"的情况更加复杂。这种模式还在摸索阶段，其中充满各种矛盾冲突。许多方式和观点都还在假设层面，即使实行，后效则可能要很久之后才能见到。但仅以现有的案例来看，"两头蹲"以及"两家并一家"的情况，其中很大部分体现的是在当前代际权力关系变化的情况下，老一代的焦虑与利益诉求。很多"两头蹲"的情况都是女方老一辈提出，然后双方老一辈就各种模式进行探讨，尤其是孩子的姓氏，双方的婚嫁彩礼，新居谁买等问题。养老义务有的会讨论有的虽不会，但女方家经常强调不能养女儿这么多年最后养没了（嫁出去了）。不少"两头蹲"都伴随新居制的情况，孩子在父母身边的时候并不多。双方的主要争论最终往往是在第三代的姓氏上，一定程度上延续的是传统香火观念以及男女双方父系家族的利益。"两头蹲"的女方都表示这样做是为了自己父母。因为这样家庭的女方大多是独生女，在财产继承上没有疑义。所以，仪式、姓氏等等都是为了父母。按其中一个女方的说法，如果摆明自己就是嫁出去了，那父母会伤心的。但笔者认为，许多老一辈在称谓、姓氏等问题上计较，很大程度是在现今社会制度下，老人在家庭权力结构中权力衰弱的一种体现。他们对未来的某种焦虑让他们必须确认自己的后代仍"属于"他们。

而夫妻关系方面，因为不少"两头蹲"伴随小夫妻独立居住的新居制，所以年轻夫妇面对的代际"父权制"压力少了很多。在夫妻之间的权力模式这方面，更多靠个人性格和能力。但因为在一开始的"谈判"阶段，大多"两头蹲"的女方家庭都体现出一定的"支持"力量，而且会拿男女平等作为标准，所以，夫妻之间的权力对比也大多会更加平衡一点。且经过家庭式谈判的"洗礼"，对于平等的意识和话语使用也更熟练，有被访者说过曾在争吵中说过类似"我又不是嫁你家了"这样的话。

2. 非从夫居以及多元的婚居模式是否能起到削弱父权制和改变生男偏好的积极作用？

在这一点上，笔者认为从老一辈的情况来看，上门女婿这样的婚居模式是为了更好维系父权制以及父系家庭权力结构而存在的补充模式。它的权力结构体现了传统父权制中与性别联系在一起的代际等级关系。在年青一代男性缺席或男性力量不足的情况下，用其他方式延续老一辈父系权力的传承才是招女婿的原则根本，在这其中，女性利益的体现既不是目的，在很大程度上也不是结果。而且，这样的模式中，不论是继承还是亲属关系，都是很明显的单系，且完全模拟父系，女方（拟嫁娶婚中的男方）母系的亲属关系，男方（拟女方）父系母系的关系都无法与女方父系的相媲美，完全没有突破父系单系继承、出现双系或母系继承的因素在其中。笔者并不完全否定在这种情况下，因女婿权力在家庭中的降低而导致部分女性会更有话语权或至少受压抑的情况降低，但整体而言，正统的招赘婚并不会削弱父权制。

新一代的非从夫居模式大多伴随着人口流动、农村居民经济和生产模式的变化,以及整体社会性别文化、养老模式的变化。所以,它们与父权制削弱之间的因果关系很难判断,即,究竟是它们的存在削弱了父权制还是因为父权制的整体衰弱导致了它们的大量存在?从现有的案例来看,起码新一代的男住女家、上门女婿、"两头蹲"中,虽然老一辈的诉求仍有体现,但老一代权力的衰弱已成事实,而整体非从夫居的婚居模式对于女婿的权力有一定抑制作用。而其本身原有的对女方父系权力维系的作用又随着代际权力关系的变更而削弱。所以,可以说,在新的形势下,多元的婚居模式对削弱父权制有推动作用。

在男孩偏好上,因人口政策和与经济发展相伴随的生育模式转型的完成,在这三个村子,大多数家庭都表示生男生女都一样。对于独生女则表示不担心将来养老问题,因为有很多家庭就算生了男孩照样指望不上。不少本村人甚至将这一点强调为本地人素质高的表现,由此与到本地打工的外地人做对比,认为他们思想落后,生好多孩子,还老想要男孩。但是,在深入访谈后,不少人家还是会隐隐约约表示出对男孩的偏向,尤其是在谈论到公共领域的问题时,比如有人提到"三个儿子顶一派出所"(指在与外人有矛盾冲突时,有儿子以及儿子多的家庭就硬气,而女儿通常指望不上,女婿不是自家人,在与邻里的冲突中,也底气不足)。在家业的继承和开拓方面,有不少人表示独生女可以继承财产,但家业指望不上女儿,有的就只好指望女婿。有一位父亲曾表示,女儿是不错,但自己是办厂的,说实话,只有个独生女自己工作都没啥动力,厂子开得再好,将来没个人继承有什么意思(在他看来,女儿是不可能继承这份家业的)。这让笔者意识到,仅就家庭领域思考男孩偏好是不够的,继承、养老虽然重要,但在公共领域中的发展机会也是影响男孩偏好的很大因素,人的再生产虽然重要,但"光耀门楣""干大事""挣大钱""庇佑亲友"这些也是对于一个家庭来说极为重要的问题。

而在公共社会领域性别发展机会的不平等,让女孩在这一方面很不利。所以,现今的多元婚居模式也许在继承、养老等方面甚至可能在对家庭的经济贡献方面都体现了对男孩偏好的削弱作用,但因为女孩在未来公共社会领域的发展空间和机遇的不利条件,要想彻底改变男孩偏好,婚居模式并不是最理想的切入点。

不过,在已存在低生育率、男孩偏好被削弱和出生性别比较平衡的地区,多元婚居模式确实有利于稳定现有状况,改善女孩和妇女的生存环境，缓解性别比失调带来的婚姻挤压，解决中国农村有女无儿老人的养老困难，并由此在一定程度上提高妇女地位。

四　结论

从以上三个经济较发达、基本完成生育模式转型的村的案例来看，可得出以下结论。

第一，在农村一直存在作为父权制补充的非从夫居模式，但其数量有限。近年来，多元婚居模式在这三个村子开始增多，但因原有从夫居的家庭基数大，总体上其他婚居模式仍属于少数。

第二，婚居模式的多元化除了真正模式上的多元化之外，还有各地在执行上的方式、名称、名义上的认定的多元性。

第三，在现有的婚居模式中，因不确定性而矛盾较多的"两头蹲"在笔者看来是最有时代意义和挑战父权制意义的。它的矛盾重重正是来自它与原有制度之间的不吻合及其动摇原有制度的可能性。

第四，婚居模式的多元化对于家庭内部的权力关系有很大影响，但更多是体现在代际关系以及男女双方背后的家庭权力关系上。对于夫妻间性别平等关系有一定推动作用，配合已有的社会变迁，婚居模式的多元化与性别平等是互有加成作用的。

第五，在整体的家庭权力关系方面，近年来更多体现的是老一辈权力的衰落。

第六，在男孩偏好方面，在已存在低生育率、男孩偏好被削弱和出生性别比较平衡的地区，多元婚居模式有利于稳定现有状况，改善女孩和妇女的生存环境，缓解性别比失调带来的婚姻挤压，解决中国农村有女无儿老人的养老困难，并由此在一定程度上提高妇女地位。但现在此类地区对于男孩偏好的根本成因已从以往的继承、养老向事业开拓、社会发展方向转变，因为女孩在未来公共社会领域的发展空间和机遇的不利条件，要想彻底改变男孩偏好，仅仅从家庭和人的再生产领域努力是不够的。

参考文献

宝森（Laurel Bossen），2005，《中国妇女与农村发展：云南禄村六十年的变迁》，江苏人民出版社。

费孝通，1998，《乡土中国 生育制度》，北京大学出版社。

金一虹，2010，《流动的父权：流动农民家庭的变迁》，《中国社会科学》第 4 期。

李树茁等，2006，《当代中国农村的招赘婚姻》，社会科学文献出版社。

李中清、王丰，2000，《人类的四分之一：马尔萨斯的神话与中国的现实，1700 - 2000》，三联书店。

李银河、蔡双喜，2008，《农村女性，在男权制的残余中冉起——学者李银河关于河北后村女性权利现状的调查》，《中国妇女报》8 月 28 日，第 A4 版。

谭深、马春华，2006，《外出务工与农村性别关系的变化》，载全国妇联妇女研究所课题组著《社会转型中的中国妇女社会地位》，中国妇女出版社。

王跃生，2002，《社会变革与当代中国农村婚姻家庭变动》，《中国人口科学》第 4 期。

杨菊华、Susan Short，2007，《中国的婚居模式与生育行为》，《人口研究》第 2 期。

杨菊华，2008，《延续还是变迁？社会经济发展与婚居模式关系研究》，《人口与发展》第 5 期。

中国农村家庭调查组，1993，《当代中国农村家庭——14 省（市）农村家庭协作调查资料汇编》，社会科学文献出版社。

Eggan, F., 1950, *Social Organization of the Western Pueblos*, Chicago: University of Chicago Press.

Lavely, W. and Xinhua Ren, 1992, "Patrilocality and Early Marital Co - residence in Rural China, 1955 - 85", *China Quarterly* (130).

Linton, R., 1936, *The Study of Man*, New York: Appleton - Century.

Lippert, J., 1931, *The Evolution of Culture*, New York: Macmillan.

Murdock, G. P., 1949, *Social Structure*, New York: The Free Press.

Service, E. R., 1962, *Primitive Social Organization*, New York: Random House.

Wolf, Arthur & Huang, Chieh - shan, 1980, *Marriage and Adoption in China*, 1845 ~ 1945, Stanford: Stanford University Press.

Wolf, Margery, 1970, "Child Training and the Chinese Family", in Freedman, M. (ed.), *Family and Kinship in Chinese Society*, Stanford: Stanford University Press, pp. 37 - 62.

——1972, *Women and the Family in Rural Taiwan*, Stanford: Stanford University Press.

——1985, *Revolution Postponed: Women in Contemporary China*, Stanford: Stanford University Press.

农村仪式性人情活动的性别差异研究

高修娟[*]

摘　要　本研究通过对一个葬礼和一个婚礼的个案考察，发现在这类仪式性人情活动的举办过程中存在性别分工。无论是在仪式性活动还是在非仪式性活动中，男性都承担着更加重要的职责，性别分工和人情仪式中的仪式象征性、非仪式性活动的公共性，与农村的家族格局密切相关，这种性别分工反映出当前农村性别关系的一个重要方面。

关键词　人情仪式　性别差异　性别分工　性别关系

一　问题的提出

关于人情交往的实证研究汗牛充栋，众多学者对农村人情实践进行了多方面的实证研究，尤其侧重于对仪式性人情的考察（耿羽、王德福，2010；黄玉琴，2002；朱晓莹，2003；张艳玲、屈锡华，2006；杨华、欧阳静，2011；宋丽娜，2011，2012等），少数同时观察日常人情交往（曹锦清、张乐天，1992；李宏伟、王晓峰，2001；陈柏峰，2011a，2011b；陈辉，2012等），这些研究注重对人情的功利理性层面和道德伦理层面进行考察，关注人情消费、人情功能、人情仪式等。这些研究往往以村落或家庭为单位，没有注重对性别差异的分析，而性别差异被国外一些人类学家观察到（Andrew B. Kipnis, 1997；阎云翔，2000；常向群，2009；杨美

---

[*] 高修娟，女，安徽师范大学副教授，研究领域：性别社会学、青年社会学。

惠，2009）。阎云翔（2000）指出了女性专门的人情交往方式，发现了人情交往中的性别差异，但他的资料偏重于男性，并主要以男性人情实践作为得出结论的依据。Anthrew B. Kipnis（1997）着重描述了人情交往中的情感表达，认为主要由女性表达。杨美惠认为在城市的关系交往中，男性更注重工具利益，具有社会性，而女性交往更注重情感，往往与家务事相关。尽管她认为在城市的关系学中性别不是一个重要因素，但她仍然指出在父系原则的乡村，能够带来社会关系跨群体跨边界流动的往往是"女性化的力量"（杨美惠，2009：271）。常向群极为细致地描述了乡村人情交往过程中不同性别承担的角色和任务，尤其观察了女性特有的交往方式，如"开茶馆"等。她指出性别视角的重要性，但并没有使用性别视角进行专门的研究（常向群，2009）。其他农村主题的研究中也都观察到农村女性人情实践的特殊之处（Margery Wolf，1972；Ellen R. Judd，1989；Anthrew B. Kipnis，1997；阎云翔，2000；金一虹，2000；朱爱岚，2004；Yunxiang Yan，2006；Weiguo Zhang，2009；常向群，2009；李霞，2010；王冬梅、李小云，2010等），不过人情交往中的性别差异尚未有学者进行专门研究，对这一主题的研究需要分析人情交往的具体过程，因此本研究从仪式性人情交往过程中的性别分工，来分析人情交往的性别差异，并以此探讨当前农村的性别关系。

二 研究方法

本研究通过个案研究的方式考察了皖北 L 村一场葬礼和一场婚礼举办过程中的性别分工状况，以期展现人情交往过程中生动的性别图景，并以此探讨当前农村的性别关系。

L 村位于安徽省西北部阜阳市东郊，当地人主要的谋生方式为：外出务工、进城务工和在村里从事农副产品生产。按照 2010 年 11 月进行的第六次人口普查数据，L 村共 124 户，433 人，户均 3.5 人。L 村的家庭以核心家庭为主，有 83 户，主干家庭共有 29 户，单人户有 10 户。L 村是一个主姓村，王姓[①]户 102 户，379 人，占人口总数的 87.5%，非王姓 22 户，54 人，占总人口的 12.5%。L 村的人生仪礼主要是指为人生重大事件举办

[①] 为遵守学术规范，本文中使用的姓氏、名字以及市级以下的地名均为化名。

的仪式和宴请活动，包括：送"祝米"（出生仪式）/满月礼，剃头/剪辫子，参军/上大学，结婚（娶媳妇和嫁闺女），过寿，葬礼等。这一类交往情境会举办正式的宴请，有固定的时间和地点，有一套正式的、较为严格的仪式，这种情境中交往的对象基本上涵盖了一个家庭的全部人情关系。

研究者使用参与观察的方式对2013年3月的一场葬礼和10月的一场婚礼进行了观察和记录，对事主家庭成员和宾客进行了无结构式的访谈，并搜集葬礼和婚礼的记账本作为分析对象。

三 葬礼中的性别分工

本研究考察的葬礼发生于2013年3月30日至4月4日。死者是一位80岁的男性老人，子孙众多。整个仪式持续了三天半的时间。

（一）葬礼仪式中的性别分工

仪式活动的主要参加者是死者的子女、孙子女等人。整个葬礼期间举行的全部仪式有："装老"、守灵、"观殓"、"送汤"、出殡、"圆坟"等。这些仪式可以分为三类，一类是男女都参加的仪式，第二类是仅由男性参加的仪式，第三类是仅由女性参加的仪式。

第一类仪式有："观殓"，火葬，出殡的前半段①和"送汤"②。这类仪式往往由男性主导，女性作为重要参与者。在这四种仪式中，男性（死者的儿子）都在队伍的前列，用以引导队伍前进，女性跟在后面（或者哭丧）。

例如，出殡的前半段，女性承担重要的哭丧任务。在出殡时，队伍的前列是死者的孙子抬着纸马、童男童女、火纸、礼炮等物引路。队伍的正式领头人是大儿子，死者的外甥举起未上釉的陶盆，往大儿子头上碰一下，之后摔到地上（"摔老盆"）。之后，"响手"吹奏起来，大儿子打着幡引领出殡的队伍前行。队伍前面是由大女婿和外甥搀扶的大儿子，之后是由二女婿和另一个外甥搀扶的二儿子，再后是由三女婿和一个侄子搀扶

---

① 指出殡队伍到达墓地之前，女性不能进入墓地，因而出殡队伍到达墓地并进行下葬仪式的过程中没有女性参与。
② 在宴席开始之前给死者送饭的仪式。一般由儿子拎着面汤桶，在前面带路，一边走一边喊死者喝汤。女儿、儿媳等人跟在后面痛哭。

的三儿子，再后是死者的干儿子①，此后是其他男性晚辈。所有参与仪式的男性走在棺材的前面，棺材后面跟着的是死者的三个媳妇和分别被搀扶的两个女儿，再随后是孙女、外甥女等其他晚辈女性。参与仪式的全部男性都能进入墓地，而所有女性只能在半途中停住脚步。在这期间女性必须放声大哭，一般还要喊着唱着。哭丧时表现得越哀切越好，尤其是女儿，每次哭丧，都需要经旁人反复劝解才能收场。

第二类仪式主要有：报丧、接送客人、守灵，和死者身体接触以及和墓地有关的全部仪式。由于儿子家是丧主，因此，报丧和接送客人都必须由儿子磕头行礼。参与守灵的仅有儿子、孙子，偶尔有侄子。从"装老"②之后到出殡之前，儿子和孙子必须24小时无间断地跪在灵前。三个儿子替换着跪在棺材的前侧，看守长明灯，不时烧纸。几个孙子轮流在灵桌前拿着哭丧棒跪灵，在女"响手"哭丧表演的时候，两个侄子也跪在灵前。和死者身体接触的所有仪式都仅由儿子完成。而需要和头部接触的，或者仅需要一人完成的则由大儿子承担。比如"装老"、"净面"、将死者抬进灵车等。在死者安葬到墓地并"圆坟"之前，女性是绝不能踏入墓地一步的，因此在选坟地、挖墓坑、全部下葬过程，以及出殡的后半段都只能由男性参与。除了王家的自家子侄之外，还会有前来帮忙的男性村民、抬棺者和阴阳先生等人参与。"圆坟"之后，女性才能进入坟地向死者行礼。这一类仪式实际上是整个葬礼仪式的最重要部分，围绕死者身体、灵堂和下葬的全过程，可以说整个仪式是一个由男性举办、男性作为主角和引导者的过程，象征着儿子是家庭的继承人和家庭事务的安排者。

第三类是仅由女性参加的仪式，在这场葬礼中仅有"净宅"一项。女性在出殡之后，回到灵堂打扫、梳头，为了扫除晦气、重新恢复家庭秩序。

总体来看，葬礼中存在严格的性别禁忌，和棺材、死者身体以及墓地有关的仪式女性都不能参与：女性不得跪灵，不得接触死者身体，不得靠近墓地。在一场葬礼中，如果没有儿子跪灵、"摔老盆"、打幡、"顶棺下墓"那将是极大的耻辱，所以由儿子承担的这些仪式在葬礼中是最为重要，无可替代的。在出殡的后半段，所有男性连外人——村民、宾客和抬棺者、阴阳先生都能参与的仪式，家庭中最亲近的女性却不能参加，这些

---

① 这场葬礼中死者的干儿子已经去世，所以这个位置由死者干儿子的儿子代替。
② 给死者穿上寿衣。

性别禁忌将女性严格限制于仪式活动的边缘地带，也象征着女性不能染指对家庭最重大事务的参与——家庭继承。

（二）葬礼非仪式活动中的性别分工

非仪式性活动中由男性承担的工作有：知客[①]、上账、采办物品、抬棺材和准备筵席等。女性承担的任务是准备孝服、接待客人、食物的准备和管理、洗菜洗碗、协助采办等。知客是死者的弟弟，他给烧素纸的来宾发放手巾（给女性）或者孝帽子（给男性），给男性香烟，安排入席。记账的是一位较近的族亲男性，管钱的是死者的三女婿。王家的五个侄子发挥着重要的作用，他们的作用仅次于儿子，他们不仅需要和儿子、孙子一起或者偶尔代替他们承担各种仪式，还要负责采办、接待等各项杂务。厨师、阴阳先生和抬棺者则是雇来的。厨师是专门雇来的，他负责根据筵席的规模制定菜谱、定制采购计划并烹制食物。筵席上端菜、发烟、发酒的是孙子或侄子。阴阳先生也是雇来的，他负责测风水、选坟地、制作幡旗、指导下葬等工作。此外，王家还雇来16个抬棺的男人，他们负责给棺材绑上檩木，把棺材从灵堂一直抬到墓地，直到下葬完成为止[②]。

除准备孝服之外，女性多从事辅助性的工作。制作孝服俗称"撕孝布"，这一工作一直由女性承担。"撕孝布"的女性有三个，一个是村里年长"懂得规矩"的老太太，另外两个则是村里来帮忙的族亲女性。较为重要的客人在上完礼钱、磕过头之后就到西厢房，领走孝布。而一般的客人，会在账桌前领走孝布。三个儿媳帮助子侄们采办、准备各项物品，帮忙准备洗菜、准备食物，并接待留下吃饭的客人，每天晚餐时，要烹饪食物，招待重要的亲戚和帮忙的族亲吃饭。除此之外，看管好各项物品以免丢失以及管理金钱财物的使用也是她们的重要职责。前来帮忙的族亲女性，主要是死者的侄媳妇，也协办采购、物品管理，并承担大部分洗碗的工作。王家的三个女儿是重要的客人，她们也会招待客人，尤其是自己婆家的亲戚，在三餐之余准备一些零食招待小孩儿，或者其他小食在三餐之外食用。

---

① 知客是指在婚丧大事中，代表主家接待客人的人，也称"支客"。
② 也有些家庭请人用拖拉机把棺材拉到坟地，不用说，开拖拉机的人也是男性。

四 婚礼中的性别分工

近些年，L 村所在的农村地区，婚礼发生了巨大的变化。由于当地青年外出工作、学习等导致的先怀孕后结婚、先生孩子后结婚，以及男女两家分别举办婚礼等情况，传统的婚礼程序被大大简化了，本研究考察的 G 家婚礼正是这种新式的简化婚礼。婚礼的一对新人在一年前就已经领证结婚，并在新娘家乡贵州举行了婚礼，由于工作繁忙以及后来新娘怀孕等原因，2013 年 10 月男方家（G 家）举办婚礼的时候，孩子已经有 6 个月大。因而在婚礼前一天为孩子补办了"满月礼"。

（一）婚礼仪式中的性别分工

传统的婚礼一般举办两天，第一天是宴请男方的亲朋，第二天是迎亲并宴请女方的重要亲属。婚礼中的主要礼仪一般有："请舅舅""迎亲""拜堂""闹洞房"。除此之外，新婚三天后，新郎要陪同新娘"回门"，新娘的娘家举行"回门宴"。

此次婚礼也举办了两天，第一天宴请的仪式仅有一项："请舅舅"。按照习俗，男方在正式婚礼举办的前一天就开始宴请宾客。一般的宾客自己前来，而贵客则需要新郎亲自上门邀请。舅舅是婚礼中最尊贵的客人——是新郎娘家的代表，也是举办婚礼时上账（给礼金）最多的人，因而需要新郎上门邀请。"请舅舅"这一仪式的主角是男性：新郎、新郎家的男性长辈（作为新郎家的代表）、舅舅。

第二天的主要仪式是"迎亲""拜堂""闹洞房"。这也是婚礼中最重要的仪式。传统的做法，是新郎家派上一个车队，带着礼物和各种红包，以及迎亲队伍，这个队伍包括：新郎、媒人、男方家的长辈（代表男方家庭和女方家庭交涉一些重要事务）、两个同辈的未婚女孩（陪同新娘）、一群男性（负责搬运女方陪嫁的嫁妆，放鞭炮，处理婚礼途中的各种纠纷，壮声势等）。传统迎亲仪式中最为重要的象征含义是：女性离开娘家进入婆家成为男方的家庭成员。比如，迎亲队伍中带着一只公鸡，返回时带走新娘家的一只母鸡，象征新娘被新郎带走；男方专门准备一篮食物，叫作"离娘菜"，用于安慰女家失去女儿的感情；迎亲的队伍返回时，要绕另一条路，象征女性出嫁不走回头路，等等。拜天地时，通常由一个男方的长辈男性来主持，拜天地之后新娘向公婆"敬茶"，象征女性正式进入男方的家庭。闹洞房仪式主要是两个内容，一是"撒床"，男方族亲里的一个儿女双全的妇女，为新娘"撒床"，祝福新人早生贵子；二是新郎的朋友和族中兄弟"反新媳妇"，他们用各种轻佻的语言调戏新娘，并经常对新娘"性骚扰"。

不过，这些仪式在婚礼中都简化了，在迎亲当天的凌晨4点，新娘离开新郎家去城里化妆。新郎家亲戚中同辈的两个女青年①陪同新娘一起去化妆，新郎的朋友开车送她们过去。10点钟的时候，新郎家放起鞭炮，新郎和一个堂兄坐上婚车（整个婚礼只使用了两辆汽车）去城里的化妆屋接新娘。婚车返回的时候，村里一个男性点燃鞭炮大喊："来了！来了！""响手"吹打起来，他点燃鞭炮迎接婚车。新郎下了车抱起新娘往家里走去。新郎的二姨给新娘塞过去一个红包（"下车钱"），新郎的妹妹照相，其他宾客都围过来观看。当新郎将新娘抱进楼上的新房时，屋里仅有几个小孩儿和新郎的几个朋友。他们站了一会儿，聊了几句就下楼了，新郎也下楼。只留下新郎的妹妹和几个小孩儿陪新娘。这些仪式全部被省略了。新郎的妹妹留在新房内和新娘聊天，陪新娘入席吃饭。开席之后，新娘在新房外的客厅里入席吃饭，不久之后新郎就请新娘一起下楼敬酒。至此，简单的婚礼仪式就完成了。

由于仪式极其简单，性别分工并不明显，这些仪式主要围绕新郎和新娘进行。这些仪式中陪同新郎接舅舅的只能是本家男性长辈，陪同新娘的只能是女性，放鞭炮、陪同新郎，以及开车一般由男性承担，代表新郎家给新娘"下车钱"的一般是新郎的亲族，男女皆可。而在较为传统的婚礼仪式中，男性和女性都有重要的仪式任务。在一场完备的婚礼中，迎亲队伍的主要人物是男性：新郎及代表新郎家庭的男性长辈，是队伍的核心人物。新郎的重要性自然不必说，代表新郎家的男性长辈是对婚礼及各种人物关系比较熟悉的人，为了迎亲顺利进行，他要去处理迎亲来回路上的一切大障碍②，这样的角色大多是男性，不过也有少数婚礼中由女性充当。

---

① 传统做法中，新郎方面的人在迎亲之前是不能陪同新娘的。并且在迎接新娘队伍中的两个未婚女青年一般应是男方亲族的女孩。不过这里陪同新娘去化妆的并不是新郎的亲族姐妹，而且由于很难找到未婚的女孩，所以这两个女青年是已婚的。

② 迎亲队伍遇到的障碍一般有在半路上索要香烟和红包的，严重时会碰到混混们的敲诈，小的障碍一般由其他男性解决。

其他男性则承担了具体的各项活动，放鞭炮、给人发烟、搬运物品等。主持婚礼的人，一般是男方的亲族男性。"反新媳妇"更是男性特有的活动，这是新郎同辈的朋友和兄弟（不是亲兄弟）的"特权"。在这传统的婚礼中是一个重头戏，但在近些年趋向文明的婚礼中渐渐消失和简化了①。除了新郎家的人之外，新娘的兄弟也是重要人物，他背着新娘，将其送上婚车，代表新娘家参加新郎家的宴会，并监督新郎家婚礼的举行。新娘的兄弟在新郎家受到极大的礼遇，新郎家会找最热情、最能喝酒的同辈兄弟陪新娘的兄弟入席。

而女性在仪式中也有重要的角色和任务。同样，新娘的重要性自不待言，她是整个婚礼的另一个核心人物，比新郎更加受关注，是受众人赞美和祝福的对象。在迎亲的队伍中媒人和两个未婚的女孩承担重要的任务。媒人多数是女性，也有少数男性，但往往是夫妻二人一起担任媒人。迎亲队伍来到新娘家之后，其他人只能在院子里等候，唯独媒人和两个未婚女孩可以进入新娘的房间，劝新娘及早上车。迎亲队伍到达新郎家进入洞房之后，新郎家亲族的女性就要为新郎新娘"撒床"，她将红枣、桂圆、花生撒到新人床上，祝福新人早生贵子。随后其他女性纷纷夸赞新娘美丽，新娘将事先准备好的手帕、糖果赠送给大家。

在婚礼仪式活动中，男性和女性各司其职，都具备重要的作用，较为传统的婚礼，强调了女性离开自己的家庭进入男性家庭成为男性家庭一员，并为男性家庭生儿育女，但在新式的简化婚礼中，强调男女双方个人的结合更加重要。

（二）婚礼非仪式性活动中的性别分工

非仪式性的活动主要围绕宴席展开，由于婚礼不像葬礼那样仪式繁多，因而主家的活动主要围绕着宴席和接待客人展开。和葬礼的非仪式性活动一样，主要工作由男性承担，除了新郎的母亲负责安排各项活动之外，女性从事各种辅助性工作。参与准备宴席的人最多，有厨师、端菜的和洗菜洗碗的。三位厨师是男方家族中有过开饭店经验的近亲，端菜的人主要是村里的年轻男性，也帮助洗菜、择菜、洗碗。新郎的大爹是知客，

---

① 其原因可能在于年轻男性受教育程度提高，认为闹洞房是一件不光彩的事情，或者和新郎不太熟，不敢放肆。

是村里最资深的记账人和知客,负责迎接客人,给男性客人递烟,为客人安排座位,打发要饭的。记账的是新郎的堂弟,收礼金的则是新郎舅舅的大儿子,账上记的名字几乎都是男性的名字。

在女性方面,首先,新郎的母亲是一切事务的核心人物,她和新郎的父亲同样具有决定权。新郎的大娘、妹妹、堂嫂、二姨、三姨等人会提供一些帮助,接待宾客,或者在厨房准备一些食物,如蒸馒头、煮鸡蛋、烧稀饭等。新娘和母亲重要的任务是照看孩子,有时趁着厨房闲着的时候为自己一家三口准备饭菜(他们吃不惯安徽的宴席),有时也帮忙洗菜、洗碗。

在婚礼的非仪式活动中,性别的分工也非常明显,尽管并没有严格的要求,准备宴席的主要工作都由男性来承担,女性仅仅从事一些辅助性工作。

五 人情仪礼中的性别关系

从以上描述可以看出,无论是葬礼还是婚礼,无论是仪式性活动还是非仪式性活动,都存在较为明确的性别分工(葬礼中的性别分工更加明确和严格)。从人情仪礼的性别分工来解读当前农村的性别关系,还需要考察以下几个方面。

(一)人情仪式的象征性与性别关系

人情仪式具备象征意义。在葬礼中,围绕死者的身体、安葬等礼仪自然是最为重要的。这些礼仪几乎全部由男性承担,并通过严格的性别禁忌垄断下来。究其实质,葬礼本是为了正式确立儿子们对家庭的继嗣权和对家庭事务的掌控权而存在,因此儿子们主导葬礼,并由男性展现家族秩序正是葬礼各种礼仪的隐含意义(罗梅君,2007)。有儿子打幡、"摔老盆""顶棺下墓"是一个寿终正寝的老人葬礼上最基本的体面,如果没有儿子,葬礼将无法进行,这意味着老人后继无人,即不能安心进入祖先的序列中,也因没有人续香火而死后凄凉(没有人上坟、烧纸)。因此,在葬礼仪式中,男性,尤其是儿子的地位最核心、最关键,并且不能被替代,它是关系到葬礼能否进行下去的最重要因素。在没有儿子的葬礼中,要临时找一个后辈男性作为儿子的替代者,其获得的报酬则是继承死者的遗产。

替代方案更明确地显示了男性承担的仪式和家族继承之间的关系。

而女性承担的哭丧仪式虽然承担了重要的表意性功能，但还不具备文化上的重要性。这一总结和李霞观察的山东农村一致："正式亲属制度的远近关系和等级秩序是由男人们来体现的，而表达感情的哭泣行为主要是女性来承担的。"（李霞，2010：208）并且，哭丧仪式可以很容易地通过市场方式解决：花钱雇用一个"响手"去哭。

婚礼则是另一番景象，由于婚礼的核心人物是一对男女，因而女性和男性的仪式都非常重要，几乎平分秋色。在当代农村，如果新娘和新郎不是同一个地方的人，婚姻已经失去作为联合两个家庭的传统意义，而更加注重新婚夫妻二人的心愿和幸福，因此嫁娶婚尽管形式上还是女性进入男性家庭，但其实质意义已经不复存在。在本研究的案例中，新郎在贵州工作并安家，更像是通过婚姻进入了女方的家庭，而非娶进了媳妇。在当代农村补办婚礼的潮流中，结婚仪式不仅抛弃了传统的象征意义，甚至连仪式都抛弃了大半。结婚似乎只是为了在亲朋面前证明双方结合并收回这个家庭以往付出的礼金。

总之，在葬礼这样遵循传统较多的仪式性场合中，女性的地位依然相当边缘。这主要由于葬礼是一个最严格地反映父系家族秩序的场景，尤其是葬礼中的仪式表演，这种表演意在传达以男性为中心的父系家族传承这一文化事件，由于传统的父系家族根基没有改变，男性作为父系家族继承人的正式地位没有改变，因此在葬礼中展示出来的仍旧是男性中心的性别关系。而婚礼中仪式减少，婚礼的象征意义减少，世俗功能提升，其中的性别关系显得更加平等和自主。从婚礼仪式简化和葬礼仪式的保留中可以看出，传统的男性中心性别秩序已经发生变化，通过婚礼反映出由家庭变迁、婚姻观念改变带来的更加自主化和平等化的性别关系已经广泛发展，但尚未触及男权制的根本：父权制家庭的继承制度。这个制度是农村男权制的一个重要基础（李银河，2010），通过葬礼的仪式顽强地保留下来。婚礼中的仪式及其象征意义遭到极大削弱，但男性继承家庭财产的权利不动摇，农村的性别关系就不会得到彻底的转变。

（二）非仪式活动的公共性与性别关系

在非仪式性活动中男性仍旧占据主导地位，同这种活动的公共性质密不可分。其秘密从一件事中可以做出解释。在宴席的准备中，平时做饭的女性在宴席的准备中鲜少帮忙,但那些缺少厨房经验的男性却积极参与,并且具备丰富的宴席杂工经验。之所以如此,是因为男性有大量的机会为别人服务,而女性少有这样的机会。村里有人家"办事",男性去帮忙,女性留在家里,是一件极其自然的事情。其背后隐藏的规则是:同一种工作,为别人家做是公共的,为自家做就是私人的,前者的公共性在于这种劳动连接两个(或更多)家庭,具备社会交换的特点,而后者只是为自己的家庭提供服务,不具备社会交换的特点。公共性质的活动由男性承担,私人性质的活动由女性承担才是非仪式性活动中男性占据主导地位的核心所在。

在非仪式性活动中,男性和女性活动,或者说公共活动和私人活动的区别表现在两个方面:其一,活动的参与是否受到邀请。男性为主家帮忙的公共性首先就体现他受到邀请。在王家的葬礼中,死者的侄子得知死者病危的时候就做好准备,当死者的儿子向他们报丧的时候,请他们过来商量怎样办葬礼。在 G 家的婚礼中,当 G 家通知婚礼日期的时候,就邀请亲族的人帮忙。连在外地工作的新郎堂弟和厨师的儿子也通过电话邀请,希望他们回来帮忙。而女性尽管得知消息却并没有受到邀请商量办事或者帮忙。受到邀请并帮忙的男性一天三顿都在事主家吃饭,而亲族女性偶尔会过来临时做点事情,具有很大的随意性,她们过来往往表达关心,短暂逗留之后就会离开,并且不会留在事主家吃饭。

其二,这种活动是否具有明确的职责。为主家帮忙的人可以分为两种,一种是邀请的,一种是雇用的。雇用的人按市价收费,其公共性自不待言,如王家葬礼中的阴阳先生、抬棺者、厨师和"响手"。而 G 家婚礼中雇用的仅有"响手"。葬礼中邀请的有:知客、写账人、管账人、杂工和死者的侄子等人。婚礼中邀请的有:厨师、知客、写账人、管账人、端菜的(兼杂工)。这些工作要么是具有明确的职业名称,要么具有明确的工作职责。而女性的临时帮忙和制作辅助性的食物既不具备职业名称也没有明确的职责。

当然,所有这些都有一个前提,即:家族文化所规定的义务。在父系制的家族文化中,当一个家庭举办重大人生礼仪的时候,哪些家庭的男性去帮忙是明确的,主家正是根据这个规则去邀请亲族的男性帮忙,帮忙的人也根据义务提供帮助,这种安排仍旧体现了父系家族的秩序,以男性之间的联系作为家族关系的主脉。从整个 L 村来看,所有人生礼仪的举办,体现了全村男性社会交往的基本脉络,而这个脉络构成这个社区社会交往的基本结构,女性的交往在此是被隐藏起来的。因而,通过灵活的公私区分,将公共性质的活动交给男性,而把私人活动交给女性,加强父系家族中男性的联系,削弱女性的社会交往,正是非仪式性活动中的性别潜规则。

(三) 亲属制度与性别关系

尽管在当代农村,家族已经不是一个有意义的实体,但由于实行从夫居制,父系家族依然在实际上发挥着巨大的影响。无论是葬礼还是婚礼的举办,都需要多人参与,而这种参与多是帮忙性质,而较少采用雇用形式①。在重大生命仪式活动中,仍旧遵循人情交往的互助原则,给事主帮忙的,就是事主家的男性亲族成员。尽管姻亲广泛参与了农村生活的各个方面,以至于有学者将家族的概念扩展到包括母族和妻族(岳庆平,1994),但就生命仪式的举办而言,仍旧是男性亲族的公共事件。在这些人情仪式中,男性亲族的成员是帮忙的自家人,而妻族和母族的成员则是宾客。男性事主和男性事主父亲的兄弟是最为重要的自家人,在整个仪式活动中,承担重要的责任,如提供决策、代表事主家庭、接待客人、应对刁难等等,如果是老人的葬礼,他们也是事主。

在姻族中,女性事主的兄弟,或者女性事主母亲的兄弟是至关重要的角色,他们以舅舅或者未来舅舅的身份成为事主家的贵客。在葬礼中,舅舅代表姻族的家庭(妻子的娘家或者母亲的娘家),对葬礼进行监督,也就是对外甥的行为进行监督②。而在新人的婚礼中,新郎的舅舅是上账(礼金)最多的人,作为婚礼最尊贵的客人必须由新郎亲自邀请。而新娘的兄弟也代表新娘的娘家,需要将新娘送出家门,并到新郎家监督婚礼的举办,并在婚礼三天之后代表娘家接回新娘,以检验男方对待新娘的态度。在新人此后的整个婚姻生活中,新娘的兄弟也就是未来的舅舅都是女

---

① 在葬礼和婚礼中,雇用的情况越来越多了,比如一些葬礼中请人抬棺、婚礼的酒宴在饭店举行等。但还未成为主流。雇用更多是在人口外流导致的人手不足的情况下产生,但是在皖北地区,事主较近的族亲一般都会从外地赶回帮忙,以便以后自家有事也能有人帮忙。而婚礼多半在春节或者"五一""十一"等假期进行,比较容易找到人手。
② 这在女性老人的葬礼中更加明显,尽管在本文中没有涉及。如果一位已婚女性去世,她的兄弟会代表娘家人检验她的死亡过程是否合理,葬礼举办是否体面,如果不合规矩,她的兄弟有权阻止葬礼的举行。

方的后盾。

比较而言，无论是亲族还是姻族，女性都不具备如此重要的地位，以事主家的姐妹而出现的姑姑、姨娘在仪式中都没有重要地位，尽管她们也是贵客，但并不像舅舅那样受到尊崇，并且由于她们已经出嫁，因而也不能作为亲族成员给事主家帮忙。

总之，从亲属关系的视角来看，农村人情仪礼是男性亲族作为主办方，而姻族成员作为宾客出现的，这反映出父系家族成员主导着人情仪礼的举办。并且无论亲族还是姻族，男性都是代表人物，这从礼账中也能明显地反映出来，无论是男性还是女性出席宴席，礼账上都只能记下男性的名字。因而在人情仪式的账面上，只反映出男性之间的关系，只不过亲族的男性直接体现了男性之间的血缘关系，而姻族的男性关系是由女性连接而来。因而可以说，无论是人情仪式活动的仪式方面、非仪式方面，还是账面关系都是由男性连接而成的。

六 结论与讨论

综合来看，在皖北农村以葬礼和婚礼为代表的人情仪式的举办过程中确实存在明确的性别分工，男性和女性承担着不同的角色和任务。相比而言，婚礼中的性别分工不如葬礼中的性别分工更为严格，葬礼仪式中还存在性别禁忌，这些性别禁忌是单一方向排斥女性，将女性排斥在家族的继嗣活动之外。这种分工呈现的面貌是男性掌控整个过程，承担着不可或缺的角色，或者进行主导性工作，而女性尽管也承担少量重要仪式和重要的非仪式性工作，但整体而言，女性承担的工作是次要的、辅助性的，并且是女性化的。由于男性承担的仪式更具文化象征性，其非仪式性活动中的劳动更具公共性，因而反映出农村性别关系的男性主导地位。尽管婚礼仪式的简化表明农村的性别关系呈现自主化和平等化的趋势，但这种情况仍未触及农村男权制的基础。

本文主要探讨了在仪式人情中的性别分工和性别关系，对目前农村日常生活中的性别关系还缺乏了解。农村生活中举办生命礼仪的情境和日常生活的情境不尽相同，其中的仪式性部分尤其与日常生活实践迥异，如葬礼仪式中性别等级秩序森严，但在养老活动中，女性却有很大的参与权（高修娟，2014），因而要认清农村的性别关系，还需要考察日常人情实践中的性别关系。

参考文献

曹锦清、张乐天,1992,《传统乡村的社会文化特征:人情与关系网——一个浙北村落的微观考察与透视》,《探索与争鸣》第 2 期。

常向群,2009,《关系抑或礼尚往来?》,辽宁人民出版社。

陈柏峰,2011a,《熟人社会:村庄秩序机制的理想型探究》,《社会》第 1 期。

陈柏峰,2011b,《农村仪式性人情的功能异化》,《华中科技大学学报》(社会科学版)第 1 期。

陈辉,2012,《人情债、人情圈与交往逻辑变化——基于浙西周村的调查》,《西南石油大学学报》(社会科学版)第 2 期。

高修娟,2014,《前台与后台:皖北农村养老 - 丧葬活动中的性别景观》,《妇女研究论丛》第 2 期。

耿羽、王德福,2010,《类型比较视野下的中国村庄"人情"研究》,《青年研究》第 4 期。

黄玉琴,2002,《礼物、生命礼仪和人情圈——以徐家村为例》,《社会学研究》第 4 期。

金一虹,2000,《父权的式微:江南农村现代化进程中的性别研究》,四川人民出版社。

李宏伟、王晓峰,2001,《地缘村落的人情"内卷化"——基于冀北 H 村的田野调查》,《内蒙古社会科学》(汉文版)第 4 期。

李霞,2010,《娘家与婆家:华北农村妇女的生活空间和后台权力》,社会科学文献出版社。

李银河,2010,《后村的女人们》,内蒙古大学出版社。

〔德〕罗梅君,2001,《北京的生育、婚姻与丧葬:19 世纪至当代的民间文化和上层文化》,王燕生等译,中华书局。

宋丽娜,2012,《人情往来的社会机制——以公共性和私人性为分析框架》,《华中科技大学学报》(社会科学版)第 3 期。

宋丽娜、田先红,2011,《论圈层结构——当代中国农村社会结构变迁的再认识》,《中国农业大学学报》(社会科学版)第 1 期。

唐灿、马春华、石金群,2009,《女儿赡养的伦理与公平——浙东农村家庭代际关系的性别考察》,《社会学研究》第 6 期。

王冬梅、李小云,2010,《变化与稳定:非正式制度中的性别呈现——以河北 H 村仪礼为例》,《妇女研究论丛》第 1 期。

阎云翔，2000，《礼物的流动：一个中国村庄中的互惠原则与社会网络》，李放春、刘瑜译，上海人民出版社。

杨华、欧阳静，2011，《农村人情的变异：表现、实质与根源——对当前原子化农村地区人情的一项考察》，《中州学刊》第5期。

杨美惠，2009，《礼物、关系学与国家：中国人际关系与主体性建构》，赵旭东、孙珉译，江苏人民出版社。

岳庆平，1994，《家族文化与现代化》，《社会科学战线》第6期。

张艳玲、屈锡华，2006，《农村社会人情关系下的礼物交换——以山东省董家村为例》，《北京科技大学学报》（社会科学版）第1期。

朱晓莹，2003，《人情的泛化及其负功能》，《社会》第9期。

〔加〕朱爱岚，2004，《中国北方村落的社会性别与权力》，胡玉坤译，江苏人民出版社。

Anthrew B. Kipnis，1997，*Producing Guanxi：Sentiment，Self，and Subculture in a North China Village*，Duke University Press.

Ellen R. Judd，1989，"Niangjia：Chinese Women and Their Natal Families," *Journal of Asian Studies*，Vol. 48，No. 3.

Margery Wolf，1972，*Women and Family in Rural Taiwan*，Stanford University Press.

Yunxiang Yan，2006，"Girl Power：Young Women and the Waning of Patriarchy in Rural North China," *Ethnology*，Vol. 45，No. 2.

Weiguo Zhang，2009，"'A Married out Daughter is Like SpiltWater'? Women's Increasing Contacts and Enhanced Ties with Their Natal Families in Post - Reform Rural North China," *Modern China*，Vol. 35，No. 3.

我国妇联组织官方网站发展研究

陈 宁[*]

摘 要 妇联组织官方网站是新媒体时代传播我国妇女儿童事业发展动态的重要媒介形式。本课题综合使用内容分析、文本细读和意识形态分析等方法，以各级妇联组织官网为研究对象，重点探讨此类网站在内容建设和形式设计中的性别平等意识和受众服务意识。同时运用公共关系学的相关理论对网站的展示功能和对话功能进行实现程度的测量。最终为妇联组织官网提升公众知晓度和参与度提出可行性的改进方案。

关键词 妇联组织 官方网站 内容建设 形式设计 功能实现

以数字媒体和移动通信为代表的新媒体正在迅速发展，成为传播和影响性别观念/政策的重要媒介。新生代市场监测机构调查显示，中国女性每天使用互联网的时间在近几年呈现激增趋势，其使用频度和时长已经超过广播、报纸和杂志等传统媒体。各级妇联组织官方网站一直致力于借助新媒体的媒介优势，传播性别平等的国家政策，组织社会公益活动，进而影响中国的性别平等舆论。2000年7月，天津市妇联率先成立天津妇女网。随后，全国妇联主办的中国妇女网于2000年10月开通，其他各级妇联也纷纷建立官方网站。这些官网的建立为广大受众提供了党和国家在妇女儿童事业发展方面的权威政策和实践动态。近几年来，一些网站还借助公共论坛、微博、微信、留言板等媒体形式为受众提供网上办公和帮扶渠道。妇联官方网站已经成为妇联系统政务工作中不可小觑的媒体

---

[*] 陈宁，女，南开大学文学院传播学系副教授，研究领域：大众传媒与性别文化。

力量。

然而，纵观当前各级妇联的网站建设可以发现，互联网的媒介优势还没有完全发挥出来。在网站形式的设计上、内容的更新上、性别平等意识的体现上仍有进一步发展的空间。对这些方面的研究和改进将有助于提高妇联组织官网的关注度、参与度和传播有效度。比如课题组对32家省级官方网站进行了统计分析，发现仅有35.5%的网站提供了清晰的人员组织结构图，51.6%的网站提供了有效的官方邮箱，12.9%的网站设有在线论坛供受众参与讨论。这在一定程度上影响我国性别平等政策和相关舆论的有效传播。

本课题综合使用内容分析、文本细读和意识形态分析等方法，以各级妇联组织官网为研究对象，重点探讨此类网站在内容建设和形式设计中的性别平等意识和受众服务意识。同时运用公共关系学的相关理论对网站的展示功能和对话功能进行实现程度的测量。最终为妇联组织官网提升公众知晓度和参与度提出切实可行的改进方案。

一　妇联组织官方网站的媒介特征和功能

目前我国有32个省级妇联官方网站，分别是北京、天津、河北、山西、内蒙古、辽宁、吉林、黑龙江、上海、江苏、浙江、安徽、福建、江西、山东、河南、湖北、湖南、广东、广西、海南、重庆、四川、贵州、云南、西藏、陕西、甘肃、青海、宁夏、新疆和新疆生产建设兵团。这32家网站构成了我国妇联组织在互联网上进行舆论传播的主要力量。除省妇联外，大部分市、区、县级妇联也有自己的官方网站。

各级妇联兼有政府组织与非政府组织的双重特点与功能，其下属的大众媒体在信息传播方面也相应地发挥着双重作用。政府组织的性质决定其肩负着宣传党和政府在妇女儿童发展方面的政策法规和社会实践的任务。具体而言就是倡导自尊、自信、自立、自强的女性精神，利用新媒体的独特优势构筑全面丰富的女性文化空间，打造受众自由交流的公共论坛；提供政务类信息，为受众提供在线办事服务；呈现社会各界为女性创业就业、妇女儿童权益保护等问题采取的具体措施，提供各项共建活动的专题页面链接；用多语种反映我国妇女组织与世界各国妇女组织的交流情况等。

另外，妇联的非政府组织性质又要求妇联官方网站遵照大众传播的一般规律，用受众喜闻乐见的形式传播他们关心的有实际效用的信息。这就要求妇联官方网站应该具有明确的受众服务意识，在信息内容的安排、网站功能的设计和办公流程的设置等方面都必须从受众角度出发，以用户满意度为衡量网站质量的最终标准。

二 妇联组织官方网站内容建设中的性别意识

经过十几年的建设和发展，妇联组织官网已经颇具规模。鉴于妇联组织的性质，性别平等意识应该是贯穿于此类网站内容建设始终的基本精神。研究发现目前仍有一部分网站内容可以进一步调整，以更加适应妇联组织服务于中国现代女性的媒体功能和职责。

（一）在关注女性外在美的同时，还可加强对女性职业能力的重视

整体来看，妇联组织官网上关于女性职业生活的内容主要分为两类，一是创业就业类，包括手工编织、家政服务等；二是职场服务类，包括职场礼仪、职场妆容、职场服饰、职场发型等。第一类内容的比重较大，醒目地放置在网站首页的导航栏处。与之相比，第二类关于职场规则、职业技能、职场心理的内容比重较小。研究发现，在第二类内容中，网站更侧重发布女性在职场的妆容、服饰、发型等话题，突出了一些热衷于靓丽妆容、时尚衣着但职业能力不详的女性形象。这样的处理方式无意中暗示了女性职业能力的匮乏，与网站设立此类栏目的良好初衷稍显背离。

以天津妇女网为例。该网站关于职场女性的频道被冠名以"时尚女性"，其中关于妆容服饰类的文章占 50% 以上。《歪眼线 bye 上钩眼妆闪爆眼球》《盘点 MM 穿戴内衣的 4 个错误》《眼部按摩法 让皱纹消失无踪》《几天洗一次头对发质是最好》《5 招抗击假皱纹 重获光滑嫩肤》《当旧时装成为时尚圈新流行》等文章充斥了频道版面。频道首页仅显示了一条与处理职场人际关系有关的文章：《揭秘：最易被潜规则的职场女人》。在这仅有一篇文章内，又多少暗示了被"潜规则"的女性都有自身行为不检点之处，透露出作者可能具有"红颜祸水"的潜在思想。

（二）在帮扶女性弱势群体的同时，还可表现其独立自强的精神

妇联组织官网中的女性人物有时会被描述成只能被动接受社会帮扶的弱势群体，经常无法独立解决工作和生活中的问题。被表现最多的是落魄的失业女工、被丈夫抛弃的妻子、无助的单身母亲或者无人照顾的老人等女性形象。社会生活中多样态的女性形象可进一步均衡呈现。尽管网站的宣传目的是出于彰显妇联组织帮扶效果的考虑，但这种呈现方式可能会使女性形象囿于社会弱势群体的藩篱而无法获得独立的媒体地位。

在妇联工作动态的报道中有不少新闻表现干部同志慰问生活困难的女性。编辑们通常将妇联干部作为新闻事件的活动主体，重点表现他们如何关怀弱势女性的生活和工作。在这种叙事视角中，被慰问对象的主体性成了叙事的盲区，鲜有笔墨表现她们具体的心理历程和奋斗始末。这可能会给中外网站受众某种错觉：中国女性在生活和就业问题上经常无法做出正确有力的抉择。她们总是面临着合法权益被侵害的危险，必须时时依靠政府部门的救助才能生存。

天津妇女网在题为《关爱困难母亲 送温暖进村》的新闻中写道："××月××日，市妇联副主席带领某企业董事长到某地开展送温暖活动。活动中，市妇联副主席送去了……详细了解了……要求……随后，市妇联副主席在镇领导的陪同下，对……进行调研……企业家××也准备初步……"这则新闻的活动主体是妇联干部及企业家。从"开展""送去""了解"等字样可以看出，记者笔下的政府部门和干部个人是具有主体力量的；而被帮扶的单亲困难母亲、留守儿童、五保户、残疾户和特困群体等则是孤独无依、急需救助的形象。

妇联官方网站应该向世界展示中国女性自尊、自信、自立、自强的精神风貌，而此类新闻在妇联官方网站上并不少见。应该承认，这类需要特别帮助的女性在今天的现实生活中是客观且大量的存在，正是妇联组织等政府部门的扶持从根本上改变了她们的命运。但是从媒体传播策略的角度来看，在官方网站上如此高密度地报道此类女性形象，可能达不到肯定政府决策力和行动力的正面效果，反而会影响现代中国女性在媒体世界中的精神风貌。

（三）在关注女性私人生活的同时，还可提供更多的社会性资讯

当代职业女性和男性一样大多穿梭于公共空间和私人空间。当她们在公共空间扮演职业角色时，需要专业化的职业信息和社会资讯帮助她们提升个人修养和职业能力；当她们在私人空间扮演女儿、母亲和妻子等角色时，则需要家庭情感等方面的生活服务类信息。妇联官方网站致力于推动当代女性的全面发展，应该提供女性所需的各类信息。研究发现，一些妇联官方网站的内容建设仍以表现服饰美容、婚姻情感、育儿持家等生活服务类内容为主，而对政治、经济、法律、科技、军事等现代女性同样关注的信息表现甚少。

以宁夏妇女网为例，其生活服务类频道叫"美丽人生"，包括魅力女性、婚姻家庭、健康宝典和生活家居四个板块。而作为现代职业女性所需要的政治、经济、法律、科技、军事等方面的信息几乎没有出现。这样一来，女性的"美丽人生"就缩减成有限的私人生活。如果将女性生活空间狭隘化、刻板化，那么女性受众在个人职业和修养发展中所需要的信息就会不均衡。

（四）在强调母亲和妻子角色的同时，还可展示多样态的女性形象

现代社会的两性角色日渐从强制性社会规约中解放出来，选择照顾家庭还是外出工作的社会分工由家庭成员平等协商决定。社会上既有悉心照顾家庭的全职父亲，也有全心工作的职场女性，更有两者兼顾的男性和女性。从这个意义上说，现代女性的角色选择同男性一样是自由而多样态的。

在妇联组织官网的栏目设置和文章内容上，有意无意地会有一些暗示：女性必须扮演好母亲和妻子的角色，否则就不是"合格"的女性。像育儿、家居、婚恋等是不少网站的必备栏目。比如《妈妈们必知的6大育宝忠告》《孩子控诉妈妈的10大罪状》等文章用"必知""控诉""罪状"等带有强制性、谴责性的语言告诫女性，如果不知道育儿知识、没有照顾好家庭就不是一个"好"的女性。如果这样的论调从不召唤男性参与家务劳动，从不支持两性家庭成员自主选择居家还是外出工作，那么很可能将

母亲和妻子的身份夸大、固化成女性的全部身份。

（五）政治话语与性别话语的均衡呈现

宣传政务类信息是妇联官方网站的重要媒介功能之一，如刊登妇联组织的工作动态、创建在线办事的渠道、登载法律法规的下载和解读等。与此同时，妇联官方网站还具有传播性别平等精神，展现中国女性自尊、自信、自立、自强的精神风貌等职责。在妇联官方网站上，政治话语与性别话语应该同时渗透在网站内容建设中：政治话语展现妇联组织的工作动态，性别话语展现现代女性的精神面貌。但作为政务性质的网站，妇联官网有时会出现政治话语偏多，性别话语空间偏小的倾向。

课题组对 32 家网站的内容进行细致的分类统计后发现，政务类内容占 48.7%。也就是说，网站大约有一半内容是介绍各级妇联的组织架构、人员构成、领导讲话、调研报告、文件资料、法律法规等。而新闻类内容占 17.2%，其中大部分内容也是关于妇联工作的动态。以上两类内容大致占了 66% 的比例，而涉及女性实际生活、精神发展等性别话语的比例不足 40%。

值得注意的是，上述政务类文章又经常采用政府公文的形式，以妇联各级领导活动为主体，女性意识及女性的主体地位并不是被表现的重点。以天津妇女网为例，该网站只有一个新闻类频道叫"我们关注"，其内容主要为妇联工作动态，并非女性关注或关注女性的社会性新闻。课题组随机抽取该频道 2013 年 11 月 3 日发布的 13 篇文章进行标题用词分析，发现"国家领导人"出现 3 次，"市妇联及其领导"出现 4 次，"妇女大会"出现 2 次，"男女平等基本国策"出现 1 次，"妇联领导送温暖等活动"出现 3 次，而正面描述"女性"的语汇并不多见。这样的内容建设多少背离了最初为女性服务的设立宗旨。

三　受众意识视角下妇联官方网站的形式设计

一般来说，网站的宣传宗旨指导着网站的功能定位，网站的功能定位又统领着网站的架构设计。本部分主要针对妇联官方网站的总体架构和内部建设进行分析，重点考察其与妇联官网设立宗旨之间的契合程度。课题组将从首页及导航栏设计、频道设置及信息时效性等方面研究妇联官方网站的总体架构；从稿签设计、文章内容呈现、多媒体技术应用等方面研究妇联官方网站的内部设计。

（一）网站总体架构中的受众意识

1. 首页及导航栏设计

首页设计是一个网站第一时间抓取受众注意力的核心性设计要素，包括首页屏数、导航设计、版面使用、网页显示等内容。一般而言，首页设计不能过长，一般不超过两屏长度；通常按照网站的核心价值理念对首页进行布局，将各个频道中最突出的栏目入口安排在首页上；以形成目录式的首页为宜（陈小筑，2006：181）。

研究发现，我国妇联组织官网一般采用四屏的长度设计，甚至有五屏至六屏的长度。这种网页长度需要受众不停地向下滚动鼠标才能看完全部网站内容。一些首页设计复杂拥挤，页面上聚集了细密的选项、文字、链接以及色彩驳杂的画面。当受众长时间浏览网站时会感觉疲劳，难以快速获取重要的信息。还有的网站导航栏设计累赘，占用了过多的首页资源。在页面底部的"相关链接"处，也有网站采用罗列式的呈现方式，不仅版面庞大，更影响到了页面的整体美观。比如有网站在首页底部罗列了88个相关网站链接，占用了近11行的通栏空间。

实际上，页面的"留白"，即那些没有显示任何文字和插图的部分，非常有助于人们将页面上的信息分解为一些易于管理的单位。在分组周围提供足够的空白，能够在不引起受众视觉疲劳的情况下，让他们迅速采集、接纳最重要的信息。相关研究表明，互联网的受众并不倾向于向下滚动鼠标。四屏的首页长度需要多次滚动鼠标才能拉到屏幕底部，其使用便捷性大打折扣。建议妇联组织官网将部分内容放置在二级页面中，只在首页设置一些关键性的导航按钮，使首页呈现两屏的简洁方式。同时将两行横向导航改为一行横向导航，在一行导航内再加设下拉式竖向导航，以减少对首页空间的占用。还可以通过提供网站结构图的方式来帮助用户尽快找到所需信息。

2. 频道设置

妇联官方网站在频道设置上主要分为四类：政务类、公益类、新闻类及生活服务类。目前来看，某些频道存在重叠部分，即某个频道其实是另外频道的组成部分。比如在天津妇女网首页的导航栏设置中，"母亲教育"

频道其实是"经典活动"频道的一部分,"女性文学"频道其实是"女性沙龙"频道的一部分,"菜鸟乐园"频道是介绍电脑使用的入门技巧,在内容上与"女性沙龙"也存在一定的重复。但这些频道又都处于单独设置的状态,占用了宝贵的导航栏空间。这样一来,用户在搜索相关信息时要花费更多时间在不同专题下查看。

建议尽量避免把同类型的内容链接到多个导航区域。这些重复性的内容会使受众必须花费更多时间才能找到链接之间的区别和条理。网络传播效果研究显示,网站页面上的对象越少,用户越有可能注意到它们。如果页面上有很多元素相互竞争反而会削弱彼此的竞争力。网站可以将频道资源进行明确分类,将重复性内容合并到同一频道,使频道划分更趋科学合理。

3. 网站信息的时效性

受众在浏览网站时都希望在最短时间内获取最新鲜、最有用的信息。政务类官网的信息公开更要求"经常性的工作定期公开,阶段性的工作逐段公开,临时性的工作随时公开"(陈小筑,2006:39)。妇联组织官网的职责之一就是第一时间发布我国有关妇女儿童工作发展的重要信息。

研究发现,一些妇联组织官网存在信息陈旧、更新速度慢等问题,一定程度上影响了受众获取信息的及时性和有效性。课题组于2014年2月9日抽样调查发现,天津妇女网"立法动态"专题于2013年11月2日发布了最后一条信息,倒数第二条信息却发布于2011年6月2日,时间间隔两年之久。"主体活动"栏目更新到2009年,"历届妇代会"栏目更新到2010年,"案例分析""妇联文件""领导讲话""杰出女性"等栏目更新到2011年,"维权气象"专题更新到2012年。甚至有的专题内已经没有任何内容。一些区、县级妇联的"网站公告"和"联系我们"一栏全部是空白。除了时政类信息,生活服务类信息的发布也有滞后现象。比如天津妇女网"为您服务"板块,最初设计包括天气预报、公交线路、天津航班、天津地铁、列车时刻等多种资讯。但其中很多信息已经失效或滞后,反而影响了受众对网站整体专业化程度的信任。

应该说这种信息滞后和残缺的现象与妇联组织官网本身重要的媒体地位很不相称。互联网作为一种信息更新迅速的媒介,新鲜及时的资讯是网站生存的关键,这也是它优于传统媒体的重要方面。网站信息发布的及时性在一定程度上体现了妇联各部门对信息公开工作的执行力度以及对网站内容维护的支持程度。

（二） 网站内部建设中的受众意识

1. 稿签设计

稿签包括文章标题、链接标题、来源、日期、点击量、评论按钮、责任编辑、相关报道、相关文章等部分。妇联官方网站的稿签设计在如下两个方面可以进一步改进。一是稿签的准确性。研究发现，网站存在文章标题显示不全的问题。不少网站都没有对首页呈现的链接标题进行长短的修饰。囿于首页分组的栏宽所限，用户只能看到标题的一部分。这个问题在频道页内也同样存在。

以天津妇女网"我们关注"和"维权热线"频道为例，栏目中所显示的文章标题没有根据相应的栏宽进行修改，致使大部分标题无法完整显示。比如题为《天津市妇联召开中国妇女十一大天津代表座谈会》的文章显示为《天津市妇联召开中国妇女十》，《关于做好预防少年儿童遭受性侵工作的意见》显示为《关于做好预防少年儿童遭受》，让读者浏览时感到不知所云。跟其他传统媒体相比，网站具有信息流动迅速的特点。网站内容必须符合快速浏览的阅读要求。文章链接标题应当使用简洁且具有冲击性的语汇以吸引读者。

二是信息的准确性和扩展性。网站文章一般分为原创和转载两类。不少妇联组织官网存在原创文章不标注"原创"字样，转载文章仅显示"转载"二字而没有具体来源等问题。建议将转载的文章标明来源并链接到原出处，原创文章可链接到本网站首页。在文章标题下也设置评论按钮，让受众不必拉到底部就能找到互动的方式。文末链接"相关文章"（一般5篇左右）也可以拓展网站的信息容量。

2. 文章内容呈现

一般来讲，网络文章的主体部分应该段落分明，设置分页，标题与正文以不同的字体、字号或颜色来加以区分。研究发现，妇联组织官网的一些文章存在标题不醒目、整篇文章不分段、字体过小、文章不分页导致滚动鼠标次数过多等问题。这种密不透气的排版方式可能会让读者产生窒息感从而很快失去阅读兴趣。网站可以通过突出关键性主题字词的方式将读者的注意力吸引到页面上的特定区域，比如使用粗体或带颜色的文字等。还应保持文章的段落短小，每个段落标明一个主题即可。段落中的主题句清晰明确，使受众快速了解段落大意。

根据文章内容设置分页。浏览网站的受众通常不会在一个页面停留很长时间，而且不喜欢在一个页面上多次滚动鼠标。应当把重要信息按照不同层次分置在不同页面上。此外，考虑到老年受众或其他情况特殊的受众需求，可设置字号调节按钮，方便受众浏览文章。正在改版后试运行中的中国妇女网就在文章页设置了"大、中、小"不同字号，解决了不同年龄层受众的阅读困扰。

3. 多媒体技术的应用

当前网站建设中可以使用文字、声音、图形、图像、动画和活动影像等多种媒体技术展示内容，多媒体的生动性、交互性和实时性正在迅速发展。课题组发现，妇联组织官网虽然尝试使用多媒体技术，但还限于较小的范围。可以进一步发展的方面有：一是图片数量不多、图片尺寸较小、图片更新不够及时。比如天津妇女网的"女性沙龙"板块若干年都没有更换过题图。二是视频使用的频度和力度不够，一些视频无法在首页自动播出，只能以静态图片的形式展示。三是除图片和视频的使用之外，其他多媒体方式采用不足。笔者目力所及，只有北京妇女网设置了背景音乐，打开网站之后可以循环播放。

四 妇联组织官方网站的功能实现程度

课题组根据妇联组织官网的基本属性及新媒体发展的特性，将此类网站的功能分为"展示"与"对话"两个维度。通过创建相关的调查量表对这两大功能的实现程度进行评估。其中，"展示"维度分为5个类目共26个独立标准；"对话"维度分为4个类目共27个独立标准。"展示"维度考察妇联组织官网信息公开的透明性，是以信息单向输出为主要内容的网站橱窗功能；"对话"维度考察网站与媒体、公众的交互性，是受众与网站双向互动与信息共享的交互功能（涂光晋、宫贺，2010，8：6－14）。

（一）妇联组织官方网站的展示功能及其实现程度

统计显示（见表1），妇联组织官方网站在展示功能的实现程度上，以下9个标准的实现率均达到100%：提供其他相关部门的网站链接（P10）、以明确的时间标志标明最近更新的日期或时间（P11）、发布近期的相关工作部署（P13）、设立单独的栏目呈现行政服务类信息（P14），以便于阅读的方式呈现工作报告、研究、法规等文件材料（P18），提供展示当地妇女工作或活动的图片（P19），提供网站导航或使用指南光缆接入打开网页的时间少于 5 秒钟（P24），提供返回首页的链接（P26）等。

实现程度最高的类目是"登录时间与网站导航"（99.2%）。所有被测试网站均在网页中提供了网站导航或使用指南，光缆接入打开网页的时间少于 5 秒钟，并提供返回首页的链接。有 30 家妇联组织官网的首页图片或视频都能在 10 秒钟内打开完毕。这说明妇联组织官网在基本网站技术的使用上比较成熟。

实现程度居于第二位的类目是"更新情况"（93.6%）。被测试网站基本上能以明确的时间标志标明最近更新的日期或时间。需要指出的是，这里测试的网站更新情况是指网站更新速度最快的频道或栏目，不能代表网站所有频道或栏目都达到了量表所考察的更新标准。

居于最后一位的类目是"联系信息"（37.1%）。此项目是考察受众能否快速联系到网站的运行维护人员。统计显示，只有 22.6% 的妇联组织官网为受众提供了网站管理员的电子信箱，51.6% 提供的是网站管理员的其他联系方式。这说明妇联组织官网在与受众的联系程度上还存在一定问题。

表 1　妇联官方网站展示功能的整体实现程度

单位：%

类目	标准	百分比	均值
联系信息	P1 提供网站管理员的电子信箱	22.6	37.1
	P2 提供网站管理员的其他联系方式	51.6	
组织信息	P3 提供组织目标或职能的介绍	90.3	79.4
	P4 提供组织架构介绍	90.3	
	P5 提供组织结构图	35.5	
	P6 提供各行政部门的职能介绍	77.4	
	P7 提供领导的介绍	87.1	
	P8 提供下级部门的职能介绍	67.7	
	P9 提供下级网站链接	87.1	
	P10 提供其他相关部门的网站链接	100	
更新情况	P11 以明确的时间标志标明最近更新的日期或时间	100	93.6
	P12 发布的最新一条信息为近三日更新	87.1	

续表

类目	标准	百分比	均值
发布信息	P13 发布近期的相关工作部署（行政服务类信息）或本地新闻类信息	100	89.4
	P14 设立单独的栏目呈现行政服务类信息	100	
	P15 设立单独的网上办公栏目	93.5	
	P16 设立单独的栏目呈现15天以内的新闻类信息	96.8	
	P17 提供妇女新闻网的链接	71.0	
	P18 以便于阅读的方式呈现工作报告、研究、法规等文件材料（如设立专栏）	100	
	P19 提供展示当地妇女工作或活动的图片	100	
	P20 提供展示当地妇女工作或活动的视频短片、Flash	54.8	
	P21 提供文件下载（包括法规条文、表格或研究报告等）	96.8	
	P22 提供对文件（包括法规条文、表格或研究报告等）的解读性信息	80.6	
登录时间与网站导航	P23 提供网站导航或使用指南	100	99.2
	P24 光缆接入打开网页的时间少于5秒	100	
	P25 网页首页图片或者视频是否能在少于10秒钟的时间内打开完毕	96.8	
	P26 提供返回首页的链接	100	

展示功能实现程度的平均值为83.3%。在32家省级妇联官方网站中，以天津、内蒙古和广东为代表的21家网站的展示功能得分在均值以上，占全部网站的65.6%。这说明大多数网站都较好地实现了对受众展示相关信息的功能。只有江苏（69.2%）、宁夏（61.5%）和新疆生产建设兵团（42.3%）三家网站的得分在70.0%以下，在网站最基本的展示信息功能上做得不到位（见表2）。

表2　32家妇联官方网站展示功能的实现程度

单位：%

省级妇联单位	展示功能实现程度	省级妇联单位	展示功能实现程度
北京	92.3	湖南	92.3
天津	96.2	广东	96.2

续表

省级妇联单位	展示功能实现程度	省级妇联单位	展示功能实现程度
河北	80.8	广西	84.6
山西	74.1	海南	92.3
内蒙古	96.2	重庆	96.2
辽宁	84.6	四川	76.9
吉林	84.6	贵州	84.6
黑龙江	84.6	云南	84.6
上海	92.3	西藏	76.9
江苏	69.2	陕西	92.3
浙江	73.1	甘肃	73.1
安徽	92.3	青海	88.5
福建	84.6	宁夏	61.5
江西	84.6	新疆	84.6
山东	80.8	新疆生产建设兵团	42.3
河南	80.8	均值	83.3
湖北	88.5		

（二）妇联组织官网的对话功能及其实现程度

统计显示（见表3），在对话功能的实现程度上，以下5个标准均达到100%：提供深入的解释与操作指南以使受众了解并知道如何理解或履行相关的法规、政策、数据和研究等（P8），以某种方式强调突出值得注意的事件（P19），提供图片或其他形式的视觉新闻（P20），提供规范的"新闻稿"或新闻发布会信息（P24），提供与所发布的新闻有关的背景资料及相关信息（P25）。

但是，以下指标的实现程度却为0，也就是说，这些常见的网站应用技术还没有在妇联组织官方网站中开展起来，它们是：具有供网站访客提出页面纠错的功能窗口（P2），所提供的页面纠错窗口是否具有实质功能（P3），提供针对不同公众的导航（P5），提供信息订阅服务（P18）。

在"对话"维度的4个类目中，实现程度最高的是"媒体对话"（61.6%）。这是考察妇联组织官网的功能设计是否考虑到了媒体记者的信息获取需求，是否有意识地利用网络媒体的特性来突出新闻价值。研究发现，所有网站都以某种方式强调突出值得注意的事件（P19），提供图片或其他形式的视觉新闻（P20），提供规范的"新闻稿"或新闻发布会信息（P24），提供与所发布的新闻有关的背景资料及相关信息（P25）。100%的实现程度说明妇联组织官网均具有较好的新闻推介意识，能够利用新闻自身及网络媒介的特性实现与媒体对话的功能。

居于第二位的类目是"公众对话"指标（39.6%）。这是考察网站是否具有与受众之间的双向对话回路。从数据来看，提供深入的解释与操作指南以使受众了解并知道如何理解或履行相关的法规、政策、数据和研究等（P8）和提供社会服务组织的介绍或网站链接（P9）实现程度较高，说明网站在政策深度解读和社会平台延展方面做得比较好。在与公众互动方面，通过比较提供在线的延时互动（P15）和提供在线的实时互动（P14）的数据可以发现，妇联组织官网已基本具备了与网民进行在线互动的意识和功能设置，但仍处于从延时互动向实时互动迈进的过程。

居于最后一位的类目是"开放性"指标（11.3%）。此类目旨在衡量网站是否能针对不同的受众（如市民、游客、企业、媒体及外国人等）设置导航并提供具有差异化的信息服务。这一类目的均值仅为11.3%，说明妇联组织官网并不具有开放性，更多的是面向中国女性受众的信息服务。在被测试网站中，没有一家提供针对不同受众（如市民、游客、企业、媒体等）的导航，仅有5家网站设置了其他语种的导航，分别是内蒙古蒙语导航，上海英语导航，浙江繁体中文导航，海南英语导航，四川繁体中文导航。仅上海和海南妇联官网针对外国访问者定制了网站信息服务。

表3 妇联官方网站对话功能的整体实现程度

单位：%

类目	标准	百分比	均值
联系的可达性	P1 提供可点击的网站管理员的邮箱链接	22.6	18.6
	P2 具有供网站访客提出页面纠错的功能窗口	0	
	P3 所提供的页面纠错窗口是否具有实质功能	0	
	P4 提供可点击的地方官员的邮箱链接	51.6	
开放性	P5 提供针对不同公众（如市民、游客、企业、媒体等）的导航	0	11.3
	P6 提供多语种导航	16.1	
	P7 有针对外国访问者定制的网站信息服务	6.5	

续表

类目	标准	百分比	均值
公众对话	P8 提供深入的解释与操作指南以使受众了解并知道如何理解或履行相关的法规、政策、数据和研究等	100	39.6
	P9 提供社会服务组织的介绍或网站链接（如一些NGO组织的链接）	93.5	
	P10 市民投票或参与民意调查的窗口	29.0	
	P11 提供站内信息检索	71.0	
	P12 提供常设在线论坛公众对某些话题进行讨论	12.9	
	P13 提供临时性在线论坛供公众对特定话题进行讨论	12.9	
	P14 提供在线的实时互动	12.9	
	P15 提供在线的延时互动	83.9	
	P16 定期策划地方组织官员的在线访谈	6.5	
	P17 提供常见问题的解答汇总	12.9	
	P18 提供信息订阅服务	0	
媒体对话	P19 以某种方式强调突出值得注意（或具有新闻价值）的事件	100	61.6
	P20 提供图片或其他形式的视觉新闻	100	
	P21 在首页为媒体专设频道或链接	22.6	
	P22 在其他页面有为媒体专设的频道或链接	29.0	
	P23 网络新闻发布窗口或网络发言人的设置	12.9	
	P24 提供规范的"新闻稿"或新闻发布会信息	100	
	P25 提供与所发布的新闻有关的背景资料及相关信息	100	
	P26 提供新闻稿的检索引擎	67.7	
	P27 媒体有关当地新闻报道的汇总	22.6	

课题组将32个网站对话功能的得分以均值为界划分为两部分，高于均值的网站有13家，低于均值的网站有19家。其中，上海、江苏的对话功能值最高，甘肃、宁夏、贵州和新疆生产建设兵团的值最低（见表4）。

表4　32家妇联官方网站对话功能的实现程度

单位：%

省级妇联单位	对话功能实现程度	省级妇联单位	对话功能实现程度
北京	48.1	湖北	37.0
天津	55.6	湖南	37.0
河北	40.7	广东	51.9
山西	40.7	广西	44.4
内蒙古	44.4	海南	51.9
辽宁	37.0	重庆	44.4
吉林	40.7	四川	37.0
黑龙江	40.7	贵州	25.9
上海	74.1	云南	37.0
江苏	63.0	西藏	29.6
浙江	40.7	陕西	48.1
安徽	59.3	甘肃	25.9
福建	40.7	青海	33.3
江西	48.1	宁夏	25.9
山东	40.7	新疆	44.4
河南	37.0	新疆生产建设兵团	25.9
		均值	42.2

五　提高妇联组织官方网站公众参与度的几点建议

目前妇联组织官网在内容建设、形式设计和功能实现效果上已经有了相当程度的发展。为了更好地实现此类网站与政府媒体相称的媒介功能，课题组建议从以下几方面增强网站的受众关注度和参与度。

（一）提高受众参与度的方法

1. 意见征集

意见征集是就某项特定主题在网站上开辟专栏或窗口，向公众征集意见和建议，了解公众对公共事务的看法，对政策/活动的下一步发展提供意见支持。妇联官方网站可以就近期开展的活动或上级发布的相关政策向广大受众进行意见征集，为下一步的发展提供民意依据；也可以针对网站建设的满意度在网站首页设置调查按钮，就相关问题进行调查。民意征集可以采用网上调查的方式实施。网上调查栏目具有主题鲜明、问题明确、参与方式简单快捷及便于统计结果等优点。这不仅能使网站建设更具有吸引力，也是保证公众参与权和监督权得以实现的重要方式。

2. 公众留言

公众留言是网站上最常见、最便捷的公众参与方式之一。受众只需在网上直接填写然后发送即可，并且可以选择匿名或者署名。公众留言的内容可以包括建议、意见、咨询或者投诉等。目前大多数妇联官方网站都有公众留言功能，但因为工作人员配比有限，没有专人和专门制度去保障对公众留言的及时处理和及时反馈。但是对政务网站而言，网站运行维护人员能否及时处理和反馈留言人意见是这一举措成败与否的关键。

3. 在线访谈

在线访谈的优势在于可以让公众见到访谈对象本人，弥补其他公众参与方式只能通过文字进行沟通的不足。从公众角度来说，公众通过在线访谈可以面对面得到问题的反馈，受众的参与感和成效感会大大增强。对各级妇联组织来说，在线方式能够拉近访谈人、政府部门和公众之间的距离，以获得更高的社会信任。可以说在线访谈的开展为互联网时代公众参与政务提供了更为直接的机会。

4. 公众论坛

公众论坛最大的特点就是开放性和互动性，公众可以随时登录、自由讨论各种话题。不同的论坛有不同的管理方式，少数论坛采取实名制注册。一般每个论坛都会设置管理员对论坛进行监督和管理，并对精彩内容进行整理和存档。论坛讨论可以在公众之间进行，也可以在公众和各级妇联组织之间进行。论坛管理员或公众可以开辟各种专题讨论；管理员还可以就某个专题设置投票或者开展网络调查等。

（二）提高公众参与度的保障措施

1. 明确公众意见处理的责任主体

要使公众参与真正发挥效果，网站运行维护人员对公众参与内容要及时处理和回复。要实现这一点，关键在于明确公众意见处理的责任部门和责任人。因此，网站公众参与的相关制度首先必须明确处理公众参与内容的责任主体，包括什么样的公众留言或意见归属哪个部门负责处理等。

2. 规定公众意见处理的时限要求

公众参与要想取得较好的应用效果，网站运行维护人员的及时互动至关重要。与公众的互动性主要体现在交互的时间周期上：交互时间延迟越短，表明交互性越强。除了明确对公众意见处理的责任主体外，还必须明确规定对公众意见处理的时限要求，明确多少小时或者几天内必须给予回复。

3. 加强公众意见处理的过程监督

妇联组织官网对公众留言的及时处理，一方面要求工作人员思想上重视，另一方面也要有专门的监督机构进行监督。只有专人负责并且监督机制完善才能保证及时处理公众在网站上提交的各种建议意见。而这一机制在我国妇联组织官网中尚未建立起来。

4. 积极与其他机构部门进行联动

妇联组织官网公众参与栏目的具体落实考验的是妇联各部门之间及妇联与其他政府部门之间的协作机制。只有充分调动各部门的积极性，才能真正体现出妇联组织官网联系广大受众的桥梁作用，才能保证公众参与栏目真正做到"以用户为中心"。

综合上述，妇联组织官方网站是政务网站中的重要组成部分。新媒体时代正在飞速发展，这类网站在传播国家性别政策、参与性别平等建设方面起着无可替代的媒介作用。增强运行维护人员的性别意识，把满足女性受众的媒介需求作为网站设计的首要宗旨，运用专业技术架构网站框架和细目，相信妇联组织官网会在未来妇女发展事业中扮演越来越重要的角色。

参考文献

陈小筑，2006，《中国政府网站建设与应用》，人民出版社。

刘越男、王立清等，2004，《政府网站的构建与运作》，中国人民大学出版社。

涂光晋、宫贺，2010，《公共关系视角下中国内地政府网站使用研究》，《国际新闻界》第 8 期。

信息管理系列编委会，2001，《政府网站的创建与管理》，中国人民大学出版社。

张向宏、张少彤，2010，《服务型政府与政府网站建设》，清华大学出版社。

周颜玲、谭琳，2011，《全球背景下的性别平等与社会转型》，社会科学文献出版社。

周云，2005，《女性与互联网研究现状回顾》，《妇女研究论丛》第 2 期。

〔美〕Jakob Nielsen、Hoa Loranger，2007，《网站优化——通过提高 Web 可用性构建用户满意的网站》，张亮译，电子工业出版社。

青年榜样性别形象的编码与解码
——基于"感动中国人物"的分析

王小璐[*]

摘　要　本研究采用内容分析和符号分析的方法对"感动中国人物"中的青年榜样媒介形象进行分析，发现传统的性别意象仍然存在。继而，本研究通过个案访谈和焦点小组的方法，对"90后"大学生的榜样认同展开讨论，发现榜样认同中存在性别失衡困境，折射出榜样教育中国家向度与市场向度在性别话语建构上的合谋。后续青年榜样的教育，需要逐步建构真正平等的性别话语，还有赖主流媒介引导、扩大对个体差异而非性别差异的认识和尊重。

关键词　感动中国　性别形象　榜样认同

榜样建构一直以来都是我国道德教育的传统样态，但近来有关榜样教育陷入困境的议论不绝于耳。其中，讨论最多的是青少年对主流社会所树立的榜样认同度不高，出现了"榜样宣传红火、榜样学习冷清"、"传统榜样影响减退、新生榜样难以深入人心"等现象（李蕊，2014）。对于榜样教育认同中的这些困境，大多研究者认为可以从两个方面去理解，一方面当前教育者所塑造的榜样无法适应现有的社会转型和时代精神，另一方面新媒体的迅猛发展促进了青少年自主意识的增加及多元价值观的形成（罗雯瑶，2010）。也有研究者将青少年中榜样衰落、偶像泛滥的现象，归结为集体主义对个体主义的让渡（于淼，2011）。无疑这两种解释对理解青

---

[*]　王小璐，女，南京农业大学社会学系讲师，研究方向为青年社会学。

少年榜样教育的困境具有一定的启发，但这种静态式的分析也容易禁锢我们对榜样教育的反思。

另外，相对以往研究者对榜样教育成效式微的关注，较少有研究者关注到榜样教育中的性别缺失及青少年榜样认同中的性别失衡问题，而这可说是榜样教育中的隐性困境。有研究者对中小学德育教科书进行内容分析，发现男性榜样占据绝对优势，凸显了教育者在树立本应不存在性别差异的道德楷模的过程中所具有的男性道德优越感（杨黔敏，2009）。而中国青少年研究中心在全国范围所做的"少年儿童的偶像与榜样"大型调查结果也显示，中小学生中男生和女生所选择的前10位榜样无一例外都是男性，"母亲"作为最靠前的女性榜样仅排第13位（孙宏艳，2012）。

造成青少年榜样认同中性别失衡的原因是什么？本研究期望以权威的主流媒介为载体，对其所涵盖的榜样媒介形象展开性别视角的内容分析和符号学分析，揭示当代主流意识形态对性别话语的选择、表达及其后果；并从榜样教育的主体青年大学生出发，探究其是否接受主流媒介所建构的道德榜样，又是如何解读主流媒介在道德榜样建构过程中所折射出的性别话语。期望通过对榜样建构与榜样认同之间过程的厘清，超越传播——接受、集体主义——个人主义的对峙，重新解读榜样教育中所存在的性别失衡困境。

一 文献回顾

本研究对涉及女性榜样及女性媒介形象的文献进行了梳理，结果表明，意识形态化的话语会直接作用于中国妇女的日常生活，作用于她们的行动、性别关系和社会位置（金一虹，2006；罗丽莎，2006：13-19）。有研究者指出，国家对妇女性别身份的官方叙述发生了两次重要的转变，即从传统父权制特点的性别身份转向社会主义劳动者的性别身份，再到多元化的性别身份，相应地，"男女都一样"的性别话语逐渐衰落，而"妇女回家"的声音则逐渐高涨（佟新，2003）。还有研究者认为改革开放前后出现了由"泛政治化"性别话语向市场导向的"泛市场化"性别话语的转变，在此过程中，国家、市场与传统的话语错综交叠，使得女性在具有更多选择机会和自由的同时，也更容易迷失方向（吴小英，2009）。

由此可见，社会主导的性别话语本身就不是协调一致的存在，而是兼具变迁与冲突。如果想要更好地理解当前社会个体在自身性别定位中的困境，对性别话语的建构过程和叙述方式进行梳理就不失为一条有效的途径，而主流媒介中性别形象的剖析则是我们可以把握的切入点。因为媒介作为一种社会性别的控制技术，可以对两性关系进行调和修正、重构、生产、规训，以及论斥或论证，而媒介文本则是我们可以直接观察到技术是如何发挥作用的场域之一（祖仑，2007：88）。

现有关于媒介形象的性别分析屡见不鲜，但较多关注女性的媒介形象，且主要集中为三类：（1）影视剧及文学作品中的女性形象；（2）电视综艺节目和广告中的女性形象；（3）报纸、杂志或网络报道中的女性形象。研究表明，女性形象多存在类型化问题，影视作品、综艺节目与广告中的女性要么被塑造为逆来顺受的旧式女性，要么是崇尚物欲的时尚女性，抑或是破坏他人家庭的第三者等（王蕾，2006），而《中国妇女》杂志和《中国妇女报》上的女性则多以劳模或女强人的形象出现（陈飞强，2013；风笑天，1992）。一般而言，娱乐与广告节目中女性出现的频率较高，新闻中则是男性出现的频率较高；在性别形象塑造上两性之间也存在显著差异，通常强调男性的社会角色，对于女性则在其家庭角色上着以重墨；另外，男性的特征是坚强、勇敢，女性特征是温柔、善良、忍让和自我牺牲，女性与男性的关系更被界定为依顺、服从、服务等属性（邹琰，2008；曾尼、尹山鹰，2005）。

文献回顾表明，现有关于媒介形象的性别分析在媒介性质及节目类型的选择上存在一定的局限性。首先，研究过多关注那些以市场为主导、将性别形象转化为现代社会中作为娱乐消费对象的媒介（王昕，2010），忽视了对主流媒介在榜样建构过程中社会性别话语的考察，且研究也仅限于对女性形象的勾勒，缺乏与男性参照群体的比较。其次，就研究方法来说，现有研究多采用内容分析的研究路径，尽管这种方法便于研究者对大量媒介素材展开定量分析，但同时也容易疏漏了媒介形象背后更为丰富的性别意涵。从研究视角来说，现有研究多从研究者自身的角度解读女性及女性榜样媒介形象，忽视了对青少年这一榜样教育主体及媒介受众角度的实证研究。

榜样性别形象建构与认知的研究，能够帮助我们更好地理解处于过渡期社会主流文化对不同性别青年的期望以及不同性别青年对期望的选择与实践。对榜样性别形象的分析也有助于化解当前榜样教育所存在的困境。

因此，本研究期望以"感动中国人物"中的青年榜样为例，采取内容分析及符号分析的方法剖析主流媒介所建构的青年榜样在价值特征和文化内涵上是否存在性别差异，再辅以个案访谈和焦点小组，就当下大学生对主流榜样中性别差异的认知进行印证。

二 研究设计

综合现有文献，关于榜样的概念界定大多是较为宽泛的阐述，甚至不少研究将榜样与媒介形象以及偶像混为一谈（岳晓东，1999）。基于榜样教育的出发点，本研究将榜样界定为在一定历史时期经组织认定、公众舆论认可和公共传媒广泛传播，体现时代精神和人民意愿，代表先进生产力的发展要求，代表先进文化的发展方向，代表最广大人民群众的根本利益，值得公众效仿和学习的先进典型人物（姜朝晖，2002）。

综合研究目的和研究问题，本研究选择以中央电视台大型精神品牌栏目《感动中国》作为分析对象。主要基于两点考虑：其一，这一节目以"感动公众、感动中国"为主题，每年选出 10 位（组）能代表中国传统美德和良好社会风尚的"感动中国人物"，至今已超过 10 年，引起社会的广泛关注，被誉为"中国人的年度精神史诗"；其二，"感动中国年度人物评选颁奖典礼"需要在有限的空间和时间里传达意义，因此会在节目中传递出最为显著的性别符号，是主流文化中性别意识的折射。

（一）内容分析及符号分析

《感动中国》节目开播以来，截至 2013 年 3 月评选出 110 组共计 113 位[①]"感动中国人物"，本研究将其作为分析对象全部纳入研究框架。根据研究目的，笔者依据下列标准建立了内容分析的符码基模，并搜集了相关的基本信息。

（1）性别（分为"男性"和"女性"两类）。

（2）年龄（分为"40 岁以下""41～60 岁"和"60 岁以上"三类）。

（3）职业（分为"工人""农民""商业服务业人员""科教文卫人员"

---

① 基于研究的目的，本研究所纳入样本只包含"感动中国人物"中的个人或两人的小组（两人小组在统计时分别以个人资料计入），不包括两人以上的团队，因此纳入统计的总计为 113 人。

"艺术与体育人员""企业家""军人/警察""政府职员""学生"及"其他"十类)。

（4）榜样类型及事迹类型（榜样类型分为"家庭美德""社会公德"和"职业道德，分别对应的事迹类型是："孝顺父母""相濡以沫""舐犊情深""自强不息"；"恪守信义""见义勇为""伸张正义""大公无私"；以及"工作成就""忠于职守""刚正不阿""以身殉职"）。

本研究将依据上述变量进行内容分析，重点考察在榜样人物的塑造上男性和女性是否获得了同等重视与机会。在此基础上，为进一步揭示现有媒介人物的性别形象是如何构建及传播，还将以"感动中国年度人物评选颁奖典礼"的颁奖词及视频为文本，通过对符号学的释义和分析去再现构筑性别形象的文化符号及其意涵。

（二）个案访谈及焦点小组

以往关于青少年榜样认同的实证研究多采用结构式问卷方法，其优点是能够在一定程度上反映青少年群体对榜样接纳的总体概况和普遍特征。但这种方法的缺点也同样明显，因为结构式问卷的设计多是基于研究者自身的考量，选项具有一定的主观性和诱导性，且难以通过有限的答案选项洞察青少年对榜样认同的真实态度及原因。尤其是本研究聚焦于大学生榜样认同中存在的性别失衡困境，就更期待以开放式的问题获得他们的直接表述及实际想法。

因此，本研究首先采用个案访谈的方法，就他们对历年来"感动中国人物"的认知度及认同度进行调查。其次，根据个案访谈结果编制焦点小组提纲，选择参与个案访谈的大学生组成焦点小组，引导他们就榜样认同中所涉及的问题展开自由讨论。最后，放映"感动中国人物"中男女两位职业道德模范的颁奖视频，观看结束后再次引导询问大学生对榜样的评价，以期发现他们在榜样性别话语建构过程下的接受程度及自然解读。

本研究的对象是来自南京农业大学的本科生，抽样方法为配额抽样法。根据年级、性别及是否党员/学生干部等变量，我们分别在大一及大三年级招募了24位大学生进行个案访谈，其中男女各半、党员/学生干部及非党员/学生干部各半。个案访谈过程中由研究者进行全程录音，之后逐字逐句如实转换为文本文件并编码。之后，我们在参与个案访谈的大学生中随机选择了4名男生和4名女生进行焦点小组讨论，讨论过程同样由专人记录与编码。

三 编码:"感动中国人物"的性别形象

(一)"感动中国人物"的媒介形象

本研究对"感动中国人物"媒介形象的内容分析,主要以性别为关键变量,对样本人物的生理形象、职业形象、事迹形象和榜样形象展开比较和分析,以期厘清媒介人物的性别形象是否存在显著差别。

1. 生理形象

生理形象的操作化指标包括性别和年龄。对性别变量的统计结果显示,在剔除以团队(两人以上,不包含两人)形式出现的"感动中国人物"之后,11年间共有113人当选,其中有28位女性,约占全部当选人数的1/4(见图1)。由此可见,在主流媒介所评选出的榜样人物中,男性在数量上仍然占有绝对的优势。

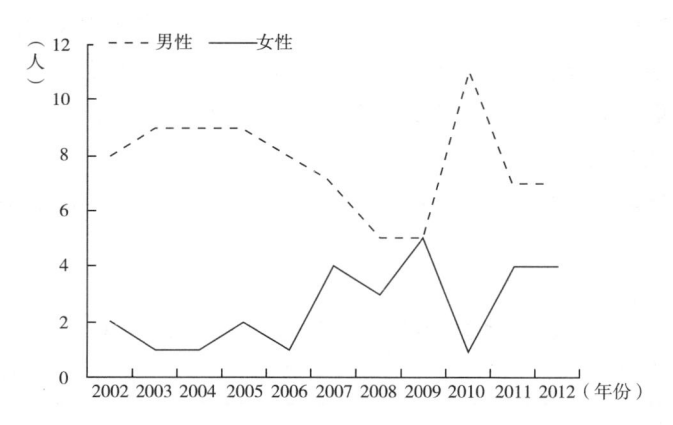

图1 2002~2012年"感动中国人物"的性别分布

由图1可知,依据性别分布数量来看,节目创办至今大致可分为两个阶段。2007年之前,当选"感动中国人物"的女性寥寥无几,每年仅有1名或2名女性出现在榜单上。2007年之后,"感动中国人物"中的女性数量有所增加,除了2010年只有1名女性当选的极端情况外,每年当选的女性人数基本稳定在4名左右,其中2009年达到最大值,与同年度当选的男性平分秋色。

为区别男性和女性榜样人物在当选年龄上是否存在差异,本研究还对"感动中国人物"的性别和年龄进行了交互分析,结果见表1。统计数据表明,"感动中国人物"的年龄跨度非常大,最小当选者年龄为 12 岁,最大当选者年龄高达 100 岁。总体而言,大多数当选者处于中年时期,当选时的平均年龄约为 51 岁。

表 1 "感动中国人物"的年龄与性别交互表

单位:%

年龄	男性	女性	总体
40 岁以下	27.6	52.0	33.7
40~60 岁	40.8	36.0	39.6
60 岁以上	31.6	12.0	26.7
(N)	(76)	(25)	(101)

数据显示,"感动中国人物"中男性与女性的当选年龄分布存在显著差异。男性当选者的年龄分布较为均匀,而女性当选者则主要集中在中青年时期,尤其是 40 岁以前的阶段。具体来说,女性当选者中年龄最小者仅 12 岁,且超过一半的人在 40 岁之前获此殊荣,但 60 岁之后当选的女性仅有 3 名,说明相较于男性而言,年龄较大的女性的社会价值有可能被忽视。

2. 职业形象

职业形象主要是考察不同性别的"感动中国人物"在职业类型分布上是否均衡。

表 2 "感动中国人物"的职业与性别交互表

单位:%

职业	男性	女性	总体
农民	4.7	3.6	5.3
工人	5.9	0.0	4.4
商业服务人员	3.5	7.1	4.4
科教文卫人员	31.8	53.6	37.2
艺术与体育人员	9.4	10.7	9.7
企业家	2.4	3.6	1.8
军人/警察	24.7	3.6	19.5
政府职员	11.8	7.1	10.6

续表

职业	男性	女性	总体
学生	2.4	7.1	3.5
其他	3.5	3.6	3.5
(N)	(85)	(28)	(113)

由表2的数据可知，"感动中国人物"的总体职业分布相当不均衡，约1/3从事科教文卫工作，1/5是军人/警察，其余相对集中的职业还有政府职员及艺术与体育人员。这一结果的出现，很可能是因为这些领域本身就具有彰显社会价值的要求，对从业者的道德风尚、思想境界有较高标准，从而使得这些行业里涌现出感动中国的人物和事迹的频率更高；也反映出以往作为社会建设主力军的工人、农民的社会价值在当下未能得到足够的重视。

就"感动中国人物"的职业与性别所做的交互分析可发现，不论男性还是女性其所从事的职业主要集中在科教文卫领域，当然除此之外男性当选者的职业还更有可能是军人或警察。需要注意的是，主要行业领域均有男性代表出现在"感动中国人物"的榜单上，但女性代表的职业分布却极为不均衡，最为显著的一点是有超过一半的女性来自科教文卫行业，却无一名女性当选者是以工人身份出现的。显然女性当选者的职业分布与实际的行业分工比例相去甚远，可以说主流介在女性内部不同职业群体的社会价值认同上出现了较之男性更为严重的分化。

3. 榜样及事迹形象

榜样及事迹形象是最能直接体现主流媒介对不同性别的社会成员所宣扬的性别观念和价值导向。表3中归纳了历年来"感动中国人物"的榜样及事迹类型，并进行了性别之间的比较。

表3 "感动中国人物"的事迹类型与性别交互表

单位：%

榜样类型	事迹类型	男性	女性	总体
家庭美德	孝顺父母	2.4	3.6	2.7
	相濡以沫	2.4	3.6	2.7
	舐犊情深	0.0	3.6	0.9
	自强不息	2.4	0.0	1.8
	（合计）	7.2	10.8	8.1

续表

榜样类型	事迹类型	男性	女性	总体
社会公德	恪守信义	8.2	0.0	6.2
	见义勇为	2.4	7.1	3.5
	伸张正义	3.5	10.7	5.3
	大公无私	18.8	50.0	26.5
	（合计）	32.9	67.8	41.5
职业道德	工作成就	31.8	7.1	25.7
	忠于职守	15.3	3.6	12.4
	刚正不阿	1.2	0.0	0.9
	以身殉职	8.2	3.6	7.1
	（合计）	56.5	14.3	46.1
	其他	3.4	7.1	4.3
	（N）	(85)	(28)	(113)

从具体事迹类型来看，11年间评选出的"感动中国人物"先进事迹主要集中在"大公无私"和"工作成就"上，两者约占总体的50%。由此可见，"感动中国人物"的事迹分布与当前所提倡的奉献社会、爱岗敬业等主导价值观相吻合。从性别比较来看，男性当选者的事迹主要体现为"工作成就""大公无私""忠于职守"等，而女性当选者的事迹则主要体现为"大公无私""伸张正义"。与此同时，无论是男性还是女性，因家庭美德当选榜样的人数都寥寥无几，尤其是在男性当选者中缺失了作为父亲的形象。

总体上看，男性和女性当选者在具体的先进事迹项别上存在差异，但相对以往差异有所缩小。为更清晰地比较性别之间的差异，本研究进一步按榜样类型进行了统计。从各类别的数量来看，"感动中国人物"所凸显的主要是职业道德榜样和社会公德榜样，家庭美德榜样所占比例甚微；而在前两类榜样中，男性与女性的分布存在较大不同，即男性榜样的核心价值主要体现为职业道德，女性榜样的核心价值主要体现为社会公德。榜样类型的性别分布反映出，虽然当前女性的职业成就和表现仍被男性的光芒所掩盖，但毫无疑问，主流媒介对女性角色的期望已经较传统文化有所突破，赋予其更多的社会责任和担当，新时代女性的个人空间也得以从家庭领域向社会领域过渡。

(二) 典型人物媒介形象中的性别符号

从内容分析的研究结果出发，难免会产生一个疑问：在主流媒介淡化了女性的传统家庭形象、使其走向更为广阔的社会领域的同时，为何不对她们的职业道德形象予以充分地展示？与男性职业道德榜样相比，在仅有的几例女性职业道德榜样的宣传过程中，主流媒介所采用的性别语言及叙述方式是否又存在差异？前面的内容分析无法作答，因此本研究尝试从职业道德这一类榜样人物切入，选择两个不同性别的榜样为例展开符号学分析。

通过比较，本研究最终选择了任长霞和罗阳这两个具有相似事迹的个案①：他们均是共产党员，都是兢兢业业坚守在各自工作岗位并鞠躬尽瘁的职业道德楷模，甚至"感动中国人物"赋予他们的标签都是"英雄"。两例个案的符号分析，按照对文本中符号的认定、符号系谱轴的审视，以及指意过程的理解展开。

1. 肖像类符号分析

借助颁奖视频这种高度浓缩的传播形式，本研究考察了其中与社会性别相关的文化价值。在肖像类符号里，颁奖视频中出现的当事人照片是分析重点。其中，任长霞的照片以单人照居多，有一些甚至是以个人大幅写真的形式出现，不乏关于脸部的特写，传递出的是一种亲和的、个人性质的亲密关系。罗阳的单人照片则极少，即使是单人照也是以背影或侧影出现，更多则是远景下与同事的工作合影，传递出的信息是他是工作集体中的一员，强调的是社会关系中的身份定位。

颁奖视频中的色彩和场景，也极具意涵。在介绍任长霞的颁奖视频中，有一个家庭内部的场景，是任长霞去登封上任之前在家中的留影，她身着白色毛衣和红色披肩，配以精致的妆容，与她身着警服或深色便

---

① 任长霞，河南省商丘市睢县人，20世纪末21世纪初的中国警察界先进人物，曾在全国被作为先进典型展开学习。工作期间，被誉为"警界女神警"。她始终把人民群众的疾苦和安危放在心上，解决了10多年积累的控申积案，2004年在执行任务中殉职，年仅40岁。罗阳，辽宁沈阳人，研究员级高级工程师，沈阳飞机工业（集团）有限公司董事长、总经理、党委副书记。2012年执行任务时，突发急性心肌梗死、心源性猝死，经抢救无效，在工作岗位殉职，终年51岁。

服的形象截然不同。毫无疑问，红色是女性天然、传统气质的表征，而警服则象征着传统的属于男性气质的职业身份，不同的着装暗示着女性在不同场景中需要对自身性别气质加以调控和转换。而有关罗阳的颁奖视频中，有关家庭的场景几乎是一带而过，更多出现的是战机在航母上滑翔起飞的画面，喻示在为祖国而奋斗的事业路途中没有什么能够羁绊他前进的步伐。

2. 象征类符号分析

与颁奖视频一样，颁奖词也能够为理解"感动中国人物"中隐含的性别符号及性别话语提供具体线索，下面摘录的是两位"感动中国人物"当选时所获得的赞誉。

> 霞蔚长空　警魂不朽——任长霞
> 她是中原大地上的又一个女英雄。扫恶打黑，除暴安良，她铁面无私；嘘寒问暖，扶危济困，她柔肠百转。十里长街，白花胜雪，挽幛如云，那是流动在百姓心中的丰碑！一个弱女子能赢得百姓的爱戴，是因为，在她的心里有对百姓最虔诚的尊重！
> 长使英雄泪满襟——用生命托举歼-15
> 如果你没有离开，依然会带吴钩，巡万里关山。多希望你只是小憩，醉一下再挑灯看剑，梦一回再吹角连营。你听到了吗？那战机的呼啸，没有悲伤，是为你而奏响。

比较可知，尽管两位榜样人物的先进事迹都是因公殉职，但予以他们的颁奖词在用词和叙述风格上却存在鲜明的性别之分。对任长霞的介绍，强调了她的体贴细致、真诚善良，也突出了她在面对社会黑恶势力时的不畏强暴、铁面无私，但在人物的身份定位中仍然更多地冠以"柔肠百转""弱女子"这类传统女性性别气质的标签，且叙述文本也极具凄美、哀怜的情感色彩。而在给罗阳的颁奖词里，"吴钩""万里关山""挑灯看剑"和"吹角连营""战机的呼啸"等语句，则淋漓尽致地凸显了男性坚强刚毅、壮志凌云，为祖国无悔奉献的豪迈胸襟和职业精神。

3. 指示类符号分析

与肖像类符号和象征类符号相比，指示类符号所展现的性别意味更加明晰。在颁奖视频中，主持人介绍两位当事人的开场白如下：

她是一名警察,她是一名女警察,同时她是一个妻子,也是一个女儿。

有这样一个儿子,他总是忙,老母亲却并不知道他在忙什么,直到儿子再也回不来了,才知道原来儿子忙的是真正的国家大事,他是国家的儿子……

开场白是对两位人物的基本身份定位,虽然都涉及家庭角色,但仔细区分会发现其中隐藏着不同的所指。对任长霞的角色定位是妻子、女儿,这意味着即使她是一名警察,也是一名女警察,也需要担当为人妻、为人女的职责,甚至在某些时候后两个身份更为重要。对罗阳的角色定位是儿子,但却是"国家的儿子",中国自古就有"忠孝难两全"的古训,当男儿选择"精忠报国"时,"舍小家为国家"的豪言壮志是对男性气质的最佳阐释,而且也顺理成章地为其开脱了本应承担的家庭责任和义务。

通过对颁奖视频和颁奖词中三类符号意义的解读,发现就两例板为相似的职业道德先锋而言,主流媒介在制作和传播媒介信息的过程中仍不可避免地代入了传统社会性别意识。文本中不言而喻的信息是,女性的职业发展必然会阻碍其对家庭职责的担当。引用任长霞丈夫的话来说,"生活中她是一个温柔美丽的妻子,但去了登封(上任)之后完全变了一个人。她的性格里就少了一些温柔,多了一些刚毅。"而在谈及任长霞可能的遗憾时,她的丈夫这样说道:"她还有很多遗憾,父母还没来得及照顾,还有孩子,还有她的事业……"可见在男性及由男性操纵的主流文化看来,那些有助于女性适应职场的性别气质必然会与其担当家庭角色所需的性别气质相冲突,而她们的职业诉求应该置于家庭职责之后。

通过对 2002 年至 2012 年度"感动中国人物"的内容分析以及符号分析,发现主流媒介建构的性别话语本身即存在矛盾和冲突。总体上看,女性形象不再拘泥于家庭,更多作为社会公德榜样出现,反映了当代核心价值观所倡导的奉献社会、爱岗敬业;但同时榜单上又缺失了中老年以及从事农民、工人等职业的女性形象。通过对任长霞这一职业道德榜样的文本分析,发现对女性形象的塑造较之以往有所突破,既肯定了细致周详、亲民友善等气质,也注意到坚强果断、大义无畏等风范;但主流媒介在对其身份进行定位的过程中仍不自觉地使用了传统性别文化标签。

四 解码：青年榜样认同中的性别失衡

上述分析是基于研究者对榜样媒介形象的解读所形成的编码，作为榜样教育重要主体的大学生来说，他们是如何进行解码的？是否接受主流媒介所建构的道德榜样？又是否能够感知到主流媒介在道德榜样教育中所建构出的性别话语？本研究希望通过个案访谈和焦点小组的方法，对当代大学生的榜样认同加以探讨，从而与前期的研究成果进行对话与观照。

（一）青年对"感动中国人物"的接纳

为了具体了解当前大学生的榜样接纳，本研究向 24 位访谈对象分别提出"你是否有榜样"以及"现在你最崇拜的榜样是谁"的问题。结果显示，有 14 位大学生表明自己没有榜样或者想不起来，占访谈人数的 2/3。男生与女生、学生干部与非学生干部回答大致相同，但不同年级大学生的回答却有明显不同。

另外，大一的学生大多拥有崇拜的榜样，大三的学生却普遍表示自己目前没有榜样。这说明大学期间个体的人生观、世界观和价值观在进一步地发展与变化，对榜样的接受和认同具有更高的自主性。有人表示"我没有什么榜样，最讨厌的就是和别人变得一样"，还有人认为"小时候的那些榜样都是老师、父母要求我学习的，其实我自己什么都不了解。长大之后，自己看得多了发现有些榜样事迹就是被编出来的，那还有什么值得学习的"。

为进一步探究大学生对"感动中国人物"的认知与态度，本研究制作了一份调查表，罗列了《感动中国》栏目创办以来所有的青年榜样及其主要事迹（共 38 例），请接受访谈的大学生填答"是否了解"及"是否认同"。结果表明，大学生对"感动中国人物"中的青年榜样了解有限，其中认知程度最高的大学生也仅知晓 23 例青年榜样及其事迹，认知程度最低的大学生表示只听说过 12 例。

从对榜样人物的认同程度来看，访谈对象在了解了榜样人物的事迹后对大多数榜样都持较为肯定的态度，但是对以下四类"感动中国人物"所传达的精神内涵却不甚认同：第一类是牺牲自我的慈善家（如丛飞），第二类是因本职工作得到嘉奖的人（如"传递奥运圣火的运动员吉吉"、姚明、刘翔、"尖兵战士何祥美"），第三类是事迹不真实的榜样，第四类是日常生活中的普通人（如"用爱唤醒丈夫的罗映珍""懂得感恩的残疾孩子黄舸"）。值得注意的是，在不提及"感动中国人物"的前提下，访谈对象中没有人将任何一位"感动中国人物"视为自己的榜样，这说明大学生对"感动中国人物"的认同度并不高。

虽然大学生对榜样的认同并没有呈现出明显的性别差异，其原因在于"感动中国"本身所塑造的女性榜样本身极为有限，但从他们自主选择的榜样分布却可以看到榜样认同中性别失衡的存在。具体来说，在'感动中国人物"之外那些被大学生明确作为榜样列出的人物基本上都是公众人物，有政治名人（周恩来、温家宝）、文化名人（杨澜、张爱玲）、体育名人（纳达尔），只有一位同学将日常生活中的普通人（自己的姑姑）视为榜样。之所以选择这些人物作为自己的榜样，访谈对象表示是对榜样的人生态度及生活方式比较欣赏，能够从中汲取正能量以帮助自己明确目标。从大学生所提及的榜样，发现男生所选择的榜样都是男性，女生中除了三位选择"姑姑""杨澜"及"张爱玲"作为自己的榜样外，其他女生所选榜样均为男性。

（二）青年对"感动中国人物"性别形象的解读

大学生是否对不同性别的"感动中国人物"具有不一样的态度？本研究在个案访谈的基础上组织了一次焦点小组讨论，为大学生们播放了任长霞及罗阳两位"感动中国人物"的颁奖视频，并询问他们"看过视频后，最深的感受是什么"。

针对这一问题，男大学生与女大学生的态度确实存在差异。

> 两个特别大义的事例。但是我觉得特别的遗憾，就是在家人方面，如果是我的话我就做不到（为了工作牺牲了家人）。我觉得最大的泪点就是提起我的父母，所以真的是很佩服他们，觉得他们奉献得太多了。（C14，女）

> 我初中的时候，一个同学跟我讲，一个好老师不是一个好妈妈，一个好妈妈不是一个好老师。（C22，女）

> 我觉得不管怎样，家对于每个人都是有牵挂的。像任长霞，说她

来了就破了多少多少案件,然后被夸成了包青天。她是一个人带动了一个集体,我们是不是对她要求过多了,导致她分身乏术,无暇顾及家庭。(C17,女)

我看的时候感觉特别佩服,有的时候真要做出一点儿东西来就要舍弃一些东西。就像我老家一所中学的校长,为了改变学校的校风,每天很早去学校很晚回家,但所有人都感觉到了这所学校发生了变化。(C8,男)

当(一个人)感觉被需要的时候,特别是感觉这个社会可能比家庭更需要他,他就会做出一些伟大的事情。(C3,男)

从发言来看,尽管大家对两位兢兢业业坚守在各自工作岗位并鞠躬尽瘁的职业道德楷模都表示了佩服及尊敬,但女生更多地关注到对家庭及家人的愧疚,男生则认为这种为了工作、为了事业所作出的家庭牺牲是不可避免的,也是可以接受的;且女生为榜样人物所惋惜的家庭牺牲也更多的是针对女性榜样任长霞有感而发,而非作为男性榜样的罗阳。无疑,大学生们观看两例"感动中国人物"事迹后的感受受到了颁奖视频叙述符号及语言组织的影响。无论是肖像类符号,还是象征类符号或指示类符号,主流媒介在制作和传播媒介信息的过程中仍不可避免地代入了传统的社会性别意识,其文本中不言而喻的信息是,女性的职业发展必然会阻碍其对家庭职责的担当。

随后的讨论中,研究者进一步询问大学生"当你们自己遇到工作和家庭冲突的时候,会作出怎样的选择"。有女生回答"我觉得我会选择家庭,我从小被教育女孩子不要那么拼,家庭还是更加重要的",男生多回答"可能男生选择工作的多一点,女生会比较恋家",当然也有少数男生认为"我会更偏向于家庭,因为我爸也觉得要先照顾好家庭"。由此可见,主流媒介在榜样宣传中的性别话语建构,之所以能够被大学生尤其是女性大学生所接受、认知,在很大程度上受到了传统性别观念的影响。

五 结论与思考

通过对"感动中国人物"中青年榜样媒介形象的性别分析,本研究发现一方面女性榜样数量较少、传统性别话语意识依旧存在,另一方面目前大学生对女性榜样的认同度不高。这反映了当前榜样教育的困境,榜样建构中的性别缺失与榜样认同中性别失衡实际上是一个问题的两个面向。外显困境与内隐困境相互勾连,折射出国家向度与市场向度在榜样建构中不同性别话语的交锋,以及由此而产生的个人在性别观念上的摇摆与纠结。本研究将从以下三个方面加以阐释。

第一,"感动中国人物"在媒介形象的选择和塑造过程中所蕴含的性别话语既不是性别的二元对立,也不是将女性完全地"去性别化"或"男性化",而是在新的性别形象背后隐约交织着传统的性别意象。准确地说,"感动中国人物"中的媒介形象凸显了性别话语的二重性。一方面,作为国家意识形态的一种代言,《感动中国》栏目的性别话语基调必然是倡导男女平等、各群体和谐发展。但另一方面,由于节目在榜样选择尤其是职业榜样的选择过程中,不可避免会受到市场话语的影响,因此表现出重市场价值及素质能力的特征。两种话语体系的交叠与冲突,使得一档旨在宣扬社会美德的节目也呈现出了复杂的镜像,既部分地消解了有关性别的刻板印象,又无形中区隔、忽视了女性特别是那些在市场经济中处于弱势地位的女性群体的社会价值。

第二,榜样教育中的性别规范以类似于面纱的形式存在。正如学者所言,国家话语与市场话语始终为传统的性别文化观念保留了空间(吴小英,2009)。所以,尽管有关性别的刻板印象得以部分消解,甚至少数职业女性能够展现出与男性同样的风采,但这并不意味着横亘在两性之间的规范界限就此消失。相反,性别规范更有可能以面纱的形式存在,即:男性和女性在社会生活和个人发展中看似拥有同样的机会和自由,但实质上不论男性和女性都会受到传统性别文化的暗示和支配,且无法逾越。对于男性,他们必须把重点放在工作和成就上,家庭事务无须忧虑;女性则必须重视她们作为妻子、母亲和女儿的角色和身份,即使取得工作成就也不能成为减轻其家庭职责的理由。这种蛰伏于两性平等发展表象下的意识暗流,很有可能成为女性追求自由、平等、个人发展道路上的"拦路石"。而且,一旦主流媒介将性别与媒体文化的影响联系起来后,最终会树立出"不完整的"男性榜样与"双重压力"下的女性榜样。

第三,青年的榜样认同中存在性别失衡的趋势。毫无疑问,榜样建构中的性别话语影响到大学生对不同性别榜样的认同。榜样"性别刻板印象"的注脚表明女性榜样需要承担牺牲家庭和家人的苛责,因此也就不难理解在榜样教育中女性榜样为何稀缺。与此同时,全球化浪潮裹挟下的"消费主义"与"娱乐主义"充斥着人们的社会生活,女性有了更多自由选择的机会与空间成为偶像。然而在消费及娱乐至上的商品社会中,性别话语权仍然由男性所主宰,所以偶像中不乏符合男性趣味的女性偶像存在,有时这种"取悦男性"甚至于恶俗的性别话语还会有损女性偶像的正面形象,使之难以达到榜样的高度。

综上所述,反思"感动中国人物"的媒介形象及背后所隐喻的性别话语,不难发现作为一种主流媒介的仪式传播,其在传递性别平等、社会美德等价值观念的同时,仍然对性别迷思存有困惑,并且可能会在传播过程中出现预期以外的效果。女性和男性是否真的存在差异?主流媒介应该引导怎样的性别话语?社会个体之间的差异远甚于性别之间的差异。考虑到媒体是一个特别的可以看得到的性别观念转换的指示器(朱丽亚,2005:240),我们同样可以期待用媒体去开启新的性别形象和性别观念。

也许应该如现代女权主义者所倡导的那样,建造一个两性特质的多元的、包含一系列中间色的色谱体系(朱丽亚,2005:245),类似于弗劳拉·戴维斯所说的"色拉盘"或耶西·杰克逊所说的"百衲被"(李银河,2003:121)。所以,主流媒介需要充分发挥优势平台的作用,建构真正的两性平等发展的路径,可以传播多样化的女性榜样和男性榜样,即在塑造侧重工作成就的职业女性的同时,也塑造为了家庭牺牲职业发展的男性。总之,媒介和社会公众应该承认、尊重和包容有差异的男性榜样和女性榜样。

参考文献

陈飞强,2013,《稳定与变迁:女性媒介中的女性形象——对〈中国妇女报〉女性人物的分析》,《中华女子学院学报》第2期。

风笑天,1992,《变迁中的女性形象——对〈中国妇女〉杂志的内容分析》,《社会》第7期。

姜朝晖,2002,《社会转型期榜样力量的理性思考》,《山东社会科学》第3期。

金一虹,2006,《"铁姑娘"再思考——中国文化大革命期间的社会性别与劳动》,《社会学研究》第1期。

李蕊,2014,《当前榜样认同的"疏离"困境及提升策略》,《中州学刊》第1期。

李银河,2003,《女性权力的崛起》,文化艺术出版社。

罗丽莎，2006，《另类的现代性：改革开放时代中国性别化的渴望》，黄新译，江苏人民出版社。

罗雯瑶，2010，《转型期青少年榜样的失落与重构》，《基础教育研究》第 11 期。

孙宏艳，2012，《少年儿童偶像与榜样接纳状况及对榜样教育的启示》，《教育科学研究》第 12 期。

佟新，2003，《话语对社会性别的建构》，《浙江学刊》第 4 期。

王蕾，2006，《电视媒介中的女性形象"偏差"》，《新闻界》第 4 期。

王昕，2010，《"性别形象"的后现代解释——基于消费时代的来临》，《兰州学刊》第 3 期。

吴小英，2009，《市场化背景下性别话语的转型》，《中国社会科学》第 2 期。

杨黔敏，2009，《中小学德育教科书中的榜样人物分析》，《教育评论》第 1 期。

于淼，2011，《榜样再现与偶像生产：媒体引导个体价值取向的机制及困境》，《湖北社会科学》第 4 期。

岳晓东，1999，《青少年偶像崇拜与榜样学习的异同分析》，《青年研究》第 7 期。

曾尼、尹山鹰，2005，《传播媒介中的女性形象分析》，《新闻界》第 5 期。

朱丽亚·T. 伍德，2005，《性别化的人生——传播、性别与文化》，徐俊、尚文鹏译，暨南大学出版社。

邹琰，2008，《多元媒介视野下的女性形象透析》，《社会科学家》第 4 期。

祖仑，2007，《女性主义媒介研究》，曹晋、曹茂译，广西师范大学出版社。

媒介对大学生性别文化认同的影响调查
——以中国传媒大学为例

张敬婕[*]

摘　要　探讨媒介对大学生性别文化认同的影响，是新媒体成为文化传播的主流媒介之后，学界和社会所关注的研究议题。从受访大学生媒介使用频率与使用偏好，媒介对大学生性别形象认同的影响，媒介对大学生性别关系认同的影响，媒介对大学生性别角色和性别地位认同的影响这四个维度展开的研究，发现受访者在观念上普遍认同性别平等，但是在特定的性别议题上表现出性别立场模糊、不坚定的情况。

关键词　媒介　大学生　性别文化认同

一　研究背景与问题意识

传播效果研究指出，大众传媒对受众的影响包括认知层面、态度层面和行动层面。也就是说，当外部信息作用于人们的知觉和记忆系统时，会引起人们知识量的增加和知识构成的变化；外部信息也会作用于人们的观念或价值体系从而引起情绪和感情的变化；这些变化通过人们的言行最终表现出来。

在人、传媒与社会相互作用的复杂过程中，传媒虽然不是人们观念改

---

[*] 张敬婕，女，中国传媒大学媒介与女性研究中心副研究员，美国夏威夷大学希罗分校访问学者，研究领域：女权主义媒介研究、性别与传播研究。

变和行为选择的唯一来源与依据，但的确发挥着不可或缺的作用。特别是在传媒已经构成人们日常生活的今天，人与人面对面的沟通有时也会借用手机或其他社交工具，传统意义上的大众传播和人际传播的界限已经模糊不清。因此，很难厘清哪些影响是非传媒的力量造成的。

传播政治经济学者斯迈斯的观点认为，传媒将受众视为商品。而反观消费时代由传媒所制造的那些"受众商品"，会表现出迎合消费文化、认同消费规则、肯定消费需求的特征。女权主义学者进一步指出，性别观念与性别文化就裹挟在传媒制造和传播的消费文化之中。因此一方面，为了迎合潮流，受众会表现出积极参与消费文化的各种形式，尽管在很多情况下，女性的媒介形象以及女性的主体社会地位被传媒象征性歼灭了。另一方面，女性自我意识的崛起使得她们不满于当前的媒介制作，不满于媒介传达的不平等的性别意识形态，于是期待在媒介空间中反转角色、地位，创造有利于女性主体表达的空间。这种分裂和矛盾的感受是媒介塑造的现实与客观现实之间不对等的必然产物，也是受众在媒介渲染的真实与自身真实之间存在差距而必然产生的感受。

以往考察媒介与大学生之间关系的相关研究，少数是对媒介再现与建构的大学生形象和其主体感受之间差异而展开的调查，更多研究集中在对大学生的媒介素养进行测量。

根据 1992 年美国媒介素养研究中心给媒介素养所下的定义："媒介素养是指人们面对媒介的各种信息时的选择能力、理解能力、质疑能力、评价能力、创造能力以及思辨的反应能力。"有学者指出，媒介素养实际上包含三个环节：接触媒介——获取信息；解读媒介——批判地接受媒介信息；利用媒介——借助媒介工作和生活，通过媒介发出自己的声音和维护自己的利益（段京肃、杜骏飞，2007）。

媒介素养研究，是进行传媒对大学生性别文化认同影响研究的一个有效的切入点。当前大学生的媒介接触情况、对媒介内容中有关性别内容的理解和批判情况，是本研究的主要问题意识。

二　文献综述与研究指标

关于大学生对媒体使用以及媒体对大学生的影响研究，近五年来的研究文献主要包括：《社交网络对成都女大学生化妆品消费行为的影响研究》

（邓倩，2012）、《TV2.0 时代女大学生的网络电视收视行为及其影响研究》（俞晶晶，2013）、《大众传媒中低俗化现象对女大学生的影响及对策研究》（任超群，2012）、《成都高校女大学生利用微博参与社会公共事务的研究》（何流，2013）、《欧美奢侈品牌在 90 后女大学生中的传播效果》（倪琳、沙耘、肖芳，2012）、《新疆少数民族女大学生媒介素养调查与研究》（王蔚蔚，2013）、《信息时代女大学生媒介素养问题研究》（李敏智，2014）。这些研究聚焦在媒体对女大学生消费行为的影响研究，以及传媒对女大学生媒介素养养成之间关系的解析。

近五年来，关于媒体与性别文化认同之间关系的研究成果主要有《政治、性别与身份认同——民国初年精英女报人与女性报刊（1912 - 1918）》（张鹏，2011）、《网络社区与跨性别者的身份认同——以 Facebook 某跨性别者小组为例》（熊一丹，2014）。这些研究成果揭示出媒体与性别文化形成之间的强效果。

结合本研究的问题意识以及文献综述的情况，本研究拟采用的调查指标包括以下四个方面。

(1) 受访大学生媒介使用频率与使用偏好。
(2) 媒介对大学生性别形象认同的影响。
(3) 媒介对大学生性别关系认同的影响。
(4) 媒介对大学生性别角色和性别地位认同的影响。

其中，第一个指标主要考察媒介在大学生日常生活中所占的比重，第二至第四个指标用来呈现受访大学生的媒介解读、媒介利用状况与性别文化认同状况。

三 研究方法

2005 年完成的"大众传媒与女大学生的发展"调查报告，曾对北京地区 10 所大学进行抽样调查，考察了传媒对女大学生认知、价值观、性别观以及行为模式的影响。[①] 研究发现，女大学生对传媒呈现的显性性别歧视的批判态度是鲜明的，但是对隐性的性别歧视的辨别力不足。基于这样的

---

① 数据参见刘利群、曾丹娜、张莉莉主编《中国媒介与女性研究报告（2005 - 2006）》，中国传媒大学出版社，2007，第 199 ~ 263 页。

调查结果，中国传媒大学媒介与女性研究中心除了加强媒介与女性专业硕士学位的课程建设以外，开始在校内开设媒介与性别研究、女权主义媒介研究、妇女理论等通识课、选修课，注重提升在校生的性别观念与媒介素养。10年过去了，中国传媒大学的在校生的性别观念与媒介素养现状如何？与以往的调查相比，在哪些方面有所进步，在哪些方面仍存在较为严重的问题？

本研究的抽样方法为分层抽样和随机抽样相结合，选取中国传媒大学本科生903人和研究生110人作为调查对象。发放问卷1013份，回收有效问卷1000份，有效率为98.7%。女性受访者为508人，男性受访者为492人。

四 调查结果

（一）受访大学生媒介使用频率与使用偏好

1. 受访大学生媒介接触的首选媒介

依次为（单选题）：手机（89%）、网络（包括电脑及Pad）（8%）、广播（2%）、书籍（1%）、报刊（0）、电视（0）、电影（0）。

手机是绝大多数受访大学生的首选媒介，这与手机使用的便捷性以及手机功能的智能化发展密切相关。而受访大学生中的"有车一族"，在开车的同时收听广播，从而使得广播成为大学生信息接触的第三首选媒介。

值得注意的是，书籍作为首选媒介的数量只有1%。在信息高度密集的时代，书籍作为信源，其可信度和稳定度是非常高的。相比而言，手机既可以传播信源可信度高的信息，也可以传播信源隐匿或信源可信度不高的信息。不注重追究信源的真实可靠是手机媒体、网络媒体当前所无法避免的通病，这将增加给受众带来不利影响的可能性。

2. 受访大学生平均每天接触媒介的时间

受访大学生每天接触手机最常见的是2～5个小时（59.1%）；每天接触网络和书籍或者较多在半小时至2个小时之间（网络42.4%；书籍25.9%），或者较多为2～5个小时（网络48.5%；书籍25.9%）。大部分受访者每天不接触广播（55.6%）、报刊（74.3%）和电视（55%）。

3. 受访大学生媒介接触的动机（多选题）

与朋友聊天，学习知识或获取与自身发展相关的信息，了解国家大事与社会新闻，分别是受访大学生媒介接触动机的前三位。在这三项动机的选择上，男女受访者之间的差异不大（分别为94.2%：96.5%；82.1%：87.3%；69.8%：67.6%）。在娱乐消遣、购物和其他这三个选项上，男女受访者的差异较大。女大学生比男大学生在媒介接触动机上更多选择娱乐消遣（79.4%：66.5%）；更乐于购物（49.9%：12.5%）。

4. 对"媒介内容呈现的都是生活中的真实情况"的认知情况

男性受访者超过三成倾向于不同意"媒介内容呈现的都是生活中的真实情况"，近三成却同意这种说法，也就是说，对这个问题，男性受访者的观念具有典型差异，且差异明显。

女性受访者对这个问题更多的是选择"说不清"。

另外，在选择"同意"和"非常不同意"这两个选项上，男女受访者的差异较大，男生（29.4%）选择"同意"的多过女生（7.8%），而男生（7.0%）选择"非常不同意"的少于女生（20.7%）。

5. 受访大学生参与媒体互动情况

无论是男性受访者还是女性受访者，都普遍倾向于选择"经常与媒体互动"，比例均接近九成。在"不互动"的选择上，男性受访者也与女性受访者是相同的比例，均为0.1%。这组数据表明，传统上人们普遍认为女性对媒体的利用比较被动，男性比较主动，但目前这种局面已被打破。男性和女性都能够主动接触媒体并与媒体互动。

（二）媒介对大学生性别形象认同的影响

1. 对媒体塑造的"剩女愁嫁"形象的态度

对于媒体塑造和呈现的"剩女愁嫁"形象，男性受访者更倾向于选择"非常认同，是对现实的真实呈现"（48.9%），而女性受访者则更倾向于选择"认同，虽然对现实情况有些夸大"（44.6%）。也就是说，男女两性受访者在面对这个问题的时候，相当多的受访者采取了认同的态度，只是程度略有不同而已。

但是，在选择"不认同，夸大了现实状况"上，女性受访者接近四成（38.9%）是同意的，而男性受访者只有4.9%的同意率。

而且，超过八成的男性受访者不同程度地认同此形象，而超过四成的女性受访者不同程度地认同此形象，同时，也有超过四成的女性受访者不同程度地反对此形象。也就是说，对于媒介塑造和呈现的"剩女愁嫁"形象，男性受访者的态度呈现认同的趋同性，而女性受访者的态度呈现认同与不认同的分庭抗礼。

2. 对媒体塑造的"只认女婿房和钱的丈母娘"形象的态度

无论是男性受访者还是女性受访者，都普遍倾向于非常认同"只认女婿房和钱的丈母娘"形象（60.9%∶44.1%），并且"认为是对现实的真实呈现"。也就是说，媒体塑造和呈现的"丈母娘"形象被定型化为物质的、势利的，而且具有这样属性的丈母娘形象受到了男女两性受众的普遍认同。

3. 对电视剧中塑造的事业成功的女性形象（比如《一仆二主》中的唐红）的态度

电视剧《一仆二主》中的女主角唐红，是新时代事业成功的女性形象的代表，这个形象一改以往事业成功的女性古板、男性化、刻薄等的性格刻画，她时髦、幽默、有责任心、有担当、敢闯敢干，对爱情只问真心，不计较年龄、婚史以及社会地位的差距。这样的理想形象赢得了受访男女大学生的一致认同，而且受访者都倾向于"找这样的妻子"或者"做这样的女人"（80.9%∶88.9%）。

进一步来说，传统上人们反感事业成功的女性，并非反感这些女性事业成功本身，而是反感她们身上所被聚焦和放大的一些性格特征与性别特征。媒体在塑造类似的形象时，如果想要抹黑事业成功的女性，就会将一些无论是男性还是女性都比较反感的性格特征强加在这些女性身上，同时将这些女性的性别气质淡化。相反，如果媒体以及媒介内容的制作者本身对事业成功的女性没有歧视，那么就会将一些优秀的性格特征以及符合传统两性审美的性别气质赋予这类女性，从而赢得受众对这类女性的喜爱。

（三）媒介对大学生性别关系认同的影响

1. 对媒体呈现的"妻子为了家庭和丈夫牺牲事业"的态度

男性受访者超过九成不同程度地认同"妻子为了家庭和丈夫牺牲事业"（"非常认同，希望妻子这样做"的男性为57.7%；"认同，但不要妻子这样做"的男性为40.2%），这是站在"利我"的价值观而做出的选择。

值得探讨的是，女性受访者不同程度地认同这一说法的只有两成（"非常认同，自己也会这样做"的女性为10.1%；"认同，但自己不会这样做"的女性为10.6%）。而女性受访者对这一说法明确表示不同程度地不认同的比例也分别只有一成和两成多。女性受访者最多的比例是选择"说不清"（42.3%）。也就是说，女性受访者首先的确面临在家庭、丈夫以及事业之间做选择的困境，其次，超过六成的受访者要么愿意牺牲，要么对这个问题采取了暧昧的态度。

2. 对媒体呈现的"大丈夫，小妻子"的态度

对媒体呈现的"大丈夫，小妻子"的形象，男性受访者超过七成在不同程度上是认同的，而且超过六成希望有这样的婚姻（66.6%）。在这个问题上，男性受访者的态度是比较趋同的。

女性受访者不同程度地认同这样的形象的占两成（"非常认同，希望有这样的婚姻"的女性为5.5%；"认同，但不是必须有这样的婚姻"的女性为15.3%）；不同程度地不认同这样形象的超过三成（"不认同，不想有这样的婚姻"的女性为1.8%；"非常不认同，不想有这样的婚姻"的女性为33.0%）；超过四成的选择"说不清"（44.4%）。这就说明女性在这个问题上态度并不统一，而且更多的女性受访者对这个问题没有明确表达出认同还是不认同，态度比较暧昧。

（四）媒介对大学生性别角色和性别地位认同的影响

1. 对媒介呈现的"女性应该早婚早育以避免职场歧视"（比如《咱们结婚吧》中的杨桃所经历的就业歧视）的态度

对于这个问题，男性受访者的态度更多地选择"说不清"（46.8%）；不同程度认同这种说法的比例是两成（"非常认同，希望妻子这样做"的男性为10.0%；"认同，但不要求妻子这样做"的男性为10.0%）；超过三成的男性受访者不同程度地不认同这种说法，并且不要求妻子这样做（不认同的男性为25.5%；非常不认同的男性为7.7%）。

由于这个问题与女性的现实处境息息相关，因此女性受访者近八成选择不同程度地认同这一说法（"非常认同，自己也会这样做"的女性为78.8%；"认同，但自己不会这样做"的女性为0.8%），而且倾向于选择"自己也会这样做"。非常不认同的比例只有17.4%。这组数据再次验证了在女性受访者中间的确存在"剩女焦虑"。

2. 对媒介呈现的"家务劳动男女共同承担"的态度

传统观念认为"男主外，女主内"，相应地，家务也成了女性的专利。但是在当代社会中，一方面男女平等的观念正逐步进入公众中间；另一方面女性普遍走入公共领域，承担家务是对女性精力的极大挑战。很多女性选择了将家务劳动转移，比如由家里的老人承担，或者雇用其他劳动者。对于经济与家庭成员健康状况不允许的家庭来说，夫妻共同承担家务是一种非常迫切的现实需求。在这个问题上，男性受访者超过四成在观念上是不同程度地认同"家务劳动男女共同承担"的，但是在行动中认同的只有24.6%。超过三成的男性受访者表示不会分担家务，超过四成的男性受访者表示"说不清"。

无论是从"利我"的角度还是从性别平等的角度，女性受访者毫无意外地更倾向于选择在观念和行为上认同"家务劳动男女共同承担"（非常认同，会与另一半分担家务的女性为88.8%）。不过也有一成多的女性受访者选择"不会与另一半分担家务"（10.9%）。这其中既可能包括由丈夫全部承担家务，也可能包括由妻子全部承担家务。

3. 对于媒介呈现的政坛女性或从事高管工作的女性的态度

男性受访者对于媒介呈现的政坛女性或从事高管工作的女性的态度超过五成是认同的（"非常认同，希望妻子这样做"的男性为22.0%；"认同，但不要求妻子这样做"的男性为35.0%），但是在行为取向的选择上，只有两成多也表示了认同（22%）。明确表示不要求妻子这样做的比例却近八成（"认同，但不要求妻子这样做"的男性为35.0%；"不认同，不要求妻子这样做"的男性为10.5%；"非常不认同，不要求妻子这样做"的男性为32.3%）。

女性受访者超过八成是不同程度地认同的（"非常认同，自己也会这样做"的女性为51.1%；"认同，但自己不会这样做"的女性为30.5%），而且在行为上也选择认同的比例达到了五成（51.1%）。表明女大学生在社会成就以及职业晋升上的渴望与需求。

五 结论与进一步思考

传媒对大学生的日常生活和观念与行为的影响既有显性的方面，也有隐性的方面。在本次调查中，突出表现了以下几个特点。

第一，女性受访者媒介接触的主动性提升明显。接近一半的受访者每天接触手机或网络的时间为2~5个小时。而且，无论是男性还是女性受访者，都注重利用传媒的便捷性和互动性，实现特定的交友、学习和扩展视野的需求。与以往的调查不同,女性受访者对于媒介接触主动性的提升是尤其突出的变化。在本次调查中,表示与媒体经常互动的女性受访者的比例(90.1%)甚至高于男性受访者的比例(88.7%)。

第二,媒体塑造和呈现的特定类型女性形象,在男女两性受众中间都具有较高的认同度。媒体塑造的"剩女愁嫁"形象、"只认女婿房和钱的丈母娘"形象以及以《一仆二主》中的唐红为例的"事业成功的女性形象",无论是对男性受访者还是女性受访者,观念认同与行为认同的比例都比较高。这在一定程度上表明了媒介现实与社会现实达成了一致性。

第三,在性别关系的选择上,男性受访者暴露了认同传统性别观念,女性受访者则表达出暧昧的态度。超过九成的男性受访者不同程度地认同"妻子为了家庭和丈夫牺牲事业",超过七成的男性受访者不同程度地认同"大丈夫,小妻子"。在传统性别观念中,"男主外,女主内",女性为了家庭牺牲事业被认为天经地义。在婚恋关系中,男长女幼的格局也受到长期维护。妻子无论在年龄上还是在精神上、物质上应该要依赖她的丈夫。这些观念与性别平等观念背道而驰,但是在本次调查中却发现受到了男性受访者的确认与强化。另外,女性受访者在这两个问题的选择上,均有超过四成选择"说不清",表明了女性受访者的性别立场不够坚定。

第四,在性别角色和性别地位的选择上,男性受访者更倾向于回避承担责任,女性受访者的选择暴露了女性对职场歧视的担忧以及对晋升和成功的渴求。在"女性应该早婚早育以避免职场歧视"以及"家务劳动男女共同承担"这两个问题上,男性受访者中做出最多选择的都是"说不清"。在"女性应该早婚早育以避免职场歧视"这个问题上,近八成女性受访者在观念和行动取向上认同这种说法。在"对媒介呈现的政坛女性或从事高管工作的女性"的态度选择上,超过八成的女性受访者表示在观念上认同,但只有其中的五成表示在行为取向上也认同。

第五,男性受访者和女性受访者在特定问题上均表现出矛盾性。比如男性受访者超过七成不同程度地认同"大丈夫,小妻子",但是在"女性应该早婚早育以避免职场歧视"的选项上却没有表现出高认同度。超过四成的女性受访者不认同"剩女愁嫁"。但是近八成女性受访者却选择不同程度地认同"女性应该早婚早育以避免职场歧视"。

总体而言,与以往的调查相比,本次调查的受访大学生媒介素养有较大提升,尤其是女大学生的媒介利用和媒介接触的主动性方面,进步尤其突出。

传媒对大学生的性别文化认同的影响一方面集中在认知层面，即传媒通过收视率较高的影视作品，或者其他媒介内容（新闻或广告等），使受访者获取与性别文化相关的信息与知识，但是传媒对受访者态度和行为的影响并不明显。具体表现在受访者对特定的性别议题表现出模棱两可、立场不坚定的倾向。

这些调查数据表明，受访者认为改变或重建性别秩序或许不是个人的义务，而应该是国家、社会或者媒体的责任。与此同时，受访者也意识到当前的媒介内容已经对个人生活以及整个社会文化造成了一些不良影响，它们是亟须被改变和改善的。

从男女受访者均在很多问题上表现出的暧昧态度可知，无论是男性还是女性，很难克服个人欲望，也不愿意放弃从现有性别秩序中获得的利益，这是性别制度以及传统观念改变所面对的最大障碍。

尽管困难重重，要将性别平等的理念化为主动选择的行动，媒体必须承担起主要责任，发挥更大的作用。不仅在制作媒介内容层面，更在营造性别平等的整个社会舆论环境方面，媒体都要做出切切实实的推动行动。

参考文献

邓倩，2012，《社交网络对成都女大学生化妆品消费行为的影响研究》，硕士学位论文，西南交通大学。

段京肃、杜骏飞，2007，《媒介素养导论》，福建人民出版社。

何流，2013，《成都高校女大学生利用微博参与社会公共事务的研究》，硕士学位论文，电子科技大学。

李敏智，2014，《信息时代女大学生媒介素养问题研究》，《广西广播电视大学学报》第1期。

倪琳、沙耘、肖芳，2012，《欧美奢侈品牌在90后女大学生中的传播效果》，《广告大观》（理论版）第5期。

任超群，2012，《大众传媒中低俗化现象对女大学生的影响及对策研究》，硕士学位论文，齐齐哈尔大学。

王蔚蔚，2013，《新疆少数民族女大学生媒介素养调查与研究》，《贵州民族大学学报》（哲学社会科学版）第2期。

熊一丹，2014，《网络社区与跨性别者的身份认同——以Facebook某跨性别者小组为例》,《新闻传播》第 8 期。

俞晶晶,2013,《TV2.0 时代女大学生的网络电视收视行为及其影响研究》,硕士学位论文,西南大学。

张鹏,2011,《政治、性别与身份认同——民国初年精英女报人与女性报刊(1912－1918)》,硕士学位论文,安徽大学。

主体建构视角下的网络性别形象研究
——以"女汉子""绿茶婊""剩女"为例

张　娜　辛　鑫　王浩然　贺楚君　韩晓乐[*]

摘　要　本文通过对受访者进行有关"女汉子""绿茶婊"和"剩女"的性别形象话语看法的深度访谈,发现网络性别形象话语一旦诞生,便在女性中流传和传播,并且形成一种独立的、存在的女性形象,它们已然成为女性形象类型。但是女性形象不是真实存在的女性,从受访者的表述中,本文发现"女汉子""绿茶婊"和"剩女"始终是"语言中的女性""思想中的女性",受访者所展示的对于话语的理解,呈现了社会建构的女性形象的话语和主体建构的女性话语既有一致,又有区别。主体对于女性形象的建构和社会对于女性形象的建构过程是互相影响的。

关键词　性别形象　主体建构　女汉子　绿茶婊　剩女

一　导论

1. 问题的提出

自从20世纪90年代初互联网逐渐进入中国普通人群的工作和生活中,二十多年来,其已经在大中城市得到普及。中国互联网络信息中心（CNN-

---

[*] 张娜,女,北京科技大学文法学院社会学系讲师,中国人民大学性社会学研究所副研究员,研究领域:网络社会学、性社会学和社会学研究方法;辛鑫,女,北京科技大学2010级社会工作专业本科生;王浩然（男）、贺楚君（女）和韩晓乐（女）均为北京科技大学2012级社会工作专业本科生。

IC）发布的《第30次中国互联网络发展状况统计报告》显示，截至2012年6月底，中国网民数量已达到5.38亿，互联网普及率为39.9%，其中，男性网民占比为55.0%，比女性网民高出10个百分点。对于互联网与社会性别之间的关系，西方女性主义学者早在1993年就提出了网络女性主义（Cybernetic Feminist）观点，指出女性与计算机的密切结合提供女性及其他弱势社群颠覆父权体制的机会，已对男性宰制产生某种程度的威胁，从这个视角出发，性别平等仿佛可以在网络空间中达成。但也有很多学者认为互联网是现实社会文化的延伸，性别不平等依然存在互联网中，父权体制中的阳刚霸权与阴柔屈从的女性建构，仍持续于互联网的虚拟社会中。这一矛盾启发了笔者提出本文的研究问题：在中国情境下，尤其对于中国大城市女性群体而言，互联网在她们自我的性别形象建构过程中，究竟起了怎样的作用？网络空间有关性别形象的流行话语如"女汉子""绿茶婊""剩女"如何建构了女性主体的日常生活？为了回答这些问题，也由于目前中国大陆网络与性别领域的研究成果较少，因此，笔者选取实证研究方法，以深度访谈的形式开展研究。需要强调的是，以往对社会性别形象的研究，大多基于社会建构的视角，即传媒、消费对于性别形象的影响等，而本文则致力于女性群体的发声，期望从"主体"的视角呈现她们自己对于网络性别形象及相关话语的体验和感受、理解和解释。

自20世纪80年代以来，中国进入了由计划经济向市场经济过渡的转型时期。这种转型的基本特征之一，就是原先由国家主宰的话语和理念逐渐受到市场这只"看不见的手"的操纵，呈现一种新的以及多样化的态势。这种转变不仅体现在整个社会的运行机制上，也渗透到普通人的日常生活当中（吴小英，2009）。随着劳动力市场上性别分工与隔离的日益普遍，大众传媒和消费市场中性别消费的流行，互联网媒体在日常生活中的嵌入，作为个体的市场化带给中国女性的影响无疑是巨大的。中国女性在21世纪，拥有了更多的受教育机会，城市中产业结构的多样性，也让女性走向了各行各业。私人领域与公共领域的分离改变了传统的家庭生活方式，也改变了女性的家庭角色，女性拥有了经济自立的能力，她们在各个领域表现得非常出色，有时甚至远远超过男性。部分女性非常自强自立，甚至男性气质超过女性气质，因此被人称作"女汉子"。随着经济的持续发展，大龄未婚女青年数量日益增加，她们学历高、收入高、年纪高，择偶标准也随之提高，导致很多大龄女性找不到合适的伴侣，因此被人们称为"剩女"。"绿茶婊"一词是网络流行语，特指外表清纯、内心拜金、生活糜烂的女性。随着互联网的发展，人们在网上创造一个女性形象的新名词，会在相关人群日常生活中传播并迅速流行。

2. 问题提出的意义

传统社会，性别形象是社会规范的表现形式，对个体而言是先赋的社会约束，没有选择的余地，性别本质主义和结构功能论完美地诠释了这一点。而在当今社会，随着商业化的浪潮触及社会的每一个角落，以市场为主导、媒体强化的消费，促使"性别形象"也成为消费对象，甚至成为一种新商品。作为人、作为男人或是作为女人，仿佛被社会规范和消费的触角约束得无处可逃，因此性别形象在某种程度上似乎也陷入了固化的模式。而互联网这一新型的空间，使个体拥有了更多的主体性，主体可以通过转换身份进入互联网，因此主体在互联网空间中的社会性别形象也有机会、有可能有一定的变化和突破。本课题的研究期冀通过主体建构的视角，以受访者对女性形象的看法为研究案例，呈现网络空间中两性对性别形象的感受、体验、理解和解释。通过呈现主体视角下多样化、个体化的男性性别形象和女性性别形象，消解传统的、消费的"性别形象"，进而消解二元化、本质主义的性别形象，从而达到性别平等。

女性形象常被作为男权文化的陪衬，因此女性形象并不一定代表女性内心真实的想法，而是被形塑者依照自我的想法，将自己的欲望付诸女性身上。女性形象与其说是天生的，不如说是建构的，或黑格尔所说的"变成的"，是由社会文化建构的，且在历史发展过程中不断发展变化。女性形象并非自然存在的、客观化的产物，然而女性形象一旦诞生，便获得了一种自在性与独立性，并成功地置换了作为现实存在的女性本身，这实际上是杰姆逊所说的"语言的物化"和"思想的物化"，即误以为女性形象就是女性本身，关于女性的语言性描述就是女性现实，而没有意识到这是女性的语言本质与意识形态性，而不是真正的"女性"。女性形象一经完成，就会逐渐成为刻板印象，影响整个社会对女性的价值期待。女性刻板形象成为人们评判女性的基本标准，而面对女性其他不管多么真实的特征都予以否定。因此，本文关注当女性形象形成刻板印象之后，女性在日常生活中是如何与此刻板印象互动的？这些已经存在的女性话语如何影响了实实在在的女性对于"女性形象"的认知以及实践？女性是真正接纳了"女性形象"还是有所颠覆？我们认为，这样的讨论更加鲜活地发出了女性自己的声音，是女性本身对于"女性形象"话语的解读和理解。

二 理论视角和研究方法

建构主义作为一种社会学理论范式，认为现实是社会、文化、个体相互之间的共同建构。对建构主义者来说，"知识"不是固定不变的、单一的实体，它是在具体社会文化情境中被建构的，是参与各方面互动而达到的一种暂时的共识。"知识只能被创造，不能被发现"，例如研究所取得的成功，不是对世界本相的再现，而是参与者在行动过程中对"现实"的建构（张裕亮，2009）。因此，本研究的结论并不是一个有关当代中国女性"性别形象"的再现，而是呈现中国女性在日常生活实践中是如何参与对"性别形象"话语的建构。同时不得不承认，我们的研究结果也是研究者与被访者互动过程中建构的结果。鉴于篇幅，我们并未对研究的建构过程进行讨论，仅对女性受访者是如何在她的世界中实践和建构话语进行了分析。

建构主义从内容方面而言首先是一种认识论、观念论或知识论，是针对人的各种观念、思想、知识的形成、运作、形式、作用及性质而提出的一种解释性框架。"个体—社会"视角下的建构论是划分出"个体取向"和"社会取向"的建构主义。在本文中，我们更多地从"主体建构"论中汲取营养。拉康认为主体并非天生，而是在后天形成的。拉康尤其强调结构和语言的作用，认为"主体是通过他人的言语来承担起他的历史，这是新的方法的基本思想"。因此，本文对受访者的访谈分析中，关注受访者对于"性别形象"话语的主流解释和自我认识的区别、差异甚至是颠覆，这样的解读使我们逐渐呈现出主体是如何借由"性别形象"话语来建构自我尤其是性别形象的。

主体建构的视角涉及受访者的"主体性"，也涉及采访者实际上的主导型地位，以及采访者与被访者之间的互为主体。即在具体采访研究的时候，究竟是采访者代表或者置换了受访者的声音，还是采访者参与了对受访者的"建构"，从而激发了受访者的"主体声音"？简而言之，到底有没有一种不受他人影响与控制的"纯粹的主体"？我们所提倡的"主体"是不是根本就不存在，只是一座"空中楼阁"？这就是主体建构理论的局限性（Brickell，2006）。鉴于篇幅，我们将另外撰文讨论。

在本研究中，我们采用了深度访谈的研究方法。在与受访者进行面对面互动的过程中,我们将问题提出来,全程采取录音的形式,之后将对话转录出来并进行文本分析。

三 "女汉子""绿茶婊"和"剩女"的概念

1. "女汉子"

根据百度百科上所说,"女汉子"(Women man)这一词,很早就有,是由名模、主持人李艾在新浪微博发起的"女汉子的自我修养"这一话题引起的。通常是用来形容那些性别是女的但是性格"纯爷们"的姑娘。"女汉子",是指一般行为和性格向男性靠拢的一类女性。形容女性可能言行粗鲁,个性豪爽,独立,有男子气概等大众认为女性不应拥有的特质,是一个有褒有贬的网络语言。

2. "绿茶婊"

根据百度百科的注释,"绿茶婊"(Green tea bitch)是2013年中国的网络新词,绿茶婊由"绿茶"和"婊子"两个词组合而成,由不明身份的网民发明,是对2005年在坊间就出现的"外围女"①一词又取的一个侮辱性称呼。泛指外貌清纯脱俗,总是长发飘飘;在大众看来素面朝天,其实都化了裸妆;生活糜烂,思想拜金;在人前装出楚楚可怜、人畜无害、岁月静好却多病多灾、多情伤感;且善于心计,野心比谁都大;靠出卖肉体上位。

3. "剩女"

根据百度百科所说,"剩女",教育部2007年8月公布的171个汉语新词之一。是指已经过了社会一般所认为的适婚年龄,但是仍然未结婚的女性,广义上是指27岁或以上的单身女性,很多拥有高学历、高收入和出众的长相,但也有很多自身条件较差。多指择偶要求比较高,导致在婚姻上得不到理想归宿,而变成"剩女"的大龄女青年。她们又被称作"单身派"。日本人则称之为"被男人扔掉的女人",也可以称为"3S女人":Single(单身)、Seventies(大多数生于20世纪70年代)、Stuck(被卡住了)。

---

① 2013年4月,"海天盛筵"事件持续发酵,也让"外围女"成为网络热词。"外围女"又称"外围脏蜜",俗称脏模、脏蜜,也被圈内人称为"商务模特"。她们大多有一份能摆上台面的职业——平面模特、演员,出演过不为人熟知的电影、电视剧。她们之间互为介绍人,有一份"明码标价"的价目表,项目包括陪吃、陪睡,出席重口味派对,甚至陪吸毒。

四 "女汉子""绿茶婊"和"剩女"的主体建构与社会建构分析

1. "女汉子"的主体建构与社会建构

问：你从哪里听说的"女汉子"？

B答：嗯，我是从网上看到的，具体是天涯还是微博我忘了，反正就是在网上看到了，身边人说得多了，慢慢就记住了。

问：对于"女汉子"的定义，你是怎样理解的呢？

B答："女汉子"应该就是特别man，比较男性化，什么都自己扛的吧，经济一般都能独立，外表女人内心爷们，身体比较强壮，不容易生病，像搬水、搬米面啊之类的应该是小意思。"女汉子"和小女人不一样，性格大大咧咧，不会撒娇，不知道温柔，嗓门儿一般也比较大吧。

问：你觉得"女汉子"应该打扮成什么样子？

B答：有的"女汉子"吧，单纯是性格比较爷们儿，和穿衣打扮没有太大的关系，我们公司就有好几个这样的"女汉子"，看着都特别女人，一说起话来就暴露了。有的"女汉子"，比如"女同"里偏男性的那方，我也不知道能不能叫"女汉子"，外表看着很像男的，买衣服鞋包之类的也都买男性爱穿的，她们打扮得比较男性化，说话声音也比较粗犷，其实也和男性差不多了。还有的"女汉子"就是那种从来不打扮，比较宅，有的还很胖，找不到男朋友，慢慢地就变成"女汉子"了。"女神"估计没几个是"女汉子"吧。不过她们皮肤应该比较好。

问：你觉得"女汉子"有哪些男性气质的特点？又有哪些女性气质的特点？

B答："女汉子"的男性气质嘛，应该是比较man，比较坚强，力气大，跟男人差不多没什么区别了。不过力气肯定不如男人，遇到事情了也会很快就慌了，不如男人淡定。她们说话可能也比较中性，有的还经常说脏话，她们肯定不是娇滴滴的，我觉得"女汉子"一般在职场上都能叱咤风云，都有自己的事业而且做得还比较成功。她们性格比较好的地方就是会照顾人，不小心眼儿，说话比较直爽，不会拐着弯骂你的那种，不过有的时候太过直爽了也会让人不爽，总之，让人又爱又恨的吧，不过还是爱大于恨的。"女汉子"的女性气质，嗯，我想想。有的"女汉子"单从外表你是看不出她是"女汉子"的，她可能外表很柔弱，但是内心很强大。有的"女汉子"也比较爱打扮、爱化妆，但是回到家就是"女汉子"一枚了。还有的就是那种假小子了，她们估计没什么女性气质，她们唯一和女性有关的地方，估计就是她们也是女的，哈哈。

问：你认为哪个明星符合"女汉子"的形象呢？

B 答：嗯，我想想，好像娱乐圈里的"女汉子"还蛮多的。比如 S.H.E 里面的 Ella，她原来就是个假小子嘛，头发很短，说话也粗，现在变得女人多了；还有咸薇，她名气不大，不过她的好朋友都叫她"七哥"，她比较"女汉子"，说话很"女汉子"，行为方式也比较爷们，她还叫关系好的女明星老婆呢。还有就是刘诗诗了，她不是也被叫"诗爷"嘛，她就是外表女人，心理"女汉子"的典型。

问：提到"女汉子"，你会马上想到身边的其他人吗？

B 答：当然了，现在"女汉子"感觉遍地都是，我们公司就有很多。我们是做教育的，女性偏多，要什么样的女性没有？"女汉子"是最多的。

问：简要介绍一下这些人的外貌、性格特点、婚姻恋爱状况？

B 答：嗯，就说我的一个好朋友吧，我俩是同事，每天都一起上班，她是1990年的，个子很高，很瘦，长得很一般，也不会穿衣服，每个月挣很多但是都攒着，不给自己投资，对自己比较抠。从来不化妆，皮肤很好。性格就是说话很直，不考虑别人的感受，说话也比较急，由于我性子慢，我俩经常说不到一块儿。她在公司是很雷厉风行的，做事很利落，领导很重视她，和学生家长关系也特别好，比较擅长沟通。她现在已经订婚了，因为是农村的，所以订婚早，她干完这个夏季集训就不干了，准备"十一"回家结婚了。虽然她在我们面前特别"女汉子"，但是在她男朋友面前可温柔了，那天她打电话我还听到她撒娇呢。不过这"女汉子"一撒娇，女人真是接受不了，也不知道她男朋友是怎么想的。

问：你喜欢"女汉子"这种女性形象吗？

B 答：嗯嗯，还可以。"女汉子"真实、不做作，比较好相处，豪爽直率，也不斤斤计较，不过这也分人，人和人不一样，要是让我从很多女性形象里选一个，我还是选"女汉子"吧，其实我觉得还是做正常的人最好。

在主体认知方面，受访者普遍表示是在网上听说的"女汉子"，身边的人说得多了自然就记住了。女性对"女汉子"的定义的主体建构可以理解为："女汉子"应该就是比较男性化，经济一般都能独立，外表女人内心爷们，比较强壮，性格大大咧咧，不会撒娇，不知道温柔，嗓门儿也比较大。

通过采访我们可以看出，受访者对于"女汉子"的主体建构基本基于"女汉子"的定义，集中在力气大、不娇气、性格直爽、冷静，与社会建构比较相近，但是有很多女性也提出了自己的主张。

首先，从对"女汉子"定义的理解我们可以看出，大部分女性对于"女汉子"的主体建构和社会建构基本一致。社会建构的"女汉子"定义是指一般行为和性格向男性靠拢的一类女性。形容女性可能言行粗鲁，个性豪爽，独立，有男子气概等大众认为女性不应拥有的特质。而大部分受访者女性主体建构的"女汉子"定义是比较 man、男性化、比较独立、力气大、冷静、性格直爽等。与社会建构的"女汉子"定义基本一致。不过，也有少数思想比较活跃、新颖的女性提出"女汉子"也包括女同性恋中偏男性气质的女性，包括外表女人内心爷们的女性。这是与社会建构有明显不同的地方。

其次，在女性主体建构的"女汉子"的形象中，女性的主体建构明显有与社会建构不同的观点，女性主体建构认为，"女汉子"有可能外表女人内心爷们，因此"女汉子"也是爱化妆打扮的；女同性恋中偏男性气质的女性外表就很假小子，穿着打扮都更中性；有的"女汉子"比较宅，不爱出门与人交往，可能会比较胖，从来不化妆，皮肤会比较好。从受访者对于"女汉子"形象的主体建构中我们可以看出，与社会建构所赋予的形象不同，受访者有着自己对于"女汉子"形象的理解，她们又增加了对"女汉子"形象深层的认识，如同性恋的女性、外表女人心里爷们的女性、宅女中的"女汉子"等。

再次，在主体建构的"女汉子"具有的男性气质中，大部分受访者的回答与社会建构一致，多为坚强、独立、性格直爽、冷静等传统认为的男性气质；然而在"女汉子"具备的女性气质中，受访者的回答与社会建构出现了较大的差异，社会建构的"女汉子"的女性气质是以男性气质为参照物，认为"女汉子"不具备或者缺少女性气质，但是在女性对于"女汉子"女性气质的主体建构中提出，部分"女汉子"是具有女性气质的，因为她们爱化妆打扮，只不过内心强大，所以被称作"女汉子"；有的"女汉子"也是渴望具有女性气质的，但是由于自身条件的限制，如长相身材的缺陷等，她们无法打扮成靓丽的女性一族，因此会有自暴自弃的想法，索性就在"女汉子"的道路上越走越远，有的女性选择了更中性的打扮来吸引人的注意。

最后，在谈到身边的"女汉子"时，女性建构的"女汉子"较社会建构相比更为生活化和具体化，她们认为生活中的"女汉子"性格比较爷们，力气比较大，性格直爽，不爱打扮。值得一提的是，大部分受访者表示"女汉子"只是在闺密或者同性好友面前才表现出"女汉子"的一面，在男友或其他异性面前，"女汉子"还是很女人的。

2. "绿茶婊"的主体建构与社会建构

问：你从何种渠道听说过"绿茶婊"？

D 答：我是微博控，是从微博上听说的。

问：你对"绿茶婊"的定义是怎样理解的？

D 答："绿茶婊"是个贬义词吧，我觉得"绿茶婊"就是说一套做一套，表面上看着很清纯很可爱，其实特别有心机、很"贱"的那种作女。比如三亚的海天盛筵，很多"外围女"都非常年轻靓丽，但是却为了金钱出卖自己，表面上装得和什么似的，其实心里非常脏。感觉"绿茶婊"就是特别虚荣、拜金，反正是非常负面的。

问：你认为"绿茶婊"应该打扮成什么样子？

D 答："绿茶婊"嘛，为了吸引人，肯定得打扮得很漂亮呵。一般都是黑色的长直发，特别会化妆，身材一般都比较瘦，肯定不能是胖子。特别喜欢把自己往女神打扮，在微博发个自拍照再配个图，写点儿忧伤的小文字，特会装。

问：那你觉得"绿茶婊"的长相如何？

D 答：这个不好说吧，三分长相，七分打扮，而且现在还能化妆和整容，我觉得不管长得怎么样，她们都得把自己捯饬得很漂亮，才能吸引"土豪"啊。

　　问：你觉得"绿茶婊"有哪些突出的女性特点呢？

　　D 答：她们的女性特点肯定很突出啊，最起码一看到就是个女的吧，肯定不会是假小子。一般都爱化妆，长直发，比较瘦弱，装得比较柔弱，哦对，还有清纯，会装得比较清纯，因为男人不是就喜欢清纯的嘛。

　　问：谈到"绿茶婊"，你会想到身边的人吗？

　　D 答：嗯嗯，还真有，我原来的上司就是一个大大的"绿茶婊"，她现在已经辞职了。她特别不要脸，在她刚进公司的时候，看上了她的直属上司，人家当时是有老婆的，然后就百般勾引，那男的长得特丑，不知道她看上什么了，估计也是看上那男的在公司的地位了，最后勾引到手了，害得那个男的离婚了，他们结婚了，现在还生个女儿，长得特丑。我为啥说她"绿茶婊"呢？就是因为她特别能装，装清纯、装嫩、装莲花，反正没有她没装过的了，我们公司的高层都不待见她，在她老公之前她也勾引过别人，不过没成功。

　　问：那你喜欢与"绿茶婊"交往吗？

　　D 答：我没听错吧，谁愿意和"绿茶婊"交往啊，躲还来不及呢。

　　首先，在主体认知方面，大部分受访者表示是从微博上听说的"绿茶婊"。受访者对于"绿茶婊"定义的主体建构为"绿茶婊"就是说一套做一套，特别有心计，表面上看着清纯，其实就是那些年轻靓丽的女性为了金钱出卖自己。从受访者对"绿茶婊"定义的主体建构可以看出，大多数的受访者认为"绿茶婊"是表里不一、富有心计、拜金虚荣的女性，是负面的女性形象。

　　女性主体建构的"绿茶婊"与社会建构的相同之处在于对"绿茶婊"的定义、形象的建构基本一致，即"绿茶婊"是外表清纯，内心拜金、虚荣，一般应用于"外围女"，不过在生活中也会有"绿茶婊"。在对于"绿茶婊"形象的理解中，主体建构"绿茶婊"的形象就是黑长直发，打扮得比较"女神"，与社会建构基本一致。

　　其次，与社会建构不同的是，社会建构认为"绿茶婊"通常长相姣好、较清纯，而女性主体建构的"绿茶婊"的长相多为负面评价，认为

"绿茶婊"的长相是化妆、整容出来的，卸妆后估计不能见人，这里其中不能排除女性对"绿茶婊"的嫉妒心理。与社会建构不同的是，女性主体建构的"绿茶婊"似乎更强调"装"这个字，认为"绿茶婊"装清纯，装"女神"，认为她们是表里不一的代表。

最后，谈到身边的"绿茶婊"时，大多数受访者表示身边没有"绿茶婊"，提到"绿茶婊"的受访者表示身边的"绿茶婊"多为"小三"或者身边女人都特别讨厌的女性，她们共有的特点就是特别装，用清纯无害的外表掩盖内心的虚荣拜金。由此可以看出，主体建构的"绿茶婊"形象与社会建构不同的是，社会建构的"绿茶婊"以"外围女"为主，而女性的主体建构则更为生活化，以身边的"小三"，不受欢迎、比较做作的女性为主。

总之，女性主体建构的"绿茶婊"与社会建构相比，在定义、形象的理解上基本一致，但在形象、长相、性格、身边的"绿茶婊"等方面又有自己的理解。

3. "剩女"的主体建构与社会建构

问：你从何种渠道听说过"剩女"？

E 答：好像从很小的时候就知道了，具体是谁说的我也不知道，就是身边的人说得多了就自然而然地知道了。

问：那你对"剩女"是如何理解的？

E 答："剩女"就是到了一定年龄还没有嫁出去的女人嘛。"剩女"一般都是"三高"，大概30岁。

问：你认为"剩女"应该打扮成什么样子？

E 答："剩女"的范围比较广，并不能一概而论吧。有的"剩女"就是贤妻良母型，不过是因为这样那样的原因被剩下了；有的"女王范儿"十足，天天都是职业装、高跟鞋，让人有距离感，所以嫁出去也比较困难。有的吧天天邋邋遢遢，生活也不讲究，穿着没什么品味，要不怎么能成"剩女"呢？

问：那你觉得"剩女"长相如何呢？

E 答：我觉得"剩女"应该长得不怎么样吧，从来没听说过美女剩下的，剩下的都是那些一般的，或者长相中下甚至说是丑的。

问：你认为"剩女"具有哪些男性气质的特点和女性气质的

特点?

E 答: 男性气质? "剩女"虽然没有男人,但是也不应该有男性气质吧,人家毕竟还是女的,但是也不排除"女汉子",比较"爷们"的那种女人,那样的容易"剩下"。"剩女"的女性气质应该很多吧,因为"剩女"的类型太多了,这个不好描述。

问: 你觉得当今哪个女明星符合"剩女"的形象呢?

E 答: 范冰冰、林志玲、林心如啊,她们都是娱乐圈有名的"剩女",还有最近比较火的许晴,她都四十多了还没结婚呢,大龄"剩女"了。

问: 你身边有没有"剩女"?

E 答: 有啊,当然有,而且还比较常见,像我工作的地方女性特别多,什么样的女性都有,我的亲戚家"剩女"也是有几个的。

问: 简要介绍一下这些人的外貌、性格特点、婚姻恋爱状况?

E 答: 就说我一个表姐吧,她长得一般,皮肤比较黑,而且特别油,身材也一般,她是在农村长大的,从小特别能吃苦。我表姐学习特别好,小时候是我们的榜样,长大了也有几个人追她,但是她都为了学习没同意,后来考上了研究生。去年研究生毕业,去了我们省的党校做老师。我们都觉得她前途无量。哦对了,她属虎,今年都28了,还没有对象,不过她自己不着急,我们自然也就无所谓了。

从受访者的回答中我们可以看出,大部分受访者认为"剩女"就是大龄未婚女青年,但是对到底多少岁算"剩女"并没有特别清楚的概念。受访者在对于"剩女"形象的主体建构中表示"剩女"的范围比较广,并不能一概而论。对"剩女"长相的主体建构中,大部分受访者认为"剩女"类型广泛,长相不好评价,但是她们建构的"剩女"的长相基本为一般或者中下水平。受访者表示部分"剩女"是"女汉子",具有一定的男性气质。受访者普遍认为"剩女"类型多种多样,不可一概而论。

首先,大部分受访者对"剩女"定义的主体建构与社会建构基本一致。社会建构的"剩女"定义为已经过了社会一般所认为的适婚年龄,但是仍然未结婚的女性,广义上是指27岁或以上的单身女性,很多"剩女"拥有高学历、高收入和出众的长相,但也有很多"剩女"自身条件较差。多数"剩女"是择偶要求比较高,导致在婚姻上得不到理想归宿,而变成

"剩女"的大龄女青年。而女性对"剩女"的主体建构则为"剩女"就是到了年纪还没有男朋友,嫁不出去、"三高",恨嫁的大龄未婚女青年。由此可见,大部分受访者主体建构下的"剩女"定义与社会建构是基本一致的,但是在受访者中,也有部分受访者有着自己的建构,她们本身并不是"剩女",但是一提到"剩女"就反感,她们认为"剩女"这个词是对女性的轻视和侮辱,在她们的建构中,很多女性因为被社会贴上了"剩女"的标签,自我贬值,找到差不多的对象就嫁人生子了,最后导致一生的不幸福;同时还有许多女性的家长对女性施加压力,认为到了年纪不结婚以后就嫁不出去了,她们认为这是非常错误的观点。因此在对"剩女"定义的主体建构中,部分受访者坚决反对年纪大而未婚的女性被称作"剩女"。由此可见,随着时代的发展,女性有了更多的思想、自我意识。

其次,受访者对"剩女"性别气质的建构呈现与社会建构不同的特点。社会建构认为"剩女"一般具有女性气质,但是由于自身条件不佳,所以女性气质也并不突出。而对"剩女"性别气质的主体建构则表示"剩女"分多种情况,一是女汉子,她们一般比较剽悍,像个爷们一样,不讨男人喜欢,所以成了"剩女"。二是以女白领为代表的"三高"女性,她们因为自身条件好,要求高,所以成为"剩女",但是女性气质一般在她们身上展现得淋漓尽致。三是自身条件确实不佳的女性,在她们身上,男性气质与女性气质都可能出现,最后种种原因导致她们成为"剩女"。

最后,在对身边的"剩女"的主体建构中,与社会建构形成差异的是,受访者主体建构的"剩女"形象更为鲜活、具体。受访者普遍认为,生活中的"剩女"高学历、年纪比较大,还没有固定的结婚对象,长相一般或者中下。在对生活中"剩女"主体建构的大部分受访者都表示,身边的"剩女"大部分都有自己的工作,能自给自足;有的受访者表示,自己身边有很多"不婚族",有的女性不愿意承担家庭的责任与生育子女,加上自己有非常高的收入,因此她们选择了单身,并且生活得非常幸福、满足;有的受访者表示,自己身边的"剩女"对找男朋友是宁缺毋滥的,对终身大事是不将就的。在受访者对"剩女"的形象、性格等主体建构中,我们发现受访者建构的"剩女"形象都是一般或者中下,性格并不是特别开朗,尤其是在与异性交往方面比较畏惧。

总而言之,受访者对"剩女"的主体建构与社会建构明显不同的是,社会是戴着"有色眼镜"看"剩女"的,认为"剩女"是被"剩下"，年纪越大越"贬值"，而女性对于"剩女"的建构明显更为包容，部分受访者坚决反对将大龄女性称作"剩女"，大部分受访者在受访的过程中对"剩女"都表示同情、理解的态度。

五　结论

本文通过对受访者进行有关"女汉子""绿茶婊"和"剩女"的性别形象话语看法的访谈，发现网络性别形象话语一旦诞生，便在女性中流传和传播，并且形成了一种独立的、存在的女性形象，它们已然是女性的类型。但是女性形象不是女性，"女汉子""绿茶婊"和"剩女"始终是"语言中的女性""思想中的女性"，受访者所展示的对于话语的理解呈现了社会建构的女性形象话语和主体建构的女性话语既有一致，又有区别。主体对于女性形象的建构和社会对于女性形象的建构过程是互相影响的，其中，社会建构的话语无疑具有强大的力量，已经成为某种刻板印象，影响了社会主流对于女性的价值期待，比如"剩女"就体现了社会主流期待女性走入婚姻，而并不鼓励女性单身，对于单身女性有"污名化"的倾向。对此，主体建构的力量也呈现出一些对于这些刻板印象的反叛，在对"剩女"的理解中是最明显的。

在本研究中，我们也发现了对于女性形象的主体建构过程与受访者的经历是有关的。例如在访谈中，我们发现受访者如果认同女性形象的词语，话语接近本人形象，那么受访者们都赋予其自己建构的积极含义，比如，女性主体建构的"女汉子"女性形象自然是偏向独立、坚强、有能力的"女强人"形象，而没有女性认为自己是"绿茶婊"，在话语表述中受访者也普遍赋予"绿茶婊"更多的负面含义，如虚伪、有心机等。因此，受访者主体建构女性形象话语的过程也是自我认同的过程。这一点有待于后来的研究加以深入。

参考文献

艾华、李银河，2001，《关于女性主义的对话》，《社会学研究》第 4 期。

丁湘，2003，《"女强人"现状之探析》，《重庆邮电学院学报》（社会科学版）第 4 期。

李长华，2008，《新词"剩女"与社会文化心理探视》，《现代语文》（语言研究版）第 5 期。

刘珍珍，2006，《女性新形象的塑造与传播——从"李宇春现象"看传媒影响下的女性形象》，《民族艺术》第 2 期。

鲁洁，1998，《教育：人之自我建构的实践活动》，《教育研究》第 9 期。

宁鸿，2008，《"剩女"现象的社会学分析》，《伦理界》第 12 期。

孙燕，2005，《女性形象的文化心理分析》，《社会科学》第 12 期。

吴小英，2009，《市场化背景下性别话语的转型》，《中国社会科学》第 2 期。

张裕亮，2009，《铁姑娘、贤内助、时尚女——中国女性杂志建构的女性形象》，《中国传媒报告》第 1 期。

Bloor, D., 1983, *Wittgenstein: A Social Theory of Knowledge*, Chicago: Knowledge and Social Imagery.

Brickell, C., 2006, "The Sociological Construction of Gender and Sexuality," *The Sociological Review*, Vol. 54, No. 1.

Blumer, H., 1969, "Symbolic Interactionism: Perspective and Method," *British Journal of Sociology*.

高校科研人员学术生涯模式性别差异研究

宋 琳[*]

摘 要 本文认为社会文化和科学文化中的双重性别偏见是造成科学领域中"女性相对缺失"的根本原因。本研究采用深入访谈的方法,对中国高校中十位科研人员的学术生涯经历进行研究。结果表明在社会化过程、科学分工、科学活动、科学承认、事业与家庭的关系几个方面都存在明显性别特征,并成为阻碍女性发展的重要因素。

关键词 高校科研人员 学术生涯 性别偏见 女性主义

一 研究的问题及理论背景

高校科研人员是我国科研人员队伍中的重要一支,这个群体既肩负着科学研究,又承担着教学工作。在这个群体中,女性的比例相对来说较高,但整体上仍然无法与男性相匹敌,且内部发展极不平衡。

对于女性在科学领域中的缺席,大致有三种理论观点:一是传统性别文化观念的束缚。在这种研究范式下,学者们更多地坚持影响女性在科学分层中地位的主要因素来自社会文化系统,社会中的性别偏见影响了女性的成长经历和个性的形成,使她们自动放弃了科学领域中的竞争。二是来自科学内部的建制与组织结构的影响。他们认为科学中存在一些正式的和

---

[*] 宋琳,女,工学博士,北京科技大学马克思主义学院副教授,研究领域:科学哲学、科学社会学、女性主义。

非正式的障碍排挤女性，玛丽·弗兰克·福克斯（Mary Frank Fox）指出科学是一项有组织的大型活动，科学比艺术或人文科学表现出更具有"社会性"的团队活动，而女性比男性更容易排除在科学的社会团队之外。因为科学思想的交流和评价，人力和物质资源的流通正是在团队中进行的，女性在这个社会组织中的边缘地位使她们无法获得与男性等同的有效交流（福克斯，2004：216 - 230）。在等级结构严格、性别歧视明显存在的组织环境中，女性产出明显较低；而在有效的领导管理和无性别歧视的组织环境中，女性产出较高。卡罗尔·卡米尔根（Carol Kemelgor）认为女性在其科学生涯中更经常感到孤立，遭受排挤，相反男性则享有更多的信息和重要的社会关系，这是制约她们发展的重要因素（Kemelgor, Etzkowitz, 2001, 39: 239 - 257）。三是科学知识本身负载的性别符号。女性主义学者指出，近代科学自产生起就负载着性别意识形态，科学所谓的客观性的认知主体是男性中心的，从而构建了科学中的父权制（patriarchy）。桑德拉·哈丁（Sandra Harding）认为，"科学从它建立的第一步——主体条件的准备开始，就存在着性别的取向"（Harding, 1986）。科学中的男性中心主义忽视了女性经验，使女性群体在科学中处于边缘地位。这些解释各自从自己的理论视角出发，看似互相对立，其实都暗含着一个共同的特征——性别偏见。这种偏见既包括社会文化中的性别偏见，也包括科学文化中的性别偏见。社会文化中的父权制由来已久，且得到普遍认同，而女性主义提出科学也是以男性价值为核心而建构起来，二者共同作用造成了女性在科学领域中的劣势地位。正如有的学者所说，"女性对科学和科学对女性的双向选择的阻力主要来自社会的性别偏见和女性处于这种文化环境中竞争力和能力上的劣势"。本文通过对高校科研人员的研究来揭示该领域性别差异的存在及其特征。

二 研究目的与方法

所谓的学术生涯是指一个人从接受科学方法、科学知识、科学思想的训练到进入科学领域，从事实际科学研究工作的整个历程。20世纪科学社会学家对科学发展的社会因素进行了分析，从而为应用女性主义视角来解构科学开辟了道路。本研究试图对男女科研人员在科学前进道路上的各个环节所遇到的不同问题进行研究，来解构其中所隐藏的性别符号。

本研究采用深度访谈的方法。访谈中,研究者扮演引导者的角色,列出访谈大纲,来引导受访谈者谈话的方向。访谈过程中尽可能保持开放、双向与弹性,使受访者在访谈设置的情境中谈出自己的真情实感。

本研究选择了10位来自高校不同学科的科研人员进行访谈(访谈对象具体情况见表1),对研究对象的选择考虑到性别比例、年龄结构、学科差异、学校分布等方面。

表1 访谈对象具体情况一览

访谈对象编码	性别	年龄	职称	学历	研究领域	访谈次数	访谈时间	访谈方式
A	女	86	教授	本科	生物医学	2	第一次2小时 第二次2小时	面谈 面谈
B	女	80	研究员	本科	物理学	1	1小时	面谈
C	女	74	教授	本科	材料科学	2	第一次1.5小时 第二次1小时	面谈 电话访谈
D	女	49	副研究员	博士	材料科学	1	1小时	面谈
E	女	46	教授	博士	材料科学	1	1小时	面谈
F	女	38	——	博士	材料科学	2	第一次40分钟 第二次30分钟	面谈 电话访谈
G	男	64	研究员	本科	生物物理学	1	2小时	面谈
H	男	43	副研究员	博士	化学	1	1小时	电话访谈
I	男	40	副研究员	博士	电子信息	1	1小时	面谈
J	男	37	——	博士	自动控制	1	50分钟	面谈

三 研究内容与分析

通过对10位科研人员访谈内容的归纳整理,得出结论:科学生涯中,性别偏见因素明显存在,具体表现在以下方面。

1. 社会化过程的性别差异

科学家作为一种职业,对其从业者有严格的要求。从一个孩童最终成长为一名合格的科研人员,要经过系统的科学训练,这个过程同时也是一个接受科学文化、社会思想的社会化过程，它主要是通过家庭教育、学校教育、社会群体和大众传播等手段完成的。在这个看似中性的过程中，其实男孩和女孩，或者是男性和女性被设置在完全不同的带有性别特征的文化语境中。

采访中，笔者深切地感受到女性在步入科学领域之初所受到的带有明显性别特征的暗示。受访者 E 深有感触地说："一般来说，理工科女性都比较少，这跟整个社会的文化传统有关。整个社会来讲，不断地在强调男性对一些比较思辨的东西、逻辑的东西强一些；女性对艺术性的东西、情感性的东西强一些。所以，在求学阶段，你作为一个女性数理化不好也挺自然，男生就应该数理化好。这种东西说多了，对人就有暗示作用，暗示她这方面可能就是不如男生，可能容易不在这方面更加努力。"

受访者 E 的观点非常具有代表性，"男性擅长逻辑思维，适合学习数学、物理；女性擅长形象思维，适合学习感性、经验的东西"，这种思想已经成为一条普遍定律，并且在大众文化和思想教育中不停地复制和传播。在当今中国社会思想从"男女都一样"向"男女不一样"的转变过程中，这种影响有愈演愈烈之势。

在现代科学还无法对人的大脑结构和功能彻底搞清楚的情况下，来谈论男女生理和思维方式的差异，会更多地带有性别文化的色彩。这从不同年龄段的女性对自身的认识可以明显地反映出时代的文化烙印。受访者 A、B、C 均是在新中国成立前后开始从事科学研究工作的，她们最深刻的体会就是"当时，整个社会都在强调男女都一样，在工作中男性能做到的，我们女的同样能做到，对于这一点是没有任何可怀疑的"。而在 20 世纪 90 年代初开始进入科学领域中的受访者 D、E、F 则一致认识，"社会上对女性的要求还是不一样的，科学工作中也同样能反映出来。"可见文化对人塑造的力量。

而对于女性所说的性别暗示，男性的感受则不同。受访者 G 认为，"没太关注这个问题。男生喜欢自然科学我认为是一种天性，真的没有印象有谁提醒过我，说我更适合搞科学工作，就是一种自然选择、天性使然"。受访者 H 则表示，"不大清楚"。受访者 J 则认为，"你所说如果算作性别暗示的话，那也许存在吧，但是我是男生，没什么感受。"由此我们看到在同样的文化中、同样的语境中不同性别的人由于各自的感受并不同，因此造成的影响也会存在差异。

除了上面受访者谈到的这种比较直接的对女性不适合科学工作的暗示外，在具体的科学活动中，变相的暗示，所谓对女性的照顾实际上也在提醒着男女有别。受访者 C 讲了一个生动例子，"一次带学生下钢厂实习，恰好有一堆钢管需要移走，几个女同学就上前去搬。旁边的一位男老师很不高兴地大声说：'男生都干什么去了？'我在旁边就说：'都是硕士生，男生能干，女生也应该干。'女生比男生力气小，适当照顾可以，但是不能处处都关照，如果是这样的话，女生就甭做事了。"受访者 C 认为："在工作岗位上，女的这也要关照，那也要关照，这对她找工作很不利。这种观念在领导是优待，而这为女性在自己的工作岗位上的发展设置了新的障碍，照顾太多就是暗示男女有别，女性不适合科学工作。"当前中国社会中有一种女性化的意识在复潮，它强调男女有别，在给予女性特殊关照的温床中实际上逐渐把女性从科学中排挤出来。

2. 科学领域中性别分工的差异

"作为生物个体而相对独立的人，总是以其特定的性别身份存在于人类社会中"（杜芳琴，2003：9），性别分工则是性别身份差异的最好证明。通过调查发现，在我国高等学校中，性别分工还是较普遍的，如男性工作更偏重研究，女性工作偏重于教学；男性工作更偏重理论研究，女性工作偏重于实验研究或操作。

女性之所以在实验工作领域占相当高的比例，表面上看源于女性自身的"优势"。受访者 B 说："实验工作也适合女性去做，需要细致，有些领域只抓大问题，我所从事的电子显微学要从小处着眼，女性认真、踏踏实实，这是长处。""从女性的性格来看，女性做事持之以恒，面对新的选择不容易被诱惑。科学界也时常会出现炒作现象，我一般不会追热点，手边有适合自己的工作，不会着急转，这里面确实有一些女性的特点。"受访的几位女性认为，女性还是比较适合做实验工作，或实验与理论的交叉工作，事实也证明她们在该领域中都做出了相当的成就。这一结果与其他的统计也很相似，如诺贝尔物理学奖的几位女性获得者均出自实验领域，或实验与理论的交叉领域，而没有出现在理论研究领域。

此外，女性对自己较多的教学任务也是她们接受的事实，如受访者 F 说："我觉得当老师挺好的，从小我就想当老师，所以我在工作中主动把工作重点调到教学上。"其他几位受访女性也基本表达了这样的意思，但是她们同时认识到这种选择的尴尬和危机，如受访者 E 说，"其实，现在高校里真正受重视的是科研，而不是教学，所以我们的付出有时与回报是不成比例的。"

对于这样的性别分工，男性也自然认同，受访者 I 说："我不擅长语言表达，对学生我真的也缺乏耐心，我看我更适合搞些理论研究工作。"对于现在我国高等教育体系中现有对于科研与教学评价的不平衡，吴老师也是同样深有体会的，受访者 H 说："现在就是这样，你教学做得再好，对你晋升职称和评奖意义都不大。不会因为你课讲得好、讲得多而在晋升职称时优先考虑你，而是重点考虑那些发出高水平论文的人。所以大家都不愿意讲课，但是教学应该才是根本，需要有人默默地奉献。"

在高校中，性别分工还是很明显的，女性延续了社会领域中性别分工的模式，顺理成章地走进了更具有服务性质的教学、实验工作。

3. 科学活动中的性别差异

中国将近 60 年的科学发展历程，不仅是科学研究的内容，而且科学活动的方式也在发生变化，从原来比较封闭的研究方式，转变成相对开放的形式，采访者中绝大部分都有过在国外学习或工作的经历，他们一致认为中国今天的科学合作和交流形式还不如西方国家的顺畅，行政干预的因素还比较多。作为有一定资历的科学家，他们对中国目前科学合作方式并不是很满意。且对女性科学家来说，不同的年龄对这个问题的感受是不同的。如对老一辈的女性科学家，鉴于当时中国的国情，在 20 世纪五六十年代，她们并没有感受到太多在科学活动中的性别差异问题，但是随着历史语境的变化，情况也在发生着改变。当下，科学活动中对女性歧视现象明显增多，并已影响到女性在科学活动中的选择。

如当问到"在您周围的人群中，是否因为您是女性而对您的科学能力产生怀疑？"对于处于 20 世纪五六十年代的中国女性科学者，她们对那一时期的回忆是，"因为你是女的而怀疑你的做法不多，在我们这个年龄段把男女平等放得很高，有也不便说。"甚至到了 80 年代初，女性科学家也并没有深刻地感觉到科学活动中的性别问题。但随着中国语境的转换，对女性的歧视现象逐渐从以前较为隐蔽的形式转变成公开的形式，受访者 D 讲了这样一件她亲历的事件："从整个社会看，男性处于较大的优势，他们之中有一些人对女性确实是不够尊重。在北大的某次会议上，参加会议的人都是来自数学系、物理学系的教授，当时一位女教授站起来发言，这期间一位男教授很不礼貌地打断了她的话，言辞极为不恭。后来，那位女老师每提起来这件事都很气愤。"受访的较年轻女科研人员认为，在目前中国社会中，这种对女性的公开的、明显的歧视不是在减少，反而是更多了。受访者F是一位30多岁刚毕业的博士，她眼下面临的最大问题就是找工作，她先后到北京10多家单位求职，多数单位不接收她，求职单位对她最大的不满不是她的学习成绩、科研能力，而是她的性别身份和年龄，有的单位就直截了当地说："如果你是男的，我们就会考虑你。"

科学活动中性别歧视的一个典型就是科学合作。科学创造来自思想的交流与碰撞，尤其在今天科学合作与交流的广度与深度都大幅度增强的情况下，女性因性别身份遇到的问题更加突出。受访者认为在20世纪五六十年代时女性在科学交流中遇到的障碍问题对她们来说不存在或问题不明显，但是当这种交流逐渐增加时，女性身份带来的不利影响就会明显地显示出来。

受访者D表示："有，基本是男性的天下，跟他们在交流方面有不方便的地方。……（在与男性合作交流的过程中）有些人是比较有意识地，有些人会下意识地，表现出对待女性的方式不同。"

受访的男性科研人员并没有表现出女性那么强烈的性别差异，甚至是歧视问题。正如受访者H所说："现在科研队伍，尤其是工科的，大部分仍以男性为主。在科研项目中，经常需要出差，到生产一线，女性的确不方便。我在找合作伙伴时还是倾向年轻、能干的男性。"受访者G，多年从事科研工作，近些年来又担任院里领导工作，他深有体会地说："我年轻的时候，真的没有想过性别问题，也没有意识到它的存在，要有的话，也是中国女性的地位在提高。但是，走上领导岗位后，这个问题就很突出，比如，在引进人才时，来应聘的几个人如果在学术方面条件差不多，最后我们可能就会男士优先，由于太多的现实问题我也没有办法，这也算是一种歧视吧。其实我个人绝对没有性别歧视存在。"

新中国成立初期，由于中国特殊的性别文化和相对封闭的社会环境，科学活动的活跃程度和交流范围都相对较小，女性因性别问题而影响她们获得信息的情况相对较少，但随着现代科学交流的日益频繁，科学合作的日益增多，女性因性别身份碰到的问题越来越多地暴露出来，女性不是更加自然地融入科学群体中，而是科学中性别文化的屏蔽作用在增强。

4. 在科学承认中的性别差异

根据美国社会学家默顿社会功能学派的观点，科学中的奖励遵循着"成果—承认"的原则，但同时他们也提出，在实际生活中，科学共同体给予每个科学家的承认（基于贡献大小）是不平等的。在这种不平等中，对女性来说有多少是因为她们的性别身份所附加的呢？受访的几位女专家一致认为，"如果是女性，她做出的东西与男性一样好的话，她的发展不如男性。"

受访者 E 说："在我所从事的这个领域，女性没多少说话的权利。（女性）从争取资金，到最后承认都很难，没有多少发言权。"在科学承认方面，受访者 B 的经历很有代表性。受访者 B 早年的研究工作很多是与他爱人合作完成的，在发表文章时，两人联合署名，这里面就有一个优先权的问题。夫妻二人的工作，作为同行，或者外人会如何看待呢？受访者 B 说："文章一出去，在国际上大家眼里会一目了然，因为我爱人主要研究领域是 X 射线的，哪个是他的工作，哪个是我的工作很清楚。反倒是，国内不大一样。国内科学界有一个不太好（的习惯），不太认真去分析你的工作，而是想当然，女的和男的合作，女的无疑是随同者。"

女性的科学工作得到承认普遍较低除了上面的原因外，还与女性从事科学工作的性质直接相关。在科学认识中，历来存在"理性"与"经验"的二分，投射在科学活动上就体现了理论研究与实验操作的二分。在这种科学二分的基础上，男性天然地与理论、理论研究结盟，并被赋予了较高的价值；女性则与经验、实验操作联系在一起，它的价值也遭到了贬低。受访者 B 曾参与一项重要的国家级课题，并以她精湛的实验工作为该项工作的顺利完成做出了重要贡献，但在对该项科研成果完成人的排序上，她只位列第九。

科学分工的差异也直接导致科学承认的不同，如对科研与教学工作评价的差异。在目前评价体系科研"一边倒"的情况下，教学工作得不到足够的重视，而女性承担了相当大比例的教学任务，因而使她们的工作得到的承认不足。

同样的评价体系，男性感受并不那么深刻，受访者 H 说："评价是看结果，怎么还涉及性别问题，好像不存在，反正我没有感觉到。"

5. 工作与家庭冲突中的性别差异

社会上一致认为照顾孩子和家庭是女性的"天职"，这几乎成了一个不证自明的定论，所以作为女性，一个无法回避的问题就是如何处理好工作与家庭之间的矛盾。在采访中女科学家一致认为这对她们来说是一个非常重要的问题。受访的 6 位女性科研人员中，除一位没有孩子外，其余的 5 位都有小孩，她们都同时在承担着工作和家务劳动的双重责任，她们一致认为，家庭和事业对于她们来说同样重要，为了处理好二者的关系她们在努力地寻找平衡点。

受访者 B 谈到了自己的经历："比较庆幸，我的先生比较理解，他也做科研，家务也承担一些，时间花费多的是我承担，孩子的穿衣吃饭、辅导功课都是我，我时间花费得多一些。上班一进门口，绝不想家务事，已经习惯了，零散时间决不浪费。孩子小的时候就注意培养他们的独立能力，让他们练习自己洗。"受访者 B 总结她的经验，"女性要想在科研上有所追求，需要放弃很多东西，需要付出双倍的努力。比如，化妆时间少一点，购物时间短一点，就会多一点时间做研究。要善于利用零碎的时间，只要你脑子里总有问题，什么时间都可以解决问题。计划性要强，走进研究所，就不要再想家务事。但出了实验室，依然要惦记实验中的事。"

受访者 A 说："（家务事）我做得多。我们结婚的时候，工作不在一个城市，一直分居了 8 年才调到一起。在这之前我们已经有了 3 个孩子，都是我带，我父母也来帮我，当时真的很困难，既要工作，又要照顾孩子。女同志要想工作好就要付出 2 倍、3 倍，甚至几倍的努力。"

几位受访者的经历有很多相似性，她们在做到兼顾家庭与事业的同时付出了极大的努力。由于传统的性别社会分工，照顾家庭和孩子已经成为女性的"专职"，但是科学领域或其他公共领域不会因为你为家庭付出的比男性更多而对你有任何优待，所以女性往往小心地、艰难地游走于事业与家庭之间，并在二者之间把握着平衡，也由此决定女性要获得同男性一样事业上的成功，所付出的艰辛和努力要更多。

男性受访者大多都承认，在他的家庭中女性付出更多。受访者 J 说："我做博士后的时候有了孩子，我爱人也在高校，也做科研工作，但是她为了我能有更多的时间做好工作，承担绝大部分家务，甚至牺牲自己的一些科研兴趣和工作，付出很多。"他的家庭情况在今天中国夫妻二人都是科研人员的家庭中很典型，男性可以一心一意地去工作，而女性则必须在二者间平衡、选择，付出更多。

四 结论及建议

1. 基本结论

通过对高校男女科研人员的实证研究，发现在他们的学术生涯中的确存在性别差异，具体表现在以下方面。

第一，男女科研人员在早年的社会化过程中存在性别差异。科学家作为一种职业，对其从业者有严格的要求。从一个孩童最终成长为一名合格的科研人员，要经过系统的科学训练，这个过程同时也是一个接受科学文化、社会思想的社会化过程，它主要是通过家庭教育、学校教育、社会群体和大众传播等手段完成。在这个看似中性的过程中，其实男孩和女孩，或者是男性和女性被设置在了完全不同的带有性别特征的文化语境中，它实际上是在消磨女性对科学的选择与热爱。这种早期的性别文化暗示一定程度上影响了后来是否选择走职业科学道路，它成为阻碍女性进入科学领域的第一道，也是一直潜藏一生的障碍。

第二，男女科学工作者在科学研究中的方法不同，决定了他们获得的科学承认不同。由于男女科学家生活经历、科学体验的方式不同，女性在思想观念、行为方式、处理问题的方式方法等方面都表现出区别于男性的特色。女性科研人员更多地选择偏重于实验类的工作，如生物学、医学等，并在工作中赋予更多的感情色彩，而男性科研人员的工作则更多偏重于理性与逻辑的思考。方法本身并无好坏之分，但是由于传统"二分法"的存在不仅使两类不同的范畴对立，更重要的是它包含了一种等级制和统治的逻辑——与理性、男性相联系的范畴得到肯定，并被赋予较高的价值；与情感、女性相联系的范畴受到贬抑。

第三，男女科学工作者在科学研究中也表现出诸多差异。如科学分工，男性更多地从事理性构建等处于统领性的工作，而女性则更多地选择偏重实验、教学类的"服务性"、基础性工作，因此决定他们的贡献不同、价值不同。再如，男女科学工作者在科学活动中的经历不同，决定了他们所获得的发展机会不同。科学活动是在科学共同体内部的文化圈子中展开的，但是女性的性别身份使她们在这个以男性为主体的活动圈子中遇到诸多问题，特别是一些非正式场合下的科学活动，如会下交流、科学合作等，而女性往往因性别问题而难以进入信息交流的有效通道，被排挤在科学活动之外，这些都会潜在地影响她们的工作，使她们失去很多信息和机会。

第四，男女科学工作者的社会性别分工不同，决定了他们在做出相同科学成就的前提下，付出不同。在中国，"双重角色"问题仍然是影响女性发展的一个重要因素，女性要比男性承担更多来自家庭的负担，在家庭生活中，照顾孩子、老人的日常生活仍然主要由女性承担，也因此占据了她们相对更多的精力和时间，而男性在此项劳动中的付出则相对较少。为了能顺利地完成科学工作，她们承担了比男性更多的磨难。传统的性别分工和现实科学界中"无视两性差异"的评价标准，使她们对二者都不能轻言放弃，只能做到兼顾，努力在事业和家庭之间寻找平衡点。

2. 对策建议

本研究发现，单纯增加科学领域中女性的数量并不能根本改善女性在科学领域中发展，这是因为科学从认识基础、到研究方法都已经历史地男性化了，只有将社会性别意识纳入科学发展中，解构其中所隐含的性别关系，才能从根本上改变科学发展目前的状况。有人曾把在科学领域中发展的过程比喻成爬行的管道，女性在这个爬行管道的各个环节出现了明显的漏水情况，从而使女性在到达终点时无法与男性相匹敌。正如李方华院士曾说的，机会不是一抓就能抓到的，许多机会都是环环相扣，抓不住上一个机会，也就没有下一个机会。对于在科学道路上前行的女性来说，每一个环节都可能成为她们前进的动力或者是障碍。只有当真正正视这些问题，将社会性别视角有效地被纳入各个领域、各个环节时，才能把原来限制她们的障碍转化成为机会，才能为她们的发展开拓有效的空间。1997年，联合国经社理事会对"性别观点纳入主流"做出界定：性别平等主流化是一个过程，它对任何领域各个层面上的计划行动，包括立法、政策或项目计划对女性和男性产生的影响进行分析。它的最终目标是将男性和女性的关注事项和经验作为一个整体，纳入政治、经济和社会等各个领域的政策和方针的制定和执行中去，使男女能平等地受益，终止不平等现象，实现性别平等。如今，如何改善女性在科学领域中的生存状况、如何发挥她们的科学才能将是一个全社会要共同面对的系统工程。在中国，如何在科学领域为促进"性别观点纳入主流"做出努力，本文认为应当从以下几个方面积极推进。

第一，在各个层次的教育中纳入性别视角，推进性别平等。在中国现行的教育中，虽然提出男女享有平等受教育的权利，但无论是教育形式，还是教材内容中的性别歧视现象、性别刻板印象问题依然存在，如"女孩子不适合学理工科""女孩子不如男孩子聪明"等赫然存在；在现实教育中男女入学比例失衡、女大学生就业难等问题也普遍存在。这些都说明教育并不是"性别中立"的，教育中的这些问题使女性在还没有跨入科学领域之前就已经落后，将社会性别纳入教育政策的主流势在必行。美国大学妇女联合会 20 世纪 90 年代提出 40 条改革建议，现摘以下 2 条以兹借鉴：
(1) 学校正规课程必须包括各阶层男女双方的经历，必须使男女学生在所学的教材中看到女性的形象；(2) 教育和鼓励女性理解数理领域对其生活的重要性，必须积极支持女生追求数理领域的教育和职业。如何在具体的教育内容、教育形式上贯彻性别平等，是决定女性是否能顺利进入科学领域的起点。

第二，在科学传播中要树立公允的科学形象，树立科学家尤其是女科学家形象。公众主要是通过书籍、新闻媒体等手段来认识科学，在当下大众的印象中科学家似乎就等同于爱因斯坦、牛顿等一批男性科学家，唯一能想到的女性科学家只有居里夫人，而居里夫人的形象也已经历史地男性化了。冷静、客观、理性成为科学的代名词，男性伟岸形象的缩影。即使在有些科学新闻报道中涉及女性科学家，但相关报道颇显单一，明显是对女性科学家缺少实际的了解，是用男性的标准来衡量女性科学家。如果这些成为一种惯性和常识的话，对女性的发展，甚至对未来女性进入科学领域都极为不利，应建立一种具有性别视角的对两性都公平的传播形式。同时，社会应提倡事业与家庭生活和谐兼顾的研究生涯。事业与家庭兼顾的生活模式不仅是专对女性科学家的，也应该同样适用于男性科学家，只有使男性走入家庭，才能使女性真正融入社会。

第三，从科学决策上推进男女在科学领域的平等地位。科学决策的合理与否会对科学的发展产生近期和长期的影响。在中国现行的科学政策中虽然没有公开歧视妇女的条款，但缺少对性别差异存在的认识、缺少社会性别视角。中国现代科学领域的决策层中绝大多数都是男性，如何使占优势决策地位的男性决策者（当然也包括女性决策者）具有社会性别意识将对推进女性在科学领域中的发展产生重要影响。这种社会性别意识包括能够敏锐地意识到社会性别结构的存在；在决策中具有性别视角和性别敏感度，密切关注新的决策出台对女性可能产生的影响并采取配套措施等行为；不仅着眼于对女性眼前利益，而且更关注改变原有的社会性别秩序来促进女性的长远发展。只有在考虑到性别差异的基础上才能在决策中做到女性与男性享有同样的权利。在制定科学政策的高层次机构中几乎没有妇女性，而女性的更多参与将会给一个基本上是男性主宰的世界注入多样性，因而会加强科学的发展。在美国国家科学基金会（NSF）的职能中，也强调支持女性、其他少数群体和缺乏代言人的集团参与到科学事业中。

可以说，在国际背景中，性别平等已被认识到是科学自身健康发展的必然要求，性别平等意识已被纳入科学政策的制定和实施中。

第四，从科学立法上推进男女在科学领域中的平等地位。新中国成立后，我党把男女平等写进宪法，使中国女性在政治、经济、文化、家庭和社会各个方面取得了历史性进步，使理论上的平等变成了法律上的平等。但是，在中国现行的法律中推进男女平等的有关规定明显缺乏可操作性，诸如《中华人民共和国妇女权益保障法》第三章第二十一条规定："国家机关、社会团体和企业事业单位应当执行国家有关规定，保障妇女从事科学、技术、文学、艺术和其他文化活动，享有与男子平等的权利"。这样的规定，对女性能与男性平等参与科学活动，难以起到应有的保护作用，只会导致产生一些宣导性的规定而没有严格的法律界定。将社会性别意识纳入立法，就是要确实看到女性在参与科学活动中由于性别问题的存在，而为女性人为设置的一些障碍有效地清除掉，使她们从法律的高度得到应有的保护。性别不平等并不仅指公开对女性进行性别歧视，也包括性别平等意识的忽视。现有的政策是在忽视两性差异的基础上，按照主流社会的男性标准来要求女性，没有给予她们平等的实现发展的机会。

第五，从科学奖励上设立女科学家奖项，承认她们的工作。奖励是对科学工作的一种承认，在现行的承认和奖励体系中，女性获得的奖励明显偏少，这就给人一种印象，女性的工作不如男性。但是，我们应用社会性别视角来看待这一问题时，发现承认的标准、裁决的人都是掌握在男性权威的手里，由于以男性认识为基础，使女性和女性的经验和工作的评价被贬低了。如法国欧莱雅集团和联合国教科文组织设立的"世界杰出女科学家成就奖"使我们认识李方华，但是，实际上在我国的科学界还有许多像李方华一样优秀的女科学家默默工作，却不被人所知，没有得到足够的承认。这种奖励不是说明女性工作不如男性，而是更进一步强调她们工作的独特性和重要性。正如中国科学院物理研究所吴令安研究员所说的："在科技界制定一些措施保护妇女、鼓励妇女，绝不是保护落后。""保护和扶持这些有志于献身科学事业的杰出女性，不仅不是保护落后，而是建立一种更公平的科研制度"。

参考文献

杜芳琴，2003，《妇女与社会性别研究》，天津人民出版社。

〔美〕玛丽·弗兰克·福克斯,2004,《女性与科学职业》,载〔美〕希拉·贾撒诺夫等编《科学技术论手册》,盛晓明等译,北京理工大学出版社。

Carol Kemelgor, Henry Etzkowitz, 2001, "Overcoming Isolation: Women's Dilemmas in American Academic Science." *Minerva*, 39: 239–257.

Sandra Harding, 1986, *The Science Question in Feminism*, Ithaca and London: Cornell University Press.

高校社会工作专业学生性别敏感度研究
——以北京市为例

王 颖[*]

摘 要 基于对C大学和L大学社会工作专业学生的调查，本研究发现受过专业教育的社会工作大学生群体，可以从开放和平权的角度来理解性别问题，对相关的性别议题有较高的敏感度。但是，其对私领域的性别议题的敏感度低于公领域的性别议题。此外，强调性别教育的C大学，其学生的性别敏感度整体高于L大学。应将社会性别意识转换为实践意识，推动反歧视性的社会工作。

关键词 性别敏感度 社会工作教育 社会工作实务

一 引言

2010年6月6日《国家中长期人才发展规划纲要（2010－2020年）》将社会工作人才列入国家六大人才队伍中，并提出社会工作人才队伍的发展目标：适应构建社会主义和谐社会的需要，以人才培养和岗位开发为基础，以中高级社会工作人才为重点，培养造就一支职业化、专业化的社会工作人才队伍。民政部部长李立国提出，为实现社会工作人才队伍的培养目标，需要加强社会工作专业教育、完善职业水平评价制度和实施重点人才工程。目

---

[*] 王颖，女，中华女子学院社会学系讲师，研究领域：性别研究、教育社会学、社会福利与社会政策。

前，全国有280多所高校设立社会工作本科专业，60所高校设立社会工作硕士教育，10多所高校开始了社会工作方向的博士教育（柳拯，2012）。高校作为社会工作专业教育的主要培训和教育场所，其专业培养模式和体系将深刻影响社会工作专业人才的知识形成和价值观形塑。而性别意识和观念，作为社会工作价值伦理中非常重要的构成，是教育培养模式和课程体系及专业教学和实务中不可忽视的面向。传统社会工作理论对人的行为和社会过程的解释忽视了性别差异的存在，导致在其价值观指导下的社会工作实践可能会维持并加剧女性和男性中一定群体的不利处境，因此，强调和培养社会工作者的社会性别意识、提高性别敏感度就显得尤为重要。

二 文献回顾

学者关于社会工作教育中性别敏感议题的研究最早见于 Knight（1991：145－155）的研究。Knight 的调查提出，在获得认可的本科生和研究生的社会工作课程中，一些女性议题，特别是家庭暴力和性别歧视的内容有所覆盖。但是，其他议题，如女同性恋、生育权利、社会工作中的性别歧视，则没有被纳入。基本上没有学校要求学生选修关于女性议题的课程，仅有少数学校提供相关课程。同时，学者研究发现，社会工作的服务提供中存在性别偏见，社会工作实务人员持有的性别刻板印象，将影响社会工作实务人员对案主的评估及干预（Knight，1991：145－155）。此外，长期以来，性别研究的主要对象为女性，强调将性别的内容涵盖入社会工作教育中的呼吁也主要是指女性及女性议题。但应该看到，随着社会的发展，性别的多元化使社会工作教育及社会工作实务面临更多的议题和多元的服务对象。教育是社会工作专业学生的专业知识、个人价值观、专业伦理等形成和习得的主要途径。性别影响着教育者和实务工作者在面对社会工作、案主、学生甚至他们自己时的行为原则。社会工作理论、实务、政策都是固有的和潜在性的性别化的，如果我们不将性别机制揭示给学生，则隐于其中的性别化假设将不被挑战。McPhail（2008：33－52）指出，随着性别多元化，对于性别平等议题的纳入需要包括以下几方面：强调性别作为日常生活组织原则的重要性；呈现更复杂的对于女性主义的讨论；理解多元的性别模式；引入男性和男性气概的主题；引入跨性别的主题；发展基于批判性的思维能力和增加敏感度的性别意识。具有性别敏感度的社实务工作或女性主义社会工作，指社会工作专业必须具备对女性主义理论的认识以及性别觉醒的能力。要了解服务对象，特别是女性的处境，也要洞悉现存男权至上的社会文化如何阻碍了社会迈向平等的目标（裴谕新，2011：10）。社会工作专业的性别敏感度即指具有对女性主义理论的认识及性别觉醒的能力，同时在实务和督导中了解服务对象的需求和处境，具有基于批判性的思维能力和社会性别意识。

三 研究方法

本研究在参考相关研究（Leung，2011：291 – 303，2007：185 – 194；Knight，1991：145 – 155）的基础上，发展出适宜测量中国社会工作教育的性别敏感度调查问卷。调查从对性别角色的看法、对社会事件的看法、对社会工作事件的看法、在社会工作教育方面的经验等维度深入了解社会工作专业学生对性别问题的看法和经验，及其性别观念对社工实践的影响，从而探讨目前社会工作专业学生的性别敏感度议题。

本研究于 2013 年 9 月对 C 大学的社会工作专业 2009 级和 2010 级学生进行了问卷试调查。共发出 100 份问卷，收回有效问卷 87 份，回收率为 87%。基于试调查，本研究于 2014 年 8 月至 9 月对北京市 L 大学和 C 大学社会工作专业学生进行了调查。此外，本研究于 2014 年 9 月对 C 校 2 名教师及 6 名学生进行了访谈，以深入了解教师和学生对社会工作教育和实务中的社会性别议题的态度和观点。

本次调查涵盖大一到大四的学生，共发出问卷 472 份，结果收回有效问卷 435 份，回收率为 92.1%。研究采用 SPSS19.0 对数据进行了分析。调查对象基本情况见表 1。

表 1 调查对象基本情况

单位：人

		L 大学	C 大学	合计
		226	209	435
年级	一年级	51	62	113
	二年级	46	44	90
	三年级	57	61	118
	四年级	72	42	114

续表

		L大学	C大学	合计
性别	男	64	0	64
	女	162	209	371

本次调查共435人，其中L大学226人，C大学209人。其中，C大学社会工作专业学生全部为女性。L大学男性学生为64人，女性学生为162人。本研究选取L大学和C大学社会工作专业全体学生进行调查。

四 结果呈现

总体来看，受过高等教育的大学生群体，其性别意识是开放和先进的。但是，在公共领域和私人领域，其性别意识和态度，却存在着差别。对私领域的性别议题，不如对公领域的性别议题有较高的敏感度。

1. 对性别角色的看法

如图1所示，63.5%的学生不同意或非常不同意"女人虽然外出工作，但是家中经济支持始终是男人"，55.5%的学生不同意或非常不同意"女人表现太强会找不到结婚对象"。反映了学生对于传统性别角色的反思和批判。社会工作专业大学生并没有因为理论上的成就恐惧动机而放弃对于自己职业和事业的追求。

问及"女人比男人更适合照顾子女的起居饮食"，41.4%的学生表示同意或非常同意。关于"女为悦己者容，女人瘦身纤体是无可厚非的"，不同意或非常不同意的学生占46.6%，可以看到近5成学生对典型女性形象的批判。女性身体的物化和商品化的意识，影响着学生对于女性形象的认知。同意或非常同意"女人结婚后不该让自己成为黄脸婆，否则丈夫会包'二奶'"的学生占53.7%，部分学生强调了婚姻维系中女性的责任。社会工作学生对于女性性别角色的认知，将影响其对服务案主的评估。

90.5%的学生同意或非常同意"女性与男性在政治上应该有同等的能力和参与机会"。72.9%的学生同意或非常同意"男女在工作上的待遇仍然有差距,这是因为社会存在性别歧视";同意或非常同意"男女始终有别,社会上不可能达到男女平等"的学生为36.9%。在国家大力推进性别平等、提高妇女地位等政策下,学生关于政治议题的性别敏感度很高,但是,学生也认为社会认知和职业领域内存在事实上的不平等。此外,值得引起重视的是,尽管学生有较为先进的性别意识,但部分学生对存在于家庭领域内的性别议题未有足够的反思和批判。

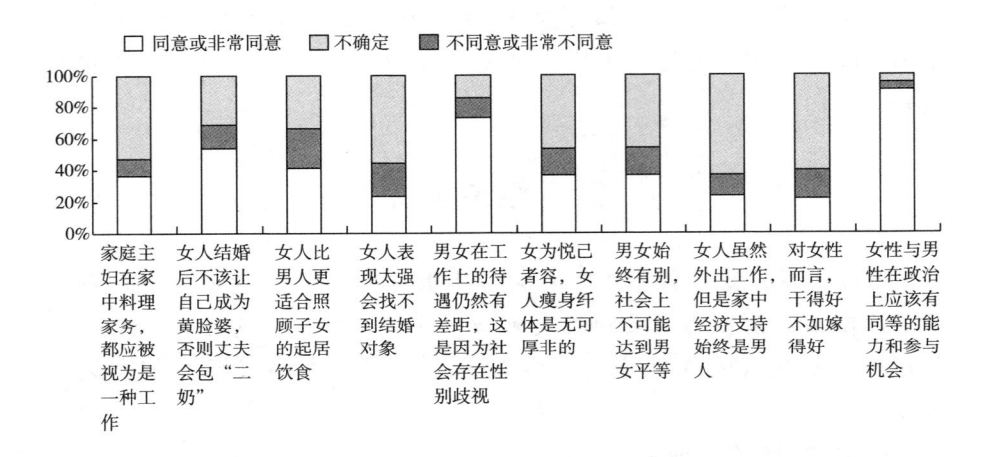

图1 对性别角色的看法

(1) 分性别来看。

66.8%的女生和43.5%的男生反对"女人虽然外出工作,但是家中经济支持始终是男人",相对而言,女生更为支持女性在家庭中的经济支持作用。

表2 分性别看对性别角色的看法

性别议题	性别	同意 (%)	不确定 (%)	不同意 (%)	卡方 检验
女人结婚后不该让自己成为黄脸婆,否则丈夫会包"二奶"	男	46.9	18.8	34.4	
	女	54.9	14.9	30.3	
女人比男人更适合照顾子女的起居饮食	男	64.1	23.4	12.5	***
	女	37.4	25.2	37.4	

续表

性别议题	性别	同意（%）	不确定（%）	不同意（%）	卡方检验
女人表现太强会找不到结婚对象	男	36.5	23.8	39.7	**
	女	20.8	21.0	58.2	
男女在工作上的待遇仍然有差距，这是因为社会存在性别歧视	男	53.1	17.2	29.7	***
	女	76.3	12.1	11.6	
女为悦己者容，女人瘦身纤体是无可厚非的	男	56.3	17.2	26.6	***
	女	33.4	16.4	50.1	
男女始终有别，社会上不可能达到男女平等	男	51.6	14.1	34.4	**
	女	34.0	18.2	47.8	
女人虽然外出工作，但是家中经济支持始终是男人	男	43.5	12.9	43.5	***
	女	20.2	12.9	66.8	
对女性而言，干得好不如嫁得好	男	35.9	10.9	53.1	**
	女	19.0	19.0	62.1	
女性与男性在政治上应该有同等的能力和参与机会	男	81.3	9.4	9.4	**
	女	92.2	3.8	4.0	

注：① *** $p<0.005$，** $p<0.01$，* $p<0.05$。

② 同意为问卷中合并选项同意或非常同意，不同意为问卷中合并选项不同意或非常不同意。下文同。

反对"女人比男人更适合照顾子女的起居饮食"的男生和女生分别为12.5%和37.4%。女生对于传统性别角色更具有批判意识。社会工作专业大学生并没有因为理论上的成就恐惧动机而放弃对于自己职业和事业的追求。反对"对女性而言，干得好不如嫁得好"的女生和男生分别为62.1%和53.1%。随着改革开放和多元思潮的兴起，青年的性别思想更自由、多元和个性化。但是，世界性经济危机、国内就业难和社会贫富差距加大的背景，对女生的性别观念存在一定影响。可以看到，受调查者的观念同样存在多元化的态势。

（2）分学校来看。

L学校学生和C学校学生对性别角色的看法存在差异。反对"对女性而言，干得好不如嫁得好"的L校和C校学生分别为54.4%和67.6%。

不同意"女人虽然出外工作，但是家中经济支持始终是男人"，L 校为 53.1%，C 校为 74.6%。C 学校学生比 L 学校学生更反对传统的性别角色，有较为开放的性别意识。

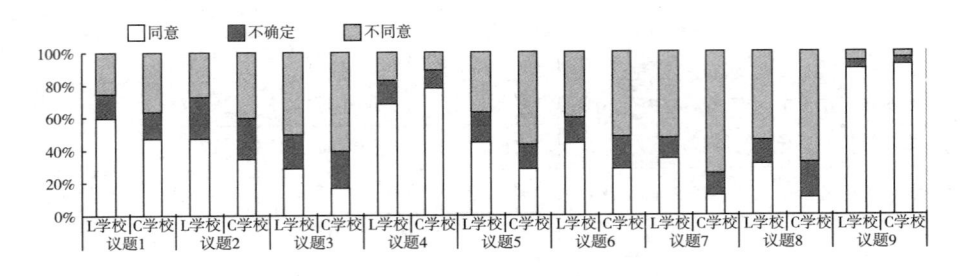

图 2　分学校看对性别角色的看法[①]

（3）分年级来看。

总体而言，从大一到大四学生的性别意识逐渐获得提升。同意"男女在工作上的待遇仍然有差距，这是因为社会存在性别歧视"观点的大学生从大一的 65.2% 提升到大四的 80.5%。但是，不同意"对女性而言，干得好不如嫁得好"的学生从大一的 70.3%，降低到大四的 50.9%。73.9% 的大一学生不同意"女人虽然出外工作，但是家中经济支持始终是男人"，大四则为 49.1%。而反对"男女始终有别，社会上不可能达到男女平等"的大一到大四学生比例分别为 58.6%、50.0%、35.9% 和 40.2%。对这一问题的看法，大一到大四学生则呈现出反向的敏感度水平，大一学生的性别意识高于大四学生。我们认为，临近毕业时，学生较为容易地受到现实中社会性别现状的影响。

2. 对社会事件的看法

社会工作专业学生对于社会事件，同样有着较为开放和敏感的性别意识，拒绝传统的社会性别角色。同意"女性因丈夫包'二奶'而自杀，与女性在家庭的传统角色有密切关系"的学生占 72.4%；不同意"女性因其

[①] 议题 1 至议题 9 分别为：女人结婚后不该让自己成为黄脸婆，否则丈夫会包"二奶"；女人比男人更适合照顾子女的起居饮食；女人表现太强会找不到结婚对象；男女在工作上的待遇仍然有差距，这是因为社会存在性别歧视；女为悦己者容，女人瘦身纤体是无可厚非的；男女始终有别，社会上不可能达到男女平等；女人虽然外出工作，但是家中经济支持始终是男人；对女性而言，干得好不如嫁得好；女性与男性在政治上应该有同等的能力和参与机会。其中议题 1、2、5、6、7、8，L 学校和 C 学校差异显著。

衣着、外表及行为而招致强奸,所以女性自己有责任避免发生强奸这种事情"的学生占 39.2%。对于强奸和同性恋等问题,学生的观点同样表现出敏感的性别意识和先进的性别观点。62.3% 的学生不同意"基本家庭的模式应该是由男女组成的,所以同性恋者可以谈恋爱,但不应结婚"。学生接受了先进的性别文化,对传统的性别角色和性别观念提出了挑战。但是在面对同性恋等议题上,占一定比例的学生选择了不确定,由此可以看出,学生在日常生活中遇到较为敏感的性别议题时,所学知识未能完全改变其某些传统认知的性别观念。

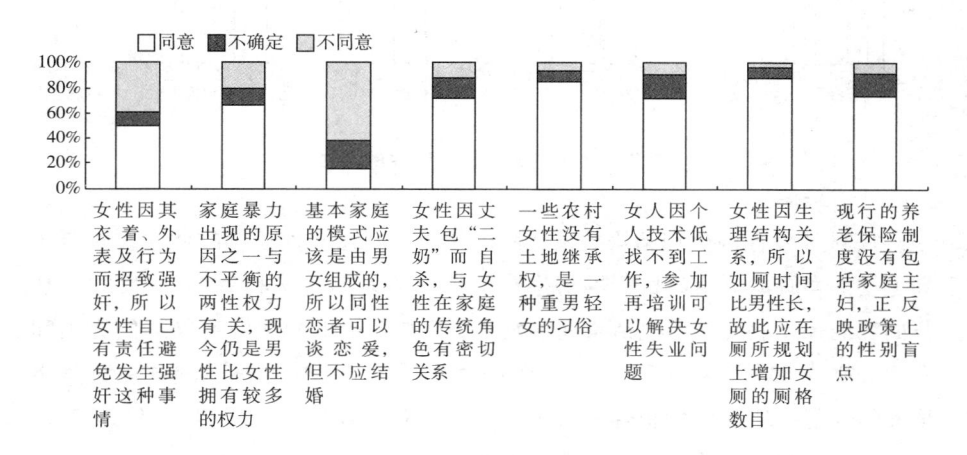

图 3　对社会事件的看法

对于一些社会性的性别议题,社会工作专业学生表现出更大比例的敏感度。84.8% 的学生同意"一些农村女性没有土地继承权,是一种重男轻女的习俗",88.2% 的学生同意"女性因生理结构关系,所以如厕时间比男性长,故此应在厕所规划上增加女厕的厕格数目",74.0% 的学生同意"现行的养老保险制度没有包括家庭主妇,正反映政策上的性别盲点"。

(1) 分性别来看。

分性别来看,同意"女性因其衣着、外表及行为而招致强奸,所以女性自己有责任避免发生强奸这种事情"的男生占 67.2%,而女生为 47.3%。C 学校学生提出:"以前的时候,会有女生外出然后被侵害,然后各个媒体说女生'防狼'多少招、女生外出应该注意什么。我以前会说这是对女生的保护，然而现在我发现不对，女生外出受到伤害，为什么是女生的错呢？这不应该是这个社会的问题吗？然后我就发现，其实有很多我们没有关注的东西，就是对性别的一种歧视。"专业的学习使学生对于相关议题的性别敏感度提高。但是，仍有一定比例的学生将强奸等恶性事件发生的责任归罪于女性。

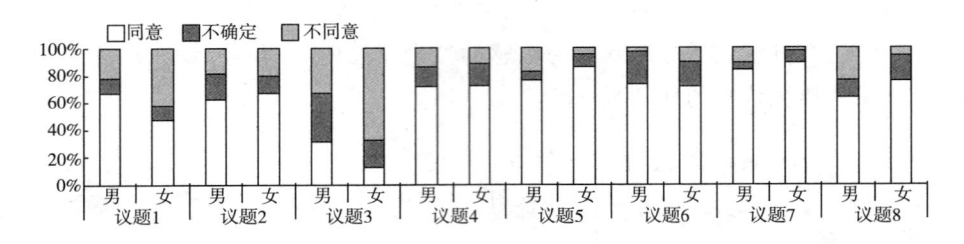

图 4 分性别看对社会事件的看法①

反对"女性因生理结构关系，所以如厕时间比男性长，故此应在厕所规划上增加女厕的厕格数目"的男生和女生分别为 11.1% 和 2.4%；反对"现行的养老保险制度没有包括家庭主妇，正反映政策上的性别盲点"的男生和女生分别为 23.8% 和 5.7%。67.4% 的女生反对"基本家庭的模式应该是由男女组成的，所以同性恋者可以谈恋爱，但不应结婚"，而男生仅为 32.8%。我们可以看出，与男生相比，女生有更为敏感的社会性别观念和更为开放的社会性别意识。学生在日常生活中遇到较为敏感的性别议题时，所学知识并未能完全改变其某些传统认知的性别观念。

（2）分学校来看。

分学校来看，反对"基本家庭的模式应该是由男女组成的，所以同性恋者可以谈恋爱，但不应结婚"的 L 校学生比例为 52.7%，而 C 校为 72.7%。面对"女人因个人技术低找不到工作，参加再培训可以解决女性

---

① 议题1至议题8分别为：女性因其衣着、外表及行为而招致强奸，所以女性自己有责任避免发生强奸这种事情；家庭暴力出现的原因之一与不平衡的两性权力有关，现今仍是男性比女性拥有较多的权力；基本家庭的模式应该是由男女组成的，所以同性恋者可以谈恋爱，但不应结婚；女性因丈夫包"二奶"而自杀，与女性在家庭的传统角色有密切关系；一些农村女性没有土地继承权，是一种重男轻女的习俗；女人因个人技术低找不到工作，参加再培训可以解决女性失业问题；女性因生理结构关系，所以如厕时间比男性长，故此应在厕所规划上增加女厕的厕格数目；现行的养老保险制度没有包括家庭主妇，正反映政策上的性别盲点。其中议题1、3、5、7、8性别差异显著。

失业问题"的提问，L校不同意的学生占 6.6%，而 C 校为 12.4%，C 学校的学生对于现实问题更有反思性。

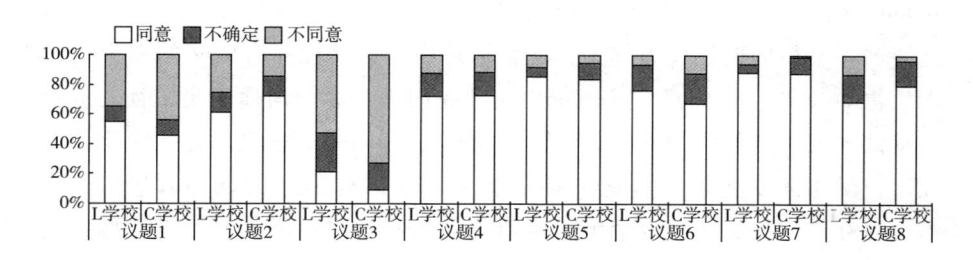

图 5　分学校看对社会事件的看法[①]

（3）分年级来看。

随着所学专业知识的增加，学生在社会事件性别议题上的性别意识逐渐增强。不同意"女性因其衣着、外表及行为而招致强奸，所以女性自己有责任避免发生强奸这种事情"的大一到大四学生比例分别为 27.7%、31.1%、46.2% 和 48.7%。同意"女性因生理结构关系，所以如厕时间比男性长，故此应在厕所规划上增加女厕的厕格数目"的大一到大四的学生比例为 78.6%、87.8%、92.3% 和 94.7%。可以看出，随着专业教育的培养和性别意识的灌输，学生的性别敏感度逐渐提升。

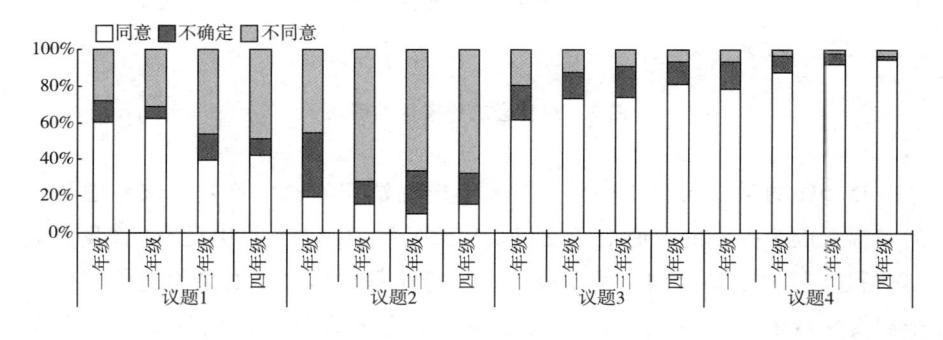

图 6　分年级看对社会事件的看法[②]

[①] 议题 1 至议题 8 同图 4。其中议题 2、3、7、8 差异显著。
[②] 议题 1 至议题 4 分别为：女性因其衣着、外表及行为而招致强奸，所以女性自己有责任避免发生强奸这种事情；基本家庭的模式应该是由男女组成的，所以同性恋者可以谈恋爱，但不应结婚；女性因丈夫包"二奶"而自杀，与女性在家庭的传统角色有密切关系；女性因生理结构关系，所以如厕时间比男性长，故此应在厕所规划上增加女厕的厕格数目。年级差异显著。

3. 对社会工作事件的看法

接受了专业的社会工作知识和实务训练的学生，对社会工作事件的看法可以更加直接地反映出学生的性别敏感度。同意"家庭暴力出现的原因之一与不平衡的两性权力有关，现今仍是男性比女性拥有较多的权力"的学生占 66.4%，而同意"家庭暴力主要是因为夫妻间沟通不足，社工应该协助两人改善相处及沟通的方法"的学生占 70.4%。这里吊诡的一个问题在于，学生的专业理念呈现了对于性别问题结构因素的认知和思考，但是，在社工实务中，较少学生从性别权利的视角来对家庭暴力等议题进行思考和介入。

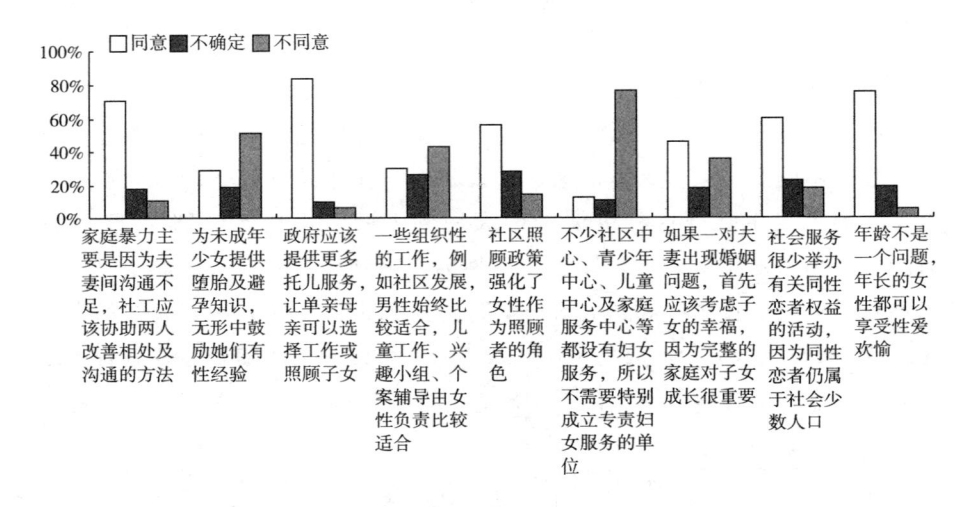

图 7 对社会工作事件的看法

45.6% 的学生同意"如果一对夫妻出现婚姻问题，首先应该考虑子女的幸福，因为完整的家庭对子女成长很重要"。C 校学生 B 提出："我们看《廊桥遗梦》，老师会问，她是该留在家里还是该出去？如果你把她当作一个妇女来看的话，就觉得她是家庭的一个主要维系，那她就应该留在家里，然后你就会把她往家里面去引导。大概 90% 的同学都会说留在家里，但后来慢慢就觉得，她得先是一个人，再是一个女人，之后才是妻子和母亲。她应该先为自己活着。"可以看出，具有社会性别敏感的专业教育可以使学生摆脱从家庭看问题的局限，而从妇女自身需要和需求角度理解问题，从而提出有社会性别敏感的实务服务。

社会工作实务人员持有性别刻板印象,将影响社会工作实务人员对案主的评估及干预。尤其是对于女性案主而言,这将导致以微妙形式出现的"责难受害者",它假定女性案主的问题导致了她自己的不足,最明显的是认为她不符合"正常"的女性角色期待(Knight,1991:145-155)。而"当社会工作者自妇女角度分析妇女处境时,就可以确切明白妇女问题的根源,避免责怪受助者"(梁丽清,1994:357-368)。Leung指出社会工作实务中社会工作者处理家庭暴力问题的两种模式,即家庭模式和女权主义模式(Leung,2011:291-303)。家庭模式强化了家庭暴力中女性对其受暴负有责任,因为她们激怒了男性伴侣,家庭暴力更多地被视为个体的心理问题、情境因素等引致;而女权主义模式强调家庭暴力源于婚姻中男性对女性的压迫和统治。权利的失衡建立和延续了对于女性的暴力(McPhaila,2008:33-52)。女权主义模式试图将关于家庭暴力议题的讨论从私领域转到公领域,从家庭问题转到人权问题(Leung,2011:291-303)。

C学校H教师强调社会工作学习中对于性别议题的批判性思维,强调学生的分析思考能力,特别是与"责难受害者"行为不同的社工教育和实务:"社会性别敏感就是在问题分析的时候,在做任何人群服务的时候,都不能持单一的个人责任论。在社工教育里边,让学生不只是做一个直接的服务者,也要有思考能力、分析能力,发现类似人群为什么他们很难改变,他们有哪些原因,然后去提相关的政策建议,去做相关政府部门的工作。然后,在文化上也要去倡导一些新的文化。"

51.5%的学生不同意"为未成年少女提供堕胎及避孕知识,无形中鼓励她们有性经验",有19.2%的学生表示不确定。学生的生活实践使其对专业知识及伦理产生了不确定的意识,其所学的专业知识也未能完全彻底改变学生的性别观念。59.2%的学生同意"社会服务很少举办有关同性恋者权益的活动,因为同性恋者仍属于社会少数人口"。对于"一些组织性的工作,例如社区发展,男性始终比较适合,儿童工作、兴趣小组、个案辅导由女性负责比较适合",43.3%的学生不同意。作为未来的社会工作者,社会工作本身的传统性别分工模式,受到学生的质疑,多数学生并不赞同男性实务工作者适合从事组织性、领导性工作,而女性实务工作者仅适合从事儿童工作、个案辅导等较"女性化"的社会工作。但也应看到26.5%的学生的态度为不确定,30.2%的学生表示同意。现实中,学者的研究发现(Faver & Shannon,1983:78-87;Kravetz & Jones,1982:77-84),本科和研究生阶段,社会工作学生的职业生涯规划存在性别上的差异。女性更希望从事直接的服务和个案工作，而男性则有长期的职业目标，从事管理、教育和研究等。女性对于薪酬的期待更低。女性对社会工作领域中实务领域和职位的选择，不仅局限于性别角色社会化，而且处于女性对自我能力的低估和对有限机会的认知（Faver & Shannon，1983：78-87）。

（1）分性别来看。

分性别来看，约两成或略多于两成的学生对议题表示不确定，这表明不同性别的学生对社会工作现实议题面临所学知识与社会实践之间的差异。其中，47.2%的女生表示反对"一些组织性的工作，例如社区发展，男性始终比较适合，儿童工作、兴趣小组、个案辅导由女性负责比较适合"，而反对的男性学生仅为20.6%。反对"不少社区中心、青少年中心、儿童中心及家庭服务中心等都设有妇女服务，所以不需要特别成立专责妇女服务的单位"的女生为80.0%，而男生仅为52.4%。

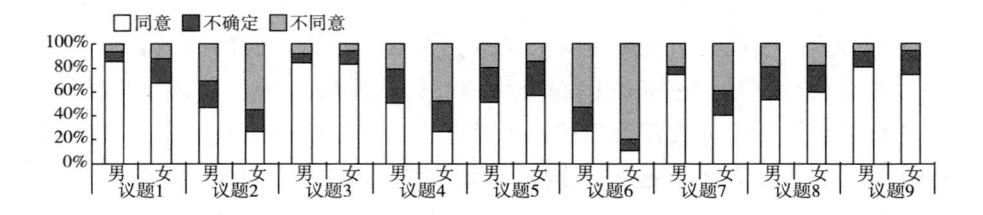

图8　分性别看对社会工作事件的看法[①]

（2）分学校来看。

分学校来看，超过8成的学生均同意"政府应该提供更多托儿服务，让单亲母亲可以选择工作或照顾子女"，反对"不少社区中心、青少年中心、儿童中心及家庭服务中心等都设有妇女服务，所以不需要特别成立专

---

① 议题1至议题9分别为家庭暴力主要是因为夫妻间沟通不足，社工应该协助两人改善相处及沟通的方法；为未成年少女提供堕胎及避孕知识，无形中鼓励她们有性经验；政府应该提供更多托儿服务，让单亲母亲可以选择工作或照顾子女；一些组织性的工作，例如社区发展，男性始终比较适合，儿童工作、兴趣小组、个案辅导由女性负责比较适合；社区照顾政策强化了女性作为照顾者的角色；不少社区中心、青少年中心、儿童中心及家庭服务中心等都设有妇女服务，所以不需要特别成立专责妇女服务的单位；如果一对夫妻出现婚姻问题，首先应该考虑子女的幸福，因为完整的家庭对子女成长很重要；社会服务很少举办有关同性恋者权益的活动，因为同性恋者仍属于社会少数人口；年龄不是一个问题，年长的女性都可以享受性爱欢愉。其中议题1、2、4、6、7性别差异显著。

责妇女服务的单位"的 L 校学生为 68.9%，而 C 校学生则为 83.7%。

表 4 分学校看对社会工作事件的看法

单位：%

性别议题	学校	同意	不确定	不同意	卡方检验
家庭暴力主要是因为夫妻间沟通不足，社工应该协助两人改善相处及沟通的方法	L 学校	76.7	12.6	10.8	**
	C 学校	63.6	24.9	11.5	
为未成年少女提供堕胎及避孕知识，无形中鼓励她们有性经验	L 学校	33.9	18.3	47.8	
	C 学校	24.4	20.1	55.5	
政府应该提供更多托儿服务，让单亲母亲可以选择工作或照顾子女	L 学校	84.0	7.6	8.4	*
	C 学校	82.7	13.5	3.8	
一些组织性的工作，例如社区发展，男性始终比较适合，儿童工作、兴趣小组、个案辅导由女性负责比较适合	L 学校	35.1	23.1	41.8	*
	C 学校	24.9	30.1	45.0	
社区照顾政策强化了女性作为照顾者的角色	L 学校	54.9	28.1	17.0	
	C 学校	57.9	29.2	12.9	
不少社区中心、青少年中心、儿童中心及家庭服务中心等都设有妇女服务，所以不需要特别成立专责妇女服务的单位	L 学校	17.3	13.8	68.9	***
	C 学校	8.7	7.7	83.7	
如果一对夫妻出现婚姻问题，首先应该考虑子女的幸福，因为完整的家庭对子女成长很重要	L 学校	55.6	15.6	28.9	***
	C 学校	34.9	22.0	43.1	
社会服务很少举办有关同性恋者权益的活动，因为同性恋者仍属于社会少数人口	L 学校	60.9	22.2	16.9	
	C 学校	57.4	23.4	19.1	
年龄不是一个问题，年长的女性都可以享受性爱欢愉	L 学校	73.3	21.3	5.3	
	C 学校	77.5	16.3	6.2	

注：*** $p < 0.005$，** $p < 0.01$，* $p < 0.05$。

(3) 分年级来看。

分年级来看，从大一到大四，学生的性别意识逐渐提升。对"如果一对夫妻出现婚姻问题，首先应该考虑子女的幸福，因为完整的家庭对子女成长很重要"，不同意的学生从大一到大四分别为 19.6%、32.2%、42.7% 和 46.9%。反对"一些组织性的工作，例如社区发展，男性始终比较适合，儿童工作、兴趣小组、个案辅导由女性负责比较适合"的大一学生为 35.7%，而大二学生则增加到 52.2%，可以看到，在大一接受基础教育后，大二逐渐增加专业课程的教学可以使学生更好地增加性别敏感度、提升性别意识。

4. 在社会工作教育方面的经验

在了解了学生基本的性别观念后，我们考量了学生所接受的专业教育中涉及的性别议题及他们的受教育经验。有近 8 成学生认为课堂内老师讨论过"性别歧视"，76% 的学生提出讨论过"女性主义"，7 成以上的学生提出讨论过"家庭暴力"和"同性恋"议题。课堂外讨论的议题主要为"性别歧视"和"女性主义"。关于"贫穷女性化"的讨论相对较少。

分学校来看，整体而言，C 学校课堂内和课堂外教师与学生讨论相关性别议题的比例高于 L 学校。超过 8 成的学生认为讨论过家庭暴力、性别歧视、女性主义、女性政治参与等议题。除了课堂内的讨论，老师也利用课程外的时间与学生进行相关专业知识的讲授和相关议题的讨论，约 4 成的 C 校学生认为讨论过性别歧视和女性主义，而 L 学校学生的比例则为 21.3% 和 18.2%。

表 5 分学校看课堂内和课堂外老师讨论过的性别议题

单位：%

性别议题	课堂内			课堂外		
	L 学校	C 学校	卡方检验	L 学校	C 学校	卡方检验
家庭暴力	68.4	81.6	***	18.7	33.3	***
性别歧视	74.8	92.6	***	21.3	41.5	***
生育、堕胎	50.7	69.3	***	15.1	22.1	
同性恋	68.6	77.0		18.7	35.6	***
贫穷女性化	30.7	51.0	***	12.9	24.9	***
社会服务的性别盲点	48.7	71.3	***	18.7	27.9	*

续表

性别议题	课堂内			课堂外		
	L 学校	C 学校	卡方检验	L 学校	C 学校	卡方检验
性侵犯	61.3	79.2	***	19.6	32.8	***
女性主义	64.6	88.7	***	18.2	40.2	***
女性政治参与	56.6	83.7	***	17.0	38.0	***

注：*** $p<0.005$，** $p<0.01$，* $p<0.05$。

分年级来看，课堂内教师讨论过的议题比例随着年级的增加而大幅增加。其中"生育、堕胎"的比例从大一的 19.3% 大幅增加到大二的 71.6%。相对而言，教师课堂外探讨相关性别议题的比例，比课堂内少，而且不同年级之间的差异较少。

表 6 分年级看课堂内和课堂外老师讨论过的性别议题

单位：%

性别议题	课堂内					课堂外				
	一年级	二年级	三年级	四年级	卡方检验	一年级	二年级	三年级	四年级	卡方检验
家庭暴力	42.6	77.5	88.0	89.1	***	19.1	25.8	32.2	24.8	
性别歧视	65.5	84.3	89.7	92.9	***	27.0	29.2	37.4	29.2	
生育、堕胎	19.3	71.6	79.3	68.8	***	8.1	25.8	26.1	15.2	**
同性恋	40.9	88.8	82.1	81.3	***	19.8	29.2	35.7	23.0	*
贫穷女性化	21.8	31.0	45.6	60.2	***	15.3	16.9	23.7	18.8	
社会服务的性别盲点	39.1	66.3	67.0	67.3	***	25.2	19.1	28.7	18.8	
性侵犯	45.9	72.7	78.6	82.0	***	25.2	25.8	30.4	22.3	
女性主义	55.0	74.2	79.5	94.6	***	27.0	25.8	31.3	30.4	
女性政治参与	51.4	68.5	76.9	80.4	***	31.5	27.0	28.3	22.1	

注：*** $p<0.005$，** $p<0.01$，* $p<0.05$。

通过专业社会工作课程的学习，学生加深认识的性别议题主要包括"生育""堕胎""贫穷女性化"等。其他性别议题也有较多增加。可见，并有着学生专业知识的增加，他们不仅对社会中存在的性别问题产生较高的敏感度，还对相关专业理论知识有较好的获得与掌握。

调查数据显示，54.4%的受访学生认为其曾就读的课程内容中，含有妇女角度的内容占一半以上。L 学校比例为 35.0%，C 学校比例为 75.6%。相对而言，C 校依托于女性主义研究的师资及科研队伍，其培养模式、课程设置等强调性别化视角及知识，使学生能较为客观和全面地对女性视角及议题有较高的接受度及敏感度。

修读社工课程的经历中，男生和女生对于自我性别的认知存在差异。普遍而言，男生的自我性别评价要高，而女生则对男生的评价普遍较高，倾向于选择男生和女生一样。在邀请发言、给予赞赏、接纳意见、鼓励担当领导角色方面，学生认为一样的比例较多；而分配劳动性工作则为男生多（69.9%），鼓励文书工作认为女生多的占 47.8。

五 结论和讨论

研究发现，通过专业的社会工作教育，被调查学生可以从开放和平权的角度理解性别问题，对相关性别议题有较高敏感度。整体而言，强调性别教育的 C 校学生较 L 校学生有较高性别敏感度，高年级学生较低年级学生有较高性别敏感度。同时，我们也应该看到，小部分学生的某些性别观念未能逃脱典型化性别角色的局限。而学生对于某些性别问题的不确定，也体现出学生日常生活实践与专业知识之间的矛盾、困境和割裂。学生的反馈表明社会工作教育中包含性别敏感度的重要性（Leung，2007：185 - 194）。

性别敏感的社会工作可以使学生认识到女性和男性的问题是源于结构性的不平等，并将其与个人的社会位置和地位相连（Dominelli，2002：17 - 63）。帮助社会工作者认识到结构性不平等和权利不平等是发展性别敏感实务的起点。正如 Mullender 指出，如果缺乏对问题本源的了解，专业人员将不可避免地成为问题的一部分（Mullender，1996：65 - 81）。因此，我们应该从课程体系设置、实务及督导等方面更好地将性别议题融入社会工作专业教育中，培养和塑造社会工作专业学生的性别敏感度。

首先，在学校的人才培养目标、课程体系、实践教学体系、教学内容、教学方法及课程内容的讲授中，纳入和整合社会性别议题，对社会工作学生进行性别敏感度训练。社会工作专业工作者的能力取决于他们的受教育经历。而课程必须协助学生不断考量和反思自我的伦理和价值体系。更为重要的是培养学生批判性的思维。性别作为我们习以为常的认知，需要批判性的思维来改变和重塑。

其次，在具体社工实务及督导中，需要指导学生能针对不同服务内容进行有性别区分的干预，对案主的需要做敏感的性别化回应，从而使社会服务对象获得发展。在强调女性作为社会工作服务主体的同时，更要将男性整合到理论和实务中。

此外，我们应该注意到学生在专业知识和个人生活经验及体验之间的困境、学生的个人性别意识及价值观与其实务工作中日常实践的割裂。社会工作教育者需要充分注意到文化等因素对于学生发展专业价值观和伦理的影响，并且在教学和实习督导中为学生创造出更为开放的讨论空间。学生们需要机会去思考和反思他们个人的偏见和主观性，学习如何处理个人问题，将其个人问题与理论和实践相结合（Leung，2007：185 – 194）。没有这种社会工作教育的改变，专业将无法走向有效的反压迫和赋权的实践（Leung，2007：185 – 194）。强调性别敏感度，从社工课程到社工实务，任重而道远。

参考文献

梁丽清，1994，《妇女运动与社会工作》，香港商务印书馆。

柳拯，2012，《建构中国特色社会工作专业人才制度体系——〈关于加强社会工作专业人才队伍建设的意见〉解读》，《广东工业大学学报》（社会科学版）第 2 期。

裴谕新，2010，《性、妇女充权与集体疗伤——关于四川地震灾区刺绣小组的个案研究》，《开放时代》第 10 期。

Dominelli, L., 2002, *Feminist Social Work*: *Theory and Practice*, Basingstoke: Palgrave.

Faver, C., Fox, M., and C. Shannon, 1983, "The Educational Process and Job Equity for the Sexes in Social Work," *Journal of Education for Social Work*, 19 (3).

Knight, C., 1991, "Gender-sensitive Curricular in Social Work Education: A National Study," *Journal of Social Work Education*, 27 (2).

Kravetz, D., and Jones J., 1982, "Career Orientations of Female Social Work Students: An Examination of Sex Differences," *Journal of Education for Social Work*, 18 (3).

Leung, L. C., 2007, "The Impact of Feminism on Social Work Students in Hong Kong," *Affilia Journal of Women and Social Work*, 22 (2).

Leung, L. C., 2011, "Gender Sensitivity among Social Workers Handling Cases of Domestic Violence: A Hong Kong Case," *Affilia Journal of Women and Social Work*, 26 (3).

McPhaila, B. A., 2008, "Re-gendering the Social Work Curriculum: New Realities and Complexities," *Journal of Social Work Education*, 44 (2).

Mullender, A, 1996, *Rethinking Domestic Violence: The Social Work and Probation Response*, London, England: Routledge.

妇女权益保障法律体系的立法语言研究
——以宪法、婚姻法等为例

张 燕[*]

摘 要 本文运用文献研究法、法律文本分析法、深度访谈法和问卷调查法,从四个方面考察妇女权益保障法律体系的语言:立法语言的进步和完善;相关法律的语言问题;立法语言的司法考察;立法语言认知度的调查。进而提出完善妇女权益保障法律体系的建议:进一步适时总结修法的语言经验、加强该法律体系语言的综合研究、提高高校学生对该法律体系的认知度、加强高校学生的语言文字知识和应用能力的教育等。

关键词 妇女权益法律保障体系 语言考察 完善建议

一 研究背景及目的

党的十八大首次将男女平等基本国策写入党代会报告。这迫切需要打造真正保障妇女权益和实现男女平等的当代法典。当前我国关于妇女权益的立法已形成以宪法为基础、以妇女权益保障法为主体,包括国家各种法律法规、地方性法规和政府各部门行政规章在内的一整套保护妇女权益和促进性别平等的法律体系,立法上已解决了"有没有"的问题。今后研究则是"行不行""好不好"的问题,以提高立法质量、打造法律体系升级

---

[*] 张燕,女,中华女子学院汉语国际教育系讲师,研究方向:法律语言学,汉语作为第二语言教学及研究。

版。本项目主要考察宪法、婚姻法及妇女权益保障法等，从四个方面进行研究：对比新旧法、总结立法和修法的语言经验；从语法、语义、语用等角度指出相关法律的语言问题并修改；静态的语言联系动态的司法实践，剖析与语言问题相关的司法不适；就相关法律进行语言认知度的实证研究，向法律的保护群体了解立法语言的看法，以更好地普法。最终成果将为立法用语规范化咨询委员会、立法机关、妇联等单位提供关于妇女权益法律法规的修改和规范意见。

二 研究基本情况

（一）主要文本和研究方法

目前与妇女权益保障密切相关的法律法规有 20 多部。[1] 本项目主要考察宪法、婚姻法、妇女权益保障法等。运用文献研究法，研读境内外立法语言文字制度和技术的文献、《联合国宪章》以及多项保护妇女权利的宣言和公约，以及挪威、英国、美国等国对男女平等的立法和法律的语言修订和规范；法律文本分析法，总结其语言的改进，找出语法、语义和语用等语病；深度访谈法，访谈妇女权益受损的案例，征求对法条的规范意见；问卷调查法，于 2014 年 4 月随机调查中华女子学院共 200 名在校学生，以了解普通学生——法律的被保护者、受益者和未来的参政力量、国家建设人才，对妇女权益保障法律及其语言的认知情况。

三 主要发现

（一）立法语言的进步

适时总结立法和修法的经验是提高立法质量的需要。婚姻法、妇女权益保障法等都历经修订。通过对比新旧法的语言，能体现其立法语言的变化趋势和进步。本项目仅以新旧婚姻法为例来说明（1950 年、1980 年婚姻法为"旧法"，2001 年修正的婚姻法为"新法"）。从结婚、家庭关系、离婚及其他等四个方面举四个法条为例，透视新法语言较旧法更准确、严谨、简洁、专业、通俗，更能体现公平公正的立法思想，以此展现我国社会主义法律体系日渐完善的历程和趋势。

1. 结婚方面

（1）旧法第四条："男二十岁，女十八岁，始得结婚。"

新法第六条："结婚年龄，男不得早于二十二周岁，女不得早于二十周岁。晚婚晚育应予鼓励。"

新法作了五处修改：①结婚年龄的规定更加明确。新法将结婚年龄由"男二十岁，女十八岁"改为"男不得早于二十二周岁，女不得早于二十周岁"。因为旧法"男二十岁，女十八岁"的表述不够明确。中国人习惯将年龄分为周岁和虚岁，不同地区对年龄的计算或采用周岁，或采用虚岁。旧法"男二十岁，女十八岁"易产生歧义理解，从而做出模棱两可的判断。②概念限定更加严谨。新法增加"不得早于"的定语限定，更准确地表达出男女双方缔结婚姻的最低年龄标准，从而能使公民做出符合立法原意的行为。③语体风格上，将文言的"始得结婚"改为白话的"结婚年龄"。如此修改切合当下社会通用语言，使立法语言浅显平直、通俗易懂。④语用上，将话题"结婚年龄"提至句首，起强调、突出的作用，一眼就明白本条规定的内容，加深对整个法条的理解。⑤内容上增加了"晚婚晚育应予鼓励"的规定，是国家计划生育政策用法律语言的准确表述。尤其"应予"二字的准确应用，表达出法律应当给予或被允许的意思。

2. 家庭关系方面

（2）旧法第八条："夫妻有互爱互敬、互相帮助、和睦团结、劳动生产、抚育子女，为家庭幸福和社会建设而共同奋斗的义务。"

新法第二十条："夫妻有互相扶养的义务。一方不履行扶养义务时，需要扶养的一方，有要求对方付给扶养费的权利。"

新法有两处修改：①新法语言更加客观，摒弃了伦理道德、政治方面的言语。如去掉了"互爱互敬、互相帮助、和睦团结"等词以及"为家庭幸福和社会建设而共同奋斗"等短语。立法语言不是对社会生活某些现象的感情流露，而是要冷静地传达立法思想，就应该摒弃带有道义或政治色彩的褒义词或贬义词，不应表露立法者任何主观情感和价值判断。②新法做到一个法条只规范一个方面的内容。如删掉"劳动生产、抚育子女"等语词。因为它们是要规范夫妻之间应当为家庭生活付出的具体劳动。这与原法条的原意，即夫妻感情方面的要求不符，造成在同一条文中出现多重含义的规范内容。

3. 离婚方面

（3）旧法第三十三条："离婚时，如一方生活困难，另一方应给予适当的经济帮助。具体办法由双方协议；协议不成时，由人民法院判决。"

新法第四十二条："离婚时，如一方生活困难，另一方应从其住房等个人财产中给予适当帮助。具体办法由双方协议；协议不成时，由人民法院判决。"

新法把"给予适当的经济帮助"改为"从其住房等个人财产中给予适当帮助"。从字面上看，"适当的经济帮助"语义模糊，不能明确表述帮助的范围。而新法通过列举方式，明确了给予帮助的具体内容，即从其住房等个人财产中抽出帮助的财产。因此，新法把最重要的也最容易引起争议的权利义务指向的客体确定下来，充分地体现了依法保护离婚后生活困难一方利益的宗旨。

4. 其他

（4）旧法第三十六条："民族自治地方人民代表大会和它的常务委员会可以依据本法的原则，结合当地民族婚姻家庭的具体情况，制定某些变通的或补充的规定。自治州、自治县制定的规定，须报请省、自治区人民代表大会常务委员会批准。自治区制定的规定，须报全国人民代表大会常务委员会备案。"

新法第五十条："民族自治地方的人民代表大会有权结合当地民族婚姻家庭的具体情况，制定变通规定。自治州、自治县制定的变通规定，报省、自治区、直辖市人民代表大会常务委员会批准后生效。自治区制定的变通规定，报全国人民代表大会常务委员会批准后生效。"

新法有三处修改：①删掉"和它的常务委员会可以依据本法的原则，结合当地民族婚姻家庭的具体情况，制定某些变通的或补充的规定"，并将之替换为"民族自治地方的人民代表大会有权结合当地民族婚姻家庭的具体情况，制定变通规定"。因为根据立法法，民族自治地方的人大常务委员会没有权力结合当地民族的情况，制定变通的或补充的规定。修改体现了婚姻法与立法法规定内容的一致性。②删掉"或补充的规定"这一内容。因为立法法中只规定了"民族自治地方的人大结合当地的具体情况，制定变通规定"这一内容。③将"须报请省、自治区人民代表大会常务委员会批准"一句中"须"和"请"两字删掉。原因一是删掉后没有损害法律的完整性和立法者的原意，而且符合法律语言经济原则，显得言简意贱；原因二是修改后的法条"自治区制定的变通规定，报全国人民代表大会常务委员会批准后生效"与立法法的规定更加一致。立法法中规定：自治条例和单行条例，报全国人大常委会批准后生效，没有给予自治区的人大备案的权力。

（二）相关法律的语言问题

从语言学角度看，会发现法律文本存在一些语言问题。这些问题是法律文本的瑕疵，严重者也可能会影响到法律的统一适用。

1. 语法问题

主要有成分搭配不当、成分残缺、词语位置不当、虚词使用不当等。

（5）《妇女权益保障法》第十四条："对于有关保障妇女权益的批评或者合理建议，有关部门应当听取和采纳；对于有关侵害妇女权益的申诉、控告和检举，有关部门必须查清事实，负责处理，任何组织或者个人不得压制或者打击报复。"

汉语句子要求句法成分搭配得当。搭配得当，则文从字顺，反之便成病句。该法条中"听取和采纳批评或者合理建议"和"压制申诉、控告和检举"动宾搭配得当，但"打击报复申诉、控告和检举"则动宾搭配不当，打击报复的对象只能是人。应改为"任何组织或个人不得打击报复相关人员"。

（6）《女职工保健工作规定》第十条第四款："实行高危孕妇专案管理，无诊疗条件的单位应及时转院就诊，并配合上级医疗和保健机构严密观察和监护。"

"无诊疗条件的单位应及时转院就诊，并配合上级医疗和保健机构严密观察和监护"是一个主谓句，其主干为"单位……转院就诊，配合……观察和监护"，缺少宾语"高危孕妇"，属成分残缺。

（7）《劳动法》第二十九条第一款："患职业病或者因工负伤并被确认丧失或者部分丧失劳动能力的。"

词语位置不当。"丧失劳动能力"可能是"丧失全部劳动能力"或"丧失部分劳动能力"。"部分"应该限定"劳动能力"，而不是限定动词"丧失"。书写者可能受英语语法的影响，使得句子处于半中文半英文状态。改为：患职业病或者因工负伤并被确认丧失全部或者部分劳动能力的。

（8）《母婴保健法》第十六条："医师发现或者怀疑患严重遗传性疾病的育龄夫妻，应当提出医学意见。"

虚词使用不当。主语是"医师"，谓语是"发现""怀疑"和"提出"。但语义上是医师对"发现或怀疑患严重遗传性疾病的育龄夫妻"应当提出医学意见，此句错误地省略了介词"对"。改为：医师对发现或者怀疑患严重遗传性疾病的育龄夫妻应当提出医学意见。

2. 语义问题

法律法规存在逻辑失范的现象，势必造成法律适用的困惑，给司法实践也会带来消极影响。以相关法律语词为例剖析其逻辑失范并进行修改。

（9）《刑事诉讼法》第一百〇六条第三项："'法定代理人'是指被代理人的父母、养父母、监护人和负有保护责任的机关、团体的代表"。

概念分为上位概念和下位概念。上位概念是比较抽象、能够涵盖一系列小概念的属概念，下位概念则是较为具体事物的种概念。在该法条中，父母、养父母都应该是监护人。也就是说，监护人是上位概念，它的下位概念包括代理人的父母、养父母，以及负有保护责任的机关、团体的代表。显然该法条并列使用了属于属种关系的几个概念，有悖逻辑。

（10）《婚姻法》第七条第二款："有下列情形之一的，禁止结婚：……（二）患有医学上认为不应当结婚的疾病。"第十条第三款："有下列情形之一的婚姻无效：……（三）婚前患有医学上认为不应当结婚的疾病，婚后尚未治愈的；"第十二条："无效或被撤销的婚姻自始无效。"

犯了逻辑上的矛盾律：①第七条规定"患有医学上认为不应当结婚的疾病"的禁止结婚。②第十条规定"婚前患有医学上认为不应当结婚的疾病"，但是"婚后尚未治愈的"，这样的婚姻无效。据此产生疑问：既然第七条规定了患有医学上认为不应当结婚的疾病的禁止结婚，那这样的人怎么能结婚？怎么会有"婚前""婚后"，怎么会有"婚后尚未治愈的"情况发生？显然有违《婚姻法》。另外，"婚后尚未治愈的"，婚姻自然无效；但如果婚后治愈的，婚姻是不是就视为有效了呢？此时将第七条和第十条放一起理解：患有医学上认为不应当结婚的疾病的禁止结婚，即使结婚也只构成无效婚姻；婚前患有医学上认为不应当结婚的疾病的、但婚后治愈的，则不认为是无效婚姻，即禁止结婚又允许婚后治愈的为有效婚姻。其中的语义矛盾毋庸多言。

3. 语用问题

（11）《婚姻法》第九条："登记结婚后，根据男女双方商定，女方可以成为男方家庭的成员，男方可以成为女方家庭的成员。"

语言表述啰唆，表现出立法语言的不美，影响其简洁、严谨。建议改为：登记结婚后，根据男女双方商定，夫妻均有选择成为对方家庭成员的自由。

（三）语言问题的司法考察

考察语言问题相关的司法实践，发现语言表达不当致使妇女在财产权、土地承包权等方面利益受损，在性骚扰、卖淫嫖娼案中也暴露出一些法律盲点。从而揭示出语言背后存在的一些法律问题：暗含隐性歧视、滞后于社会发展、立法技术粗疏、立法体系不统一等。

1. 暗含隐性歧视

（12）《农村土地承包法》第十五条："家庭承包的承包方是本集体经济组织的农户。"第五十四条："发包方有下列行为之一的，应当承担停止侵害、返还原物、恢复原状、排除妨害、消除危险、赔偿损失等民事责任……（七）剥夺、侵害妇女依法享有的土地承包经营权。"

将法条置于作为法律支持环境的习俗文化中，就会发现它们是相互矛盾的。在中国农村，土地的承包是以家庭为单位、人口为依据的，户主其实是父亲或丈夫。妇女结婚后通常是"从夫居"，出嫁或者离婚几乎不可能有登记在其名下的独立农村土地承包权，特别是出嫁或者离婚后到未取得新的土地承包权这一期间的土地承包权实现很困难。所以，妇女根本就没有土地承包权，何谈不能"剥夺、侵害妇女依法享有的土地承包经营权"？就会出现"'村规民约'克扣出嫁女土地征收补偿费"事件，甚至离婚男与其生活的男孩所分土地份额高于离婚女与其生活的女孩的土地份额，因为村委会认为女孩早晚要出嫁。[2] 而且，农村多种经济形式的登记业主绝大多数是男性，家庭中实际掌握经济管理支配权的也多是男性，当出现利益冲突和分歧时，例如有当事人为离婚多得而转移财产等，农村妇女的权益往往得不到保障。建议改为："家庭承包的承包方是本集体经济组织的农户或者有承包经营能力的个人"，妇女或其他个人就有权利成为法定承包人，妇女的土地承包权随着婚姻状况的改变或许能得到有效保障。

2. 滞后于社会发展

（13）《妇女权益保障法》第四十条："禁止对妇女实施性骚扰。"

对妇女全方位的保护有时会剥夺男女同等享有的其他权利。一些法律条款按传统意识和一般规律,只将女性视为被害者。随着社会发展及妇女地位的提高,女性对男性、同性之间的伤害也不容忽视。妇女权益保障法是第一个对妇女遭受男性的性骚扰说"不"的法律,却忽视了女扰男或同性骚扰的现实。既然男女平等,男人也有权对性骚扰说"不",尤其是男童。[3]刑法第二百三十七条规定对儿童的猥亵应予判刑,但对男童除猥亵以外其他性骚扰怎么禁止,还没有相关法律依据。立法者也应将对男性的性骚扰列入法律禁止的范围,以体现法律的公平公正。参考美国联邦法院"性骚扰"定义:"被迫和不受欢迎的与性有关的行为。"没有明确的主体和受体,适用不同性别、任何情况。建议改为:禁止被迫和不受欢迎的与性有关的行为。

3. 立法技术粗疏

(14)《婚姻法》(2001年修正)第五十一条:"修正后的该法自1981年1月1日起施行,1950年5月1日颁行的婚姻法自修正法施行之日起废止。"

照此规定,2001年婚姻法中新增加或修订的,如夫妻应当互相忠实、离婚的过错赔偿原则、禁止重婚、禁止有配偶者与他人同居等规定,自1981年1月1日起就该施行。同理,妇女权益保障法(2005年修正)第六十一条"本法自1992年10月1日起施行",则2005年该法中首次对性骚扰说"不"、禁止家庭暴力、学校录取学生不得歧视女性、推行生育保险制度、女方处于特殊时期内男方无权提出离婚等规定,也应"自1992年10月1日起施行"。这在司法实践中会使法官陷入两难判决中。建议施行时间作相应更新。

4. 立法体系不统一

(15)与妇女权益直接相关的《中华人民共和国妇女权益保障法》和《中华人民共和国婚姻法》,以及对特定群体的《中华人民共和国老年人权益保障法》《中华人民共和国未成年人保护法》《中华人民共和国残疾人保障法》《中华人民共和国消费者权益保护法》《中华人民共和国归侨侨眷权益保护法》等,法的名称有待规范。

为特定人群——妇女、老年人、未成年人、残疾人、消费者、归侨侨眷等分别制定了相应的法律以保护其利益。但这些法的名称不统一:有的使用"权益",有的没用;有的用"保护",有的用"保障"。按《现代汉语词典》(第5版)"[保护][动]尽力照顾,使不受损害:~眼睛/~妇女儿童的权益。""［保障］①［动］保护（生命、财产、权利等），使不受侵犯和破坏：～人身安全/公民权利。②［名］起保障作用的事物：安全是生产的～。"[4]难以区分两者不同。应该统一规范这些法的名称。此外,《中华人民共和国婚姻法》（2001 年修订）延用 1980 年《中华人民共和国婚姻法》的名称。新旧法都有结婚、家庭关系、离婚及法律责任等内容,说明这部法律不仅有结婚、离婚等调整婚姻关系的规范,而且还有对家庭关系进行调整的内容。从而说明该法名称中的"婚姻"概念与该法条中的"婚姻"概念内涵不一致,也应规范统一。

（四）立法语言认知度的调查

全国妇联第三期中国妇女社会地位调查（2013 年）对妇女权益保障法的认知状况调查表明,知晓妇女权益保障法的女性较男性低 4.7 个百分点;有 2.8% 的研究生学历者、13.1% 的"90 后"不知道该法;年纪越轻对该法的否定评价越高。其原因之一是语言上存在概念界定及认定标准比较笼统概括等问题。[5]

立法语言是国家制度和社会基本规则的表达载体,公众对立法语言的熟悉程度是构成一个良性法治环境的重要指标,反映着法治的稳定水平。[6]本课题 2014 年 4 月随机对中华女子学院共 200 名学生进行问卷调查,目的是了解普通学生,即法律的保护对象之一、未来的国家建设人才,对妇女权益保障法律及其语言的认知情况。被调查者都是非法学专业,主要来自大二和大三。因为都是女生,调查分析和结果不做性别的比较。问卷分为两大部分,一是对立法的认知,二是对立法语言的认知,主要包括学生对立法文本和妇女权益保障法律的熟悉程度,以及对其语言及写作规范的看法,约 20 题,答案可以多选。共发放问卷 200 份,有效问卷 160 份,有效回收率 80.0%。

1. 对立法的认知

表 1 是否完整读过法律文本

单位：%

调查项目	完整读过	简单浏览过	仅读过部分条文	没读过
是否完整读过法律文本	0	11.2	55.0	33.8

被调查者中 33.8% 没有读过法律文本；0 人完整读过；55.0% 仅读过部分条文（见表 1）。这说明高校学生对法律有一定的认知度，大体了解法律知识。这是项目继续的基础条件。

表 2　阅读法律文本的原因

单位：%

调查项目	法律基础课的要求	专业要求	工作需要	遇到法律问题	其他
为何阅读	34.2	7.0	5.0	39.0	19.8

问及为何阅读法律文本时，34.2% 的被调查者表示是法律基础课的要求。这和已有研究一致：法律基础课是学生了解法律知识的主要渠道。39.0% 遇到法律问题才阅读法律文本，19.8% 是因为其他原因阅读的。只有 7.0% 是专业要求，5.0% 是工作需要（见表 2）。可见学生是在用中读、用中学的。

表 3　阅读法律的数量

单位：%

调查项目	1~3 部	3~10 部	10~20 部	20 部以上
读过多少部	100.0	0.0	0.0	0.0

表 4　阅读法律的类型

单位：%

调查项目	中国法律	外国法律	国际法
法律类型	100.0	0.0	4.2

被调查者都选择阅读过 1~3 部法律。说明高校学生对法律的具体认知，包括具体概念和条文的认知还远远不够。至于阅读法律的类型，100.0% 的学生选择阅读中国法律，只有 4.2% 多选阅读过国际法（见表 3、表 4）。

表 5　了解法律的途径

单位：%

调查项目	法律基础课	专业课	网络、报纸	身边的人或事
了解法律的途径	32.0	5.3	77.0	27.1

77.0%的被调查者选择通过网络和报纸了解法律，其中有近一半人多项选择了网络和法律基础课两项；32.0%的被调查者通过法律基础课了解法律；27.1%通过身边的人或事了解法律（见表5）。说明法律基础课不是高校学生了解法律的主要途径。信息时代的学生更多从网络和报纸了解法律。此外，社会环境的变化，发生在朋友或亲人身上的法律权益受损的案件也不少见，使高校学生借以近距离接触和知晓法律。

表 6　是否了解妇女权益保障的法律

单位：%

调查项目	是	否
是否了解妇女权益保障方面的法律	30.0	70.0

表 7　妇女权益保障法律有哪些

妇女权益保障法律有哪些	婚姻法，妇女权益保障法，反家暴法

30.0%的被调查者表示了解妇女权益保障方面的法律，70.0%表示不了解。在要求写出哪些妇女权益保障的法律时，被调查者所列排在前三位的是：婚姻法、妇女权益保障法、反家暴法（见表6、表7）。也有被调查者写出一些法条的大致内容，如"国家保障妇女享有与男子平等的权利和社会保障权利""如果在职期间怀孕而被离职，妇女有权起诉用工单位"等。说明少数女大学生对妇女权益保障法律有所认知。

表 8　是否遇到过结婚、职场歧视等问题

单位：%

调查项目	是	否
家人或朋友是否遇到过结婚、生育、家暴、性骚扰、职场歧视等问题	52.3	47.7

表 5 中 27.1% 的被调查者表示通过身边的人或事了解法律,表 8 进一步显示,52.3% 的被调查者的家人或朋友遇到过结婚、生育、家暴或性骚扰、职场歧视等问题。显然,家庭是学生透视社会的一个有效窗口。

表 9　求助法律的途径

单位:%

调查项目	查找法律条文	找律师	找学校和老师
如果遇到问题,会选择哪种途径求助法律	27.1(全选)	89.0	6.9

在问及"如果遇到问题,会选择哪种途径求助法律"时,27.1% 的被调查者全选;89.0% 会直接找律师;仅 6.9% 选择找学校和老师(见表 9)。说明在校学生法律意识很强,懂得寻求法律帮助的途径,知道用法律武器保护自己的合法权益。

2. 对立法语言的认知

表 10　对妇女权益保障法律语言表达的印象

单位:%

调查项目	规范权威,不容置疑	通达晓畅,清楚明白	晦涩难懂,过于深奥	呆板严肃,干瘪无趣
对妇女权益保障法律语言表达的印象	34.0	20.1	11.2	34.7

34.0% 的被调查者认为保护妇女权益法律语言规范权威,不容置疑,20.1% 认为其通达晓畅,清楚明白。说明高校学生对法律语言持肯定态度,认可法律准确权威,赞同法律行业语言具有规范、准确、严谨等特点。但正是因为法律行业语言的特殊性,34.7% 的被调查者认为它呆板严肃,干瘪无趣,11.2% 认为它晦涩难懂,过于深奥。

表 11　能看懂妇女权益保障法律多少

单位:%

调查项目	全部都懂	看不懂	有些懂,有些不懂
能看懂多少	2.0	2.0	96.0

表 12　看不懂的原因

单位：%

调查项目	内容太专业	法律术语太多	语言表达烦琐	其他
看不懂的原因	25.0	52.0	21.9	5.1

96.0%的被调查者表示对妇女权益法律有些能看懂，有些看不懂。各有2.0%的被调查者表示全部看懂、全部看不懂。至于看不懂的原因，52.0%的被调查者表示是因为法律术语太多，其中包括4.0%多选法律术语太多和内容太专业；25.0%认为是内容太专业；21.9%表示是语言表达烦琐（见表11、表12）。这两张表与表10互为因果、互相联系，一方面体现法律语言的特性（见表10），另一方面也说明这种特性造成法律受众者对其语言的理解存在问题：有些懂、有些不懂，以及问题的原因在于法律术语、专业内容以及语言表达等。其中法律术语太多是看不懂的主要原因。

以下各项是考察高校学生对立法语言细部规则的看法，可以借以判断其参与立法的意识和能力。

表 13　立法语言细部规范的调查

是否赞成法律分条书写	赞成法律分条书写的理由	法条中"应当""可以"是否可互换？	法条中"母亲"可以用"妇女"替换吗？

100.0%被调查者赞成法律分条书写；认为分条书写的理由是"分条书写是传统，条理清晰"；"应当"和"可以"、"母亲"和"妇女"不可互换（见表13）。反映出法律及其语言的权威性被公众认可，不可随意改动法律的语言文字。

表 14　家庭暴力、虐待和遗弃三者的关系

单位：%

调查项目	并列关系，三种方式	不一样，虐待和遗弃也是家庭暴力
婚姻法第三条"禁止家庭暴力。禁止家庭成员间的虐待和遗弃"。家庭暴力、虐待和遗弃意思一样吗？	5.0	95.0

95.0%的被调查者选择"虐待"和"遗弃"也是家庭暴力,属于家庭暴力的不同形式。这正与立法语言学者所持观点一致。可见,表14的调查结果与表13得出的法律语言权威、不可改动的分析相同,透视出被调查者具有一定的语言知识和应用能力。

表15 所列法条有无语言问题

单位:%

调查项目	四条都有	四条都没有	有,但不确定是哪条
所列四个法条有语言问题吗?	20.0	23.0	55.0

55.0%的被调查者经过仔细辨析认为所列四个法条存在语言问题,但受限于语言知识的匮乏,不确定是哪一条;23.0%坚持四条都没有,坚信立法语言是规范权威的;还有20.0%认为四条都有。但当被要求指出具体语言问题时,只有15%的同学能指出问题大致所在(见表15)。

表16 妇女权益保障法律是否存在语言表达的错误

单位:%

调查项目	没有,法律是规范权威的语言	法律也是用通用语言表达的,会有但不多	有很多
妇女权益保障法律存在语言表达错误吗?	7.0	91.0	2.0

91.0%的被调查者认为法律也是用通用语言表达的,会有语言错误但不多。访谈被调查者,认为与表14、表15的选择有关,可见3张表呈正相关。传达出高校学生看待问题客观中允的态度:法律语言是立法者制定和书写的,只是语体之一,不可避免会存在语言问题。仍有7.0%的被调查者坚信该法律语言没有问题,因为法律语言是规范权威的语言(见表16)。有意思的是,这个比例明显低于表10所示(34.0%认为妇女权益保障法律的语言表达规范权威、不容置疑)。还有2.0%的被调查者者认为有很多语言问题,对法律的规范权威特点持怀疑态度。

四 思考与建议

（一）要进一步适时总结修法的语言经验

在当今"修法时代"，对现行法律的语言问题适时修改、完善，对提高立法质量至关重要。本项目仅以新旧婚姻法为例，从立法语言角度进行分析，并认为新法对旧法进行了既符合法理又符合语言构成规律和使用规律的修改，使立法语言更贴近准确、严谨、简洁、通俗、专业等要求，更清楚地表达了立法原意，体现公平公正的法律精神，是科学立法、民主立法、完善中国特色社会主义法律体系的重要体现。有力地说明了适时总结立法和修法在语言方面的经验，这是提高立法质量、打造法律体系升级版的需要。对妇女权益保障法、刑法等涉及妇女权益的法律以及公共政策的制定和修改的语言经验尚需全面总结，以运用到相关立法和修法中去。

（二）要加强对整个妇女权益保障法律体系语言的综合研究

我国已形成以宪法为依据，以妇女权益保障法为主体，包括一系列与妇女权益相关的法律、行政法规、部门规章和地方性法规在内的妇女权益保障法律体系。该法律体系的名称一直混乱不统一，本项目暂名为"妇女权益保障法律体系"。该体系的立法语言研究既具有整个立法语言研究的共性，又具有其独特的个性。本项目只从语法、语义、语用等语言视角对宪法、婚姻法、妇女权益保障法等少数法律的语词、句子等语言要素进行研究，对其他散见于教育法、劳动法等法中的关于妇女受教育和劳动保护权利等方面的法条语言研究并不多；相关行政法规、部门规章和地方性法规中还存在与上位法不一致、照搬上位法语言错误等问题，关注也不多，不能体现"体系"的研究。立法语言的问题不容忽视。

新形势下，语言规范的研究要结合司法实践和整个社会主义法制建设的要求进行。语言是法之语言，首先尽可能将语言放入司法实践中分析其语法语义的冲突、缺失，发现司法、执法过程中的瑕疵、障碍，进而提出规范的建议和标准；其次，横向借鉴联合国及其他国家男女平等立法的经验，纵向梳理国内外男女平等立法的历史及演进，在法理分析中进行立法的语言修订与完善非常必要。已有的家庭暴力、性骚扰、隐性歧视和间接歧视等语词的界定直指立法语言的修改和完善。反映出该法律体系的语言研究符合整个立法语言研究的趋势和目的——语言研究借力法学研究模式、语言研究最终为解决法律问题。也就是在法理分析中剖析语言问题、在语言分析中阐释法理，借国内外法律修订经验、在案例分析中进行修法和立法。当前，语言和法学研究模式仍各行其是，对法理的批评多但语言规范的对策少，亟须对该法律体系进行更加细致的语言兼法理的跨学科考察。

（三）要提高高校学生对妇女权益保障法律体系的认知度

在校大学生是法律受众者之一，是国家的未来主人。提高他们对法律的认知度和参与立法的意识和能力至关重要。高校已做出加强法律基础教育、拓宽法律宣传途径等努力，社会要正面予以宣传，强化引导。《国家中长期教育改革和发展规划纲要（2010-2020年）》提出，要培养有理想、刻苦勤奋、遵纪守法的当代大学生。在校期间正是学生们人生观、价值观形成的关键时期。近年来频发的校园案件——药家鑫案、中国政法大学弑师案等，以及女性职场歧视、教育不公平、性骚扰等现象，应引起高校教育的重视和反省。增强高校学生法律意识，提高对妇女权益法律的认知度刻不容缓。学校、家庭、社会要形成合力，加强法律知识和案例的课堂教学，这是每个高校都正在努力做的；重视网络、报纸等媒体的普法宣法、维权活动，比如每年"三八"节的妇女维权周活动、专门为妇女权益维法的网站，但是还远远不够，还需要在更多时间采用更多形式进行普法，营造良好的法律宣传氛围；关心高校学生的身心健康，不仅渗透法律意识，还要注重其参与法律的意识及能力的培养，培养知法、守法、积极参与国家法治建设、有责任感和主人翁意识的当代大学生。

（四）要加强高校学生的语言文字知识和应用能力的教育

高校学生相信立法语言规范权威，不容更改；但面对具体的条款时，凭借汉语知识又会觉得立法语言也有语言问题，对其权威规范性产生怀疑。高校将现代汉语设为公共课，对充实学生母语知识和提高母语应用能力具有一定的推进作用。因为大学教育是素质教育，作为汉语母语者，无论学习何种专业，对母语的应用能力是在任何学习和工作中都要运用到的。所以在法律素养方面，加强学生的法律语言知识和应用能力教育也是迫切需要的。而法律基础教育及课外的法律宣传中都不会提及妇女权益法律体系的语言问题，学生获得的只是法律的原本条文，对其中的语言问题无从得知。

当前我国立法速度快，立法者众多，各人语言素养各异，法律的语言审查制度不尽完善，法律的语言问题不可避免。《新一届人大常委会五年立法规划公布，将打造法律体系升级版，提高立法质量是重中之重》指出民众不仅关心法律"有没有"，更关心法律"立得住、管不管用"，在立法中贯彻群众路线，让群众有序参与立法非常重要，要逐步建立公众意见表达机制和采纳情况反馈机制。[1] 这就需要民众具有参与立法的相应能力，涉及个人素养、文化教育、思维表达能力、语言文字等因素。大学生是民族的希望、祖国的未来，是构建社会主义和谐社会不可忽视的一支力量。校园学习时期是他们人生观、价值观形成的重要时期，要帮助其树立社会主义法治理念、具备参与立法的意识和能力。体现在语言文字上，就要增加其法律语言知识、提高其语言文字应用能力。如此，方能使其具备参与立法的意识和能力，才能让其参与到科学立法、开门立法中去，才能实现依法治国的基本方略。这也是年青一代的社会责任。

参考文献

[1]邵春雷，《〈中国性别平等与妇女发展〉白皮书：保障妇女权益的法律法规不断完善》，http://www.mzyfz.com/cms/benwangzhuanfang/xinwenzhongxin/zuixinbaodao/html/1040/2015-09-24/content-1150184.html，《民主与法制时报》2015 年 9 月 24 日。

[2]《"村规民约"克扣出嫁女土地征收补偿费》，http://www.110.com/falv/funvertongquanyi/funvcaichanquanyi/fntdqy/2010/0713/93496.html，110 法律咨询网，2010 年 7 月 13 日。

[3]《性骚扰立法是否也要关注"女扰男"》，http://fzb.zjol.com.cn/gb/node2/node802/node240379/node330409/node330415/userobject15ai4490739.html，《浙江法制报》2005 年 7 月 13 日。

[4]中国社会科学院语言研究所词典编辑室，2005，《现代汉语词典（第 5 版）》，商务印书馆，第 47、49 页。

[5]刘小楠，2013，《〈中华人民共和国妇女权益保障法〉认知状况研究》，《云南大学学报》第 2 期。

[6]丁祖年、吴恩玉，2013，《立法公开的规范化和实效化探讨》，《法治研究》第 3 期。

[7]《新一届人大常委会五年立法规划公布,将打造法律体系升级版,提高立法质量是重中之重》,http://epaper.gmw.cn/gmrb/html/2013-11/07/nw.D110000gmrb_20131107_1-15.htm,《光明日报》2013年11月7日。

抱团维权：新生代外来女工的一种非正式集体维权

——以闽南地区的女工调研为研究样本

王　兰　陈慰星[*]

摘　要　针对闽南地区的劳动密集型企业的外来女工调研表明，新生代外来女工已经脱离了早期入城女工消极维权的抗争样态，而逐渐走向了团结行动的集体维权。在这一过程中，她们一方面因缺乏独立领导能力而成为男性组织者的跟随者，另一方面又能结合自身的女工诉求而丰富抱团维权的内容，成为一种既不独立又能赋权的新型"社会抗争次文体"，甚至在个案中成为推进企业用工合理化改革契机。当然，这种非正式集体维权的局部成功也不能说明她们已经完成了现代女权主义的启蒙，而可能只是对她们所认同的女性家庭角色的一种企业管理技术回应。

关键词　新生代外来女工　抱团　非正式集体维权　道义合作

一　问题意识与调研背景

数量庞大的进城外来工，在缔造了辉煌的中国制造业奇迹的同时，也越来越因部分私营企业长期低工资以及违规用工策略，而成为影响社会秩序尤其劳动关系稳定的重要原因。在这其中，有着一群人数众多并且因性

---

[*] 王兰，女，法学博士，厦门大学法学院副教授，研究领域：民商法；陈慰星，男，法学博士，华侨大学法学院副教授，研究领域：诉讼法、司法制度。

别而被标签化为最弱势群体的中国女工。我国学者佟新曾对此进行过表述:"女工群体的边缘化是指社会经过各种经济和政治力量的作用,女工群体处于被否定和被排斥的状况,结构性因素和文化符号因素共同作用使女工群体边缘化"(佟新,2003:227)。这种边缘化,既有女性个体认知能力和行动能力相对较差的内在原因,也有外部社会歧视女性观念,以及妇女劳动执法羸弱等外在原因。不过,随着女性基础教育的普及,外来工群体维权经验的积累和社会女性权益保护意识的提升,外来女工开始从早期的忍气吞声、单向逃离的消极维权,发展成"一种社会抗争的次文体"(潘毅,2011:191-198),再到形成某种相互帮扶以团结行动的集体维权。此外,该进程还出现了一个发展性的重要标志,即她们开始懂得运用法律武器,特别是更具保护性的女性法律"公开文本",进行包括劳动权利启蒙、女工赋权的法律动员(legal mobilization)和维权动员。

此次调研以福建闽南地区为样本地区,并选取泉州作为核心调研城市。泉州是福建省三大经济中心城市之一,其民营经济非常活跃,占全市经济总量90%以上,且主要集中为服装、鞋帽等轻纺业,拥有361°、鸿星尔克、安踏、七匹狼等众多国际知名品牌产品。按照泉州市劳动就业中心的数据,自2012年以来,外来在泉务工人员已达160余万人,主要分布在鲤城、丰泽、晋江、石狮、南安、惠安等劳动密集型产业相对集中的市区或县。这些外来务工人员主要集中在第二产业,其中90%以上从事鞋服加工等劳动密集型制造产业,而从事第三产业的外来务工人员比例约29%,主要集中在酒店餐饮及批发零售行业。因此,在泉州这种以手工轻纺为主营形态的经济环境中,女工所占外来务工人员的比例较高。

此次调研的核心区域是泉州FZ区。该地区是海峡西岸经济区现代化工贸港口城市的核心区,全区外来务工人员就业12.3万人,占常住人口的22.4%。全年产值超亿元工业企业数量51家,实现产值314.9亿元,占全区规模以上工业产值的88.8%。纺织服装行业是该地区的支柱行业,2013年实现工业产值55.0亿元,其中外商及港澳台商投资的民营企业年产值达136亿元,是全区企业类型大户。作为这次调研核心对象的G企业就是FZ区的一家由港资投资的童装企业,拥有五大生产基地,约18万平方米的厂房和2000多名员工,年销售额达10多亿元。另外一个调研区域是泉州市晋江CD镇,位于泉州湾畔繁华的三角地带,外来务工人员超过32.57万人。该镇是著名的全国百强镇,容纳了3000多家鞋企和配套企业,诞生了诸多鞋业品牌，故被誉为"中国鞋都"。调研报告将对上述调研样本地区所出现的以乡缘关系集聚的小型外来女工集群行动予以类型化分析，并重点通过对 G 企业下辖厂区的深度调研来进行全景展示。

二 调研对象与方法阐释

在我们进行调研的 G 企业，虽然曾获得显赫的"全国优秀职工之家"以及省级总工会授予的诸多荣誉，但是其女工委员会的委员全部源于公司高层和中层管理人员，却没有真正来自一线的女工。外来女工因体力、知识、意识等差异导致的独立动员能力缺乏，以及长期被父权观念所规训的认知，很难真正形成自上而下的组织合力。不过，中小型工厂因用工荒带来的推荐用工奖励制度、车间管理的地方化力量倚重，使得用工本身出现了地缘化特点，即依靠老乡关系获得更多新员工，依靠老乡关系完成工厂任务突击，依靠老乡关系达成日常车间管理等。在地缘关系氤氲氛围中集结成一种日益明显的乡团身份，也将数量众多且本来就属于被吸纳对象的外来女工裹挟。面对身边不断发生的集体抗争，这些女工也开始关注集体行动带来的效果，并在人数众多的内部交往过程中逐步发育出相对清晰的小型集群。

鉴于此，本课题主要采取问卷调查、实地访谈、政策研析、参加研讨、文献收集和分析等方式展开具体调研工作。

首先，课题组采用随机抽样的方式，以泉州市区的服装业女工以及"鞋都"晋江的鞋业女工为主要调研对象，在多家民营企业先后分两次共发放调查问卷 500 份。预调查在 2013 年底开展，共发放问卷 100 份，收回有效问卷 91 份，总有效回收率为 91%。调查对象主要为车间工人，调查对象的统计数据如下：男 39 人，女 72 人；34 岁以下 71 人，34 岁以上 20 人；初中及以下受教育程度 48 人，高中及以上受教育程度 35 人（8 人未填）；被调查工人籍贯包括福建（非泉州籍贯）30 人，江西 21 人，湖南 7 人，四川 7 人，重庆 6 人，河北 9 人，其他及未填 11 人。本次调查主要是了解外来工是否存在"抱团"情形，抱团的方式和团结机制，以便为后续的新生代女工抱团调研提供支持。第二次调研采取管理层女工与普通基层女工区分的方式，以便从内外两条线来全景呈现外来女工抱团的形式及发生机理。问卷主要在 G 企业的三个厂区共发放 400 份，其中面向管理员工发出 40 份，外来女工发出 360 份。前者回收 34 份，后者回收 312 份，总回收率约为 86.5%。

其次，为了设置问卷以及深挖问卷调研隐藏的具体细节及案例，在问卷设计之前和问卷发放之后，我们通过随机推荐的方式，遴选普通女工进行数次集体访谈，尤其是对有非正式小型团体维权经历的外来女工主要行动者进行结构式细访，以期在个案中了解她们启动团体维权的具体动员情况、行动逻辑和行动效能。此外，在 G 企业内部，我们还找到企业人力资源部门的主管、工会主席以及分管领导等，进行有针对性的核实深入访谈。囿于与 G 企业高管的协议以及访谈内容的开放性，在访谈进行中我们没有进行实时记录或录音。

再次，借助福建省总工会的调研平台，课题组成员随省总工会的女工委员会主席以及福建省各市地女工委员会主席及部分女工代表，赴福建三明地区参观 G 企业在 DT 地区的分公司，并对该公司获全国"五一巾帼标兵岗"称号的"妈妈班组"进行实地考察，了解该公司针对"年轻妈妈"型女工推行的弹性工作制和亲情管理的具体情况，以及该机制成形的动因和运行实效等。此外，课题组成员还参加了福建省总工会职业女性理论研究中心 2013 年年会，并在研讨会上与诸位专家积极探讨了新生代女工的特点、女工维权的动因和困境、相关法律规范的不足与完善等问题。

最后，为了完整透视劳动纠纷解决中的群体性现象，我们还整理了一些司法解决劳动群体纠纷的数据文献。通过对数据文献的统计梳理，我们能从更宏观的视角深入了解蕴含在女工集体维权行动中的熟人代理和公民代理情况，以此发现女工寻求法律化纠纷解决的共同行动逻辑。

三 新生代外来女工抱团维权现象剖析

（一）抱团维权情景素描

1. 管理层女工抱团情形

（1）身份情况。

管理层被调查女工的年龄集中在 19~50 岁，其中 18~34 岁约占 60%。她们的受教育程度 80% 以上是大专以上，其余为高中、中专或高职，70% 以上在单位工作了 3 年以上。她们中 90% 的人每天工作时间在 8 小时之内，而另外约 10% 的人工作时间为 8~12 小时。

（2）抱团组织。

大多数被调查者表示外来女工中没有成立专门的姐妹帮或者类似的组织，即使少数说有专门组织的人也表示这种组织没有具体的负责人，开展活动少数时候会有临时负责人，但多数情况下女工们不会去刻意确立这种领导者，更多的是"大家一律平等"的共识。关于活动的频率问题，大多数被调查者表示只会在有空闲时间时才会争取进行联谊活动。

（3）妇女权益。

有10%的被调查者表示所在单位没有给予女工在经期、孕期、产期、哺乳期间相应的照顾措施。有半数的被调查者表示如果遇到这类特定时期，而企业没有采取特殊保护，会和其他有类似情况的女工们一起与老板沟通。当然也有少数被调查者会选择忍气吞声、直接辞职或者单独找老板沟通。

（4）维权方式。

有三成的被调查者表示在单位曾经遇到过纠纷，在问到如果自己与单位产生纠纷会选择哪些途径解决时，选择向工会求助的占35%，选择向家人求助的占19%，选择通过同一车间或工作组的工友们集体维权和选择自己单独找老板的各占8%，选择求助于当地政府或新闻媒体及选择直接辞职的各占4%，没有人选择求助"姐妹帮"进行集体维权。

（5）抱团维权。

就组织形式而言，管理层所观测的外来女工如果在工作中遇到了不平等待遇，促使她们一起行动的最主要原因是大家都遭遇到不公平对待，有共同想法和与姐妹们在一起做事情更能够相互理解配合。另外一个次要原因是她们认为和谁在一起不重要，关键是团结在一起力量大。在被问及如果姐妹们一起维权，什么样的环境最容易让人参与到一起行动中时，选择国家法律有规定的最多，其次是企业工会组织，再次是劳动局或管理部门的许可，当然也有少部分认为有前人的经验时也可。在被问到什么因素最有可能促使姐妹们团结在一起维权时，大多数认为了解国家法律让大家有权利这样做是最大的因素，其次是有个能够组织起大家的人来带头，再次选择看姐妹们平时的感情。90%的被调查者表示，如果有人已经带头组织了姐妹们一起维护自己的劳动权利，那么她们很可能会参与，没有人明确表示一定不参加。大多数被调查者认为打工的和老板都是平等的，工人更应该维权。被调查的管理层女工中没有人认为老板家大业大，她们斗不过。

就维权武器来看，当她们已经参加了共同维权活动，在选择帮助的方式时，通过上网查一些法律知识的人最多，其次她们会选择上网发布信息让更多的人参与进来，再次选择向政府举报或通知自己的老乡和朋友来帮忙，最后她们才会选择去法院打官司。如果出现了和企业的争议，她们最希望向懂得劳动法律的姐妹求助，其次是向有过类似经验的姐妹求助，再次是向能力最强的或关系最好的姐妹求助。在被问到她们的姐妹工友与企业发生纠纷无法解决，姐妹们可能会采取什么行动来对抗时，选择号召自己的姐妹们采取行动的最多，其次是向姐妹们抱怨，再次是向社会披露这些情况。

2. 普通基层女工抱团情形

（1）身份情况。

普通基层被调查女工的年龄均匀分布在 18~50 岁，其中 19~35 岁年龄段约占 65%。这些人中本地人为少数，外地人占多数（约 80%）。她们中只有 4% 属于大专以上受教育程度，77% 属于初中受教育程度。被调查者中大部分在厂工作时间超过 3 年。很少有人每天工作时间在 8 小时以下，85% 的人工作时间为 8~12 小时，也有 10% 的人工作时间为 12~14 小时。

（2）抱团组织。

大多数被调查者表示姐妹中没有成立专门的姐妹帮或者类似的组织，极少数表示有这种组织且有具体的负责人。通常她们开展活动少数时候会有负责人，而在多数时候是参与者一律平等。关于活动的频率问题，有 60% 的被调查者表示曾经有参与过活动或在有时间时争取参加一些活动，约 40% 表示没有活动。

（3）妇女权益。

30% 的被调查者回答所在单位没有给予女工在经期、孕期、产期、哺乳期间相应的照顾措施。17% 的被调查者表示如果工作企业没有在女工的经期、孕期、产期、哺乳期间采取特殊保护，会和其他有类似情况的女工们一起与老板沟通。17% 的被调查者选择"算了，多一事不如少一事，忍气吞声"，另有 15% 选择直接辞职，很少有人选择单独找老板沟通。

（4）维权方式。

25% 的被调查者表示在单位曾经遇到过纠纷。在问到如果自己与单位产生纠纷会选择哪些途径解决时，选择向工会求助的占 33%，选择向家人求助的占4%，选择通过同一车间或工作组的工友们集体维权占26%，选择自己单独找老板的占3%，选择求助于当地政府或新闻媒体占1%，选择直接辞职的占17%。

（5）抱团维权。

就组织形式而言，外来女工如果在工作中遇到不平等待遇，促使她们一起行动的最主要原因是和谁在一起不重要，关键是团结在一起力量大，另外两个较次要的原因是大家都遭遇到不公平对待，有共同想法和与姐妹们在一起做事情更能够相互理解配合。在被问及如果姐妹们一起维权，什么样的环境最容易让人参与到一起行动中时，选择企业工会组织的人最多，其次是劳动局或管理部门的许可，再次是国家法律有规定，当然也有少部分人选择在有前人的经验时也可。

在被问到什么因素最有可能促使姐妹们团结在一起维权时，大多数普通女工认为看姐妹们平时的感情是最大的因素，其次是了解国家法律让大家有权利，再次有个能够组织起大家的人来带头也是一个原因。其中，70%的被调查者表示如果有人已经带头组织了姐妹们参与一起维护自己的劳动权利，那么她们很可能会参与，但也有7%的被调查者表示一定不会参加。这些女工们如果知道有姐妹参与共同的维权行动，大多数认为打工的和老板都是平等的，工人更应该维权，但也有少数人认为老板家大业大，她们斗不过。

当需要进行共同维权活动前，这些普通基层女工也首先倾向于选择上网查一些法律知识，其次还会选择上网发布信息让更多的人参与进来，或者向政府举报或通知自己的老乡和朋友来帮忙，最后她们才会选择去法院打官司。如果出现了和企业的争议，她们也是最希望向懂得劳动法律的姐妹求助，其次是向有过类似经验的姐妹求助，再次是向关系最好的姐妹求助。在被问到她们的姐妹工友与企业发生纠纷无法解决，姐妹们可能会采取什么行动来对抗时，选择向姐妹们抱怨的最多，其次是号召自己的姐妹们采取行动，再次是向社会披露这些情况，最后是消极怠工或诅咒老板和管理人员，也有极少数人会选择找机会浪费些原材料、水电之类。

（二）现象透析

就问卷调查的整体情况来看，不管处于哪个层次，女工中都有不少人遇到经期、孕期、产期、哺乳期间（以下简称"四期"），所在单位不给予相应的照顾措施的情况。女工们对于"四期"等特殊保护存在诉求，但这种诉求的动力并不明显。从后续访谈中我们得知,由于不会大规模出现"四期"女工的情形,单枪匹马的女工很难形成有效的发声机制,且其他女工并不会在此时给予她们有效的支持。不过,文化程度得到提升的女工,在资讯较为便捷且查询工具终端化的今天,对于"四期"保护的意识开始显现。尽管她们对具体内容了解得并不清晰,但知悉国家制定了一系列关于女职工特殊保护的法律、法规的新生代女工比例有所提高。

事实上,在与不少女工的深度访谈中,我们逐渐意识到女工们的非正式关系集结的存在,以及对她们日常生活工作产生的影响。当问及上述差异的原因时,女工们在对问卷题目的理解上,往往片面地将抱团组织与正式的工厂工会组织等同起来,认为必须符合特定人员管理且活动形式正式的组织形态,才是问卷中提及的组织。尽管在后续调查中,我们试图用"姐妹帮"等字眼来软化上述"误解",但工厂的管理层大姐告诉我们,女工们很忌讳在外人面前谈论"拉帮结派",因为工厂禁止这种行为的出现。由此,外来女工们在认知上的差异使得她们容易将"帮"等字眼,理解成为具有某种"混混"性质的帮会,这种选项字眼的"污名化"成了她们实际选择的禁忌。

为此,第二次调查问卷中我们穿插了寻求外界帮助之类的中性表述,来透析隐藏在上述调查言语禁忌之下的女工真实的团结面貌。问卷调查表明,在面临纠纷时,她们会主动寻求外界的帮助。这种外界帮助,主要表现为法律化解决的途径,如向工会求助或者寻求法律人士的帮助。不过,出于成本与时间的考虑,她们通常不会直接选择或者首先选择正式且复杂的法院诉讼。在这个过程中,前述新生代女工的法律认知会促使她们主动通过网络来自行了解相关法律信息,或寻找"懂法律"的人帮忙。

四 新生代外来女工抱团维权类型及其利益追寻

(一)新生代外来女工抱团维权类型

根据集体行动者的来源不同,我们将新生代女工的抱团分为三类。

第一种类型为"领头羊"抱团,其中女工的抱团属于附和参与,混同在来自同一批招工的老乡中。这种类型产生的背景是基于2011年出现的企业用工荒,G企业遂与河北投资地的地方工会合作而共同招工,即通过与地市工会口的对接,G企业在河北S县的工厂面向当地适龄年轻人以承诺保底工资、统一食宿和岗前培训的方式招工。总计有 200 名左右的青年男女工一起入职。由于共同的生活和工作接触，使得几个在同龄人中相对活跃的年轻男性成为他们这个团队的"领头羊"。在女性占多数的这个新工人团体中，这些"领头羊"会挑头出面代表这批新工人，向企业争取更好的待遇和工作环境。女工们尽管并不出面，但她们会利用集体生活和工作的空间，进行自发的内部讨论，并在与"领头羊"的随机交谈中汇总上述意见。为了避免声音下沉，胆大的"领头羊"往往会越过车间一线管理者而直接与高层领导进行沟通谈判，而其他女工则会实施较为一致的支持行动，以协同他们的意见代表。

第二种类型是地缘（或亲缘）抱团。调研中发现，大多数"80 后""90 后"的未婚农村女孩来城市打工的目的，是避免结婚后乏味的乡村生活而更渴望被束缚前的自由生活，但在面对陌生的城市时她们又常常不知所措甚至常常担忧，为此她们往往依附于有经验的老乡大妈女工或者亲戚辈女工。这些中年女工主要是早期入城的第一代打工女，不仅具有丰富的外地务工经验，而且技能娴熟，能吃苦耐劳。因此，在面对权益抗争或纠纷时，这类型抱团就往往表现为中年大妈带领下的女工集体抗争。群体基本上在务工地形成了依托亲缘或地缘关系的"全家"或"同乡（村）"务工群体，并在工厂周边全家租住。抱团的她们带有明显的地缘或亲缘聚合特点，不同成员之间存在密切的日常生活往来，而在工厂车间场域中就自然而然地形成互帮互助的体系。

第三种类型是在地抱团，其发生背景是用工荒之后，G 企业在资源配置决策驱使下，选择在劳动力较为丰富且投资政策更为优越的内陆地区（DT 县）办厂，并直接在当地面向本县常住人口招工。这种在地化的招工方式，也使得当地女工的平等意识逐渐被激发并且显现。如表 1 所示，无论是基于生理意义的团结意识，还是劳资双方平等意识的贯彻，均显著地成为她们完成自我维权正当化的依据。

表 1　如何评价参与维权的姐妹

选　项	女人是弱者，需要团结	女人不是好欺负的，能独立维权	老板家大业大，斗不过	打工的与老板是平等的，工人更应维权	其他
百分比（％）	26	13	0	57	4

构成在地抱团的本地女工多数为已婚的年轻妈妈，因此她们的利益诉求不再是金钱唯一，而是体现为对灵活用工时间的需求，以协调照顾幼儿的家庭责任与添补家用的打工需求之间的矛盾。这些被称为"妈妈"群体的女工主要分为两类：一是年轻时在外打工，结婚生子后回家专职照顾子女的"留守妈妈"；二是租住在县城，专职为子女就学提供后勤保障的"陪读妈妈"。因为经济原因，她们都有较强的求职欲望，并渴望有一份较为稳定的经济收入，但工厂正常的上下班制和较为冗长的加班时间与她们照顾家庭、照顾子女的需求产生矛盾，这也往往是她们进厂工作的最大阻碍。

（二）外来女工非正式集体维权之利益追寻

在调研过程中，我们并未能直接亲历过涉及具体纠纷的抱团维权事件。与一些见诸媒体的劳工抗争事件不同，G企业得益于高管们较为人性化的管理理念，并未出现严重的劳资事件。不过，在问卷调查和访谈过程中，我们逐渐了解到企业目前有很多有利于职工的工作规定，实际上是通过不断的工人集体争权行动来稳步实现的。在这其中，我们还观测到了不少专属于女工的权益内容。

1. 因家事权益而抱团

如上所述，除了未婚女工这一群体，越来越多的"妈妈女工"在劳工稀缺的今日也不断涌向城市。与可能只需面对"生理负担"的年轻人而言，这些"妈妈女工"会有一个明显的家庭与工作之间的冲突问题。面对"妈妈女工"占据应聘人员的多数且这些诉求较为普遍和强烈的情形，G企业在DT工厂招聘条件中修正了以往准点上下班或实行几班倒的严格打卡考勤模式，允许"妈妈女工"在上班后和下班前一个小时内自行支配时间，可以延迟上班、提前下班、自主加班，实现自我调控、自我管理。工厂为此还相应修改了生产方案，安排既不影响其他班组流水作业，又能由"妈妈班组"相对独立完成的作业工种，如包装、检验、入库等尾段工序，以配合上述制度。此外，为便于年轻的"妈妈女工"安心便利地照顾幼儿，G企业还在DT工厂园区内增设了幼儿园，并配备专业幼教人员，供职工子女优先入园、入托，并适当减免费用，而对于更小的婴幼儿，G企业在厂房较为安静的位置设置了亲子室，聘请专业人员实行特别照顾（黄敏，2013）。在暑假期间，为便于诸多双职工家庭的子女入城探望，G企业还专门开设了假期亲子乐园等场所。

2. 因工务权益而抱团

工务权益抱团并不是基于车间管理制度而向资方抗争，这种抱团主要是针对车间其他流水线的员工及其管理人员，其目的集中表现为争夺优质订单，安排高收入的工序工位和工期。G 企业在泉州工厂的员工，目前主要是来自江西、湖南和四川等地，① 而工务权益抱团就发生在两大省籍力量较为均衡的车间内部。管理人员的来源真实地反映了该车间内部的外来人员地缘比例。以第四车间为例，两条缝纫流水线分别由各 20 名左右的工人构成，她们分别来自江西和湖南，车间正副主任就由两条流水线工人籍贯所在地的人员担任。这既便利于加班动员，也能够平衡在流水线不同工序工位的用工安排，实现较为均衡的工人工资水平。工务权益就集中地反映为接受总厂下单的不同单种之争。② 比如，T 恤单的缝纫难度就小于裙装单，而内部发包单的加工报价差异不大，如果某一条流水线在较长时间总是接到"孬单"，女工们就会通过上班时抱怨、拖延进度压单来向车间主任表明怨气，而不时出现的咒骂更是影响到其他工人的加工进度。甚至当她们感觉自己的收入水平受到明显影响时，还会通过车间主任向总厂厂长甚至集团总部高管提出抗议。

3. 基于突发事件而抱团

突发事件抱团仅是个别事件突发所引起的临时性行动，其行动基础通常是发生在入厂时间较久且相互交往密切的数名女工所组成的"姐妹伴"。这种"姐妹伴"更多是因日常交往且性格相投的偶然结合。这种非正式的"姐妹伴"并未运作于工作时空中，而是消融于节假日的逛街陪伴和熟人互动。在我们所观测到的一起以"姐妹伴"名义为一名青年女工进行的工伤维权行动中，6 名平时要好的女工在知悉了该工伤事件后，集体向工厂高管讨要额外赔偿。在这起微不足道的小小抱团中，我们通过事后了解，发现这群年龄相近的青年女工们之所以能够集体行动，是通过一个专属于她们的 QQ 群用以平时联络。虽然她们并未对我们展示 QQ 聊天记录，但她们承认平时会在工余时间将各自的生活工作情况在上面进行沟通，"打发无聊的工作"。日常的聊天与情感问题是不变的主题，也算是对单调乏

---

① 前述的河北 S 县招工最终以失败告终，目前仅留下 30 多名工人。
② G 企业采用总厂下单，车间承包再按量核算报酬的方式。

味的流水线生活的一种小调剂,并逐渐帮她们找到了流水线统一身份之外的个体存在感。

五 新生代外来女工非正式集体维权之因缘探析

(一) 地缘乡缘下的道义驱使

群体需要形成边界,才能够为成员提供身份认知。外来女工的抱团,首先来源于自身身份认同。在调研中我们发现,基于对"用工荒"的应对,泉州多数企业在年末送员工回乡和招工活动中,往往会大力推行并鼓励同乡进城用工的推介行为(比如,顺利带领一名同乡女工入厂稳定工作3个月以上,将给予200~300元不等的奖励)。这些新员工随同乡老员工成功入厂后,在其随后的工作场域中顺力推动这些同乡自然地依业缘关系,形成同车间或同流水线上的师徒关系,以此实现从入职介绍、技能传授、生活关照等无缝覆盖,帮助她们迅速完成从田间到流水线的转化,也促使其完成了从农民到工人的身份更替。这些小单元的师徒关系,会自然地沿袭先入城者的地缘关系网络而再度集结强化。

当然,先验的乡缘关系至少无须支付建构的成本。相反,只需要通过某些乡谊和性别一致带来的互动,通过一种互惠长期预期来实现动态平衡即可。譬如,聚会的形式通常是一起吃饭,而吃饭的主要理由是过生日,那么"姐妹伴"的每个成员均有在自己生日的时候完成请客的义务。这是维系其群体活动的基础,建立在一种道义上。从问卷中可以看出,以"以后她有事,我也帮忙"和"吃饭和小礼物感谢""都是自己姐妹,讲感谢太伤感情"等方式来表达酬谢(见表2),可见大部分女工维系抱团的动力机制是互惠和道义的基础。

表2 姐妹之间如何表示感谢

选项	以后她有事,我也帮忙	吃饭或小礼物	讲感谢伤感情	看结果再谈感谢	其他
百分比(%)	40	20	15	10	15

在调研中,我们还发现这种机械团结式的抱团存在因特殊力量介入而导

致复杂化的可能。随着打工老乡们数量的集聚,部分人员发现了隐藏在劳动纠纷后的"商机"。这些人致力于成为面向基数极大的老乡之间的"桥",以镶嵌进入一定区域范围内的老乡之间。比如在调研的J市,面向以江西人为主的纺织类和川渝人为主的制鞋类的活络分子,组成了以入厂保安和驻医院勤杂为信息收集终端,以老乡中人际交流广泛的活跃分子为信息"桥",能够在第一时间获得关于工伤事故的信息,并且马上联络其所认识的具有处理该类事务经验的"头家"或者"律师",以撮合后续纠纷解决的代理业务。此时,地缘关系自然而然地成为危机时打工者们建立信任的基础。这些活跃分子扮演了类似"中介"的角色。① 对于人数众多且大量从事低端劳动密集型工作的外来女工而言,她们的工伤或欠薪概率较大,而本地人执业为主的正规法律服务市场对她们而言则是一道无形的高门槛。如表3、表4、表5所示,女工们所认同的维权环境,几乎主要源自法律所规定的合法渠道动员,捕获以法律为代表的正当性依据,这也是她们维权行动的前奏。

表3 维权理由

选 项	企业工会有组织	劳动局或管理部门认可	国家法律有规定	之前有人能这么做	其他
百分比(%)	30	19	19	9	23

表4 团结维权的因素

选 项	平时感情	了解到是法律赋予的权利	有人组织带头	企业不会强烈反对	其他
百分比(%)	40	30	8	4	18

表5 最有帮助的维权方式

选 项	积极参加活动	上网查询法律知识	上网发布信息,组织更多人参与	向政府举报	向法院起诉	通知朋友老乡帮忙
百分比(%)	27	41	11	11	3	10

---

① 他们的自足机制是通过代理事项入案后支付的所谓"案源费"来获得报偿,并形成持续运作的动力。在长期的中介过程中,这种案源费的支付并无特定方式,系通过长期合作关系来作为支付的保证,通常依据案件类型可在正常办案收费10%~20%的范围内浮动,甚至更多。

（二）争取合宜用工条件的利益驱使

毋庸讳言，中国企业尤其非公企业的制度改造，主要还是资方驱动而非劳方驱动。我们所观测到的 G 企业的改造个案，也主要是来自资方的驱动。如果对母公司层面的 G 企业予以深入了解，我们就能够窥豹一斑：作为中华全国总工会的优秀范例，G 企业长期致力于包括"非公党建"到"职工之家"等一系列企业用工制度的创新。这种先进的标签背后，是企业领导层作为"社会园艺家"致力于实现的企业社会改造和劳资双方关系更新的努力。这为公司制度朝向良性改造提供了前提条件——一组有理想的改革推动者。然而，若仅仅是资方从上而下地推动制度改革，显然并不会自动生成"妈妈班组"这种良性机制。这涉及对于企业整体用工制度的改变，尤其是对与一线生产工人管理休戚相关的工时制度的改变。并且这种改变并非普遍适用，而是针对特殊的小众群体。"妈妈班组"尽管成效很好，但目前也只有 100 多人，仅占到公司全部用工比例的 10% ~ 12%。为小众而施行颠覆性的差异化用工机制，在推行之初对企业而言实际上存在一些风险。上述看法也获得在"妈妈班组"工作的小 Z 印证：

> 我们一开始也担心这样的制度很难被工厂执行。旁边的企业都没有这样的制度，一些车间也因此担心以后不好管理，特别是一些年轻人也会要求减少加班时间。

仅从管理层面来看，管理者决心的重要性毋庸置疑。在 G 企业的具体制度建构中，管理层对这种人性化制度的核心要素做了阐发，试图通过配套制度的完善来消解这种一体化管理要求产生的质疑声音。我们在实地调研中见到全天候的幼儿园、亲子室就是缓和弹性用工时间差的有力举措：这既减少了年轻妈妈们上下班接送的时间消耗，并充分利用工歇时间来照顾子女，也很大程度上改变了其他年轻女工的观感。加之该举措经市级总工会的首肯而带来的"美誉化"效果，以及其对大量未婚或未孕年轻女工未来工作生活的远景预期的晓谕，使得"妈妈班组"并未成为瓦解企业一般用工管理的企业短板，反而在人性化企业制度改造的过程中，借由管理者驱动的改造力量而在现实中达致了劳资双赢。实践也证实了，这些灵活工时安排的"妈妈班组"的工作效率并不会低于普通班组,甚至因这些"妈妈女工"普遍具备责任心、勤劳积极等品性,而带来更有成效的工作成果。①

包括"妈妈班组"在内的女性抱团,尽管是基于地缘相似性而发生的机械团结运作,但为外来女工合理增权提供了一种行动范式,即抓住企业用工的工时配置合理化改革契机,通过类型化群体的有序发声,在坚实有力的基层工会组织和地方总工会的支持下,循序渐进地与企业达成弹性用工和满足弹性用工的配套制度以及相应的硬件建设。这一良性制度的生长机理,对内体现为企业人力资源管理与工会合理化建议的合力,对外反映为能动的工会力量的合理介入和有效表达。

六 结语

从"维权"到"赋权"和"争权"的跃迁,显然并非按照西方学者开创的"工会罢工"等古典行动手段进行威胁性的抗争(Paul Burstein, 1990:1201-1225),而是创新出了非正式的、高弹性的,且带有人身依附性的抵抗运动。女工自身的抱团,有了纯粹性别标识之外的崭新意义,即面对身份与生理的双重不平等,女工结社权作为其性别政治与生产政治的交会点,不仅充实了"工业公民权"(陈峰,2011)中的性别类型,还能够在纠纷解决过程中强化女性和女工权利的法律化救济。无论是诉诸同性或跨性别的抱团行动,还是女工个体进行女性权益法律动员的"以法抗争",均对改善重立法而轻执法的妇女维权大有裨益,也更能实现性别平等为重要维度的"正派社会"。此外,包括女工团结在内的地缘抱团行动也正逐渐通过老乡力量的动员和整合,形成一种争权而非护权的主动性增益活动。通过劳工在基层的动员行动实现自身权利的增益,正暗合了晚近国际劳工运动的一个趋势(S. Clarke,2005:3)。

然而,也应当客观地看到,新生代女工群体始终未完成独立的具有完整明确女权诉求内容的纲领与组织,甚至尚未进行任何现代意义上的女性权利启蒙。这种不彻底的、依附于中国劳动产业大转型的伴生性抱团维权

---

① G 企业的"妈妈班组"目前已有两个班组建制,职工稳定率达到 90%,熟练工占 76%,工作效率和产品优质率都高出其他班组。2012 年"妈妈班组"获省"五一巾帼标兵岗"荣誉称号,2013 年获全国"五一巾帼标兵岗"荣誉称号。

过程，出发点还是停留在观照她们如何在工余兼顾好女性家庭角色，而非自身的独立和解放。调研中展现的以家庭增收为主要务工目的就再次佐证了这一判断。在这个意义上，抱团上阵本身针对的并非性别意义上的现代性诉求，还是停留在与并无性别差异的新生代工人群体高度一致的物质满足层面。也许，"妈妈班组"的成功，反过来验证的是新生代女工坚守相夫教子的传统价值观念，而现代工业仅仅只是从管理技术层面对此进行了回应性改良而已。

参考文献

陈峰，2011，《罢工潮与工人集体权利的建构》，《二十一世纪》（香港）第 2 期。

黄敏，2013，《弹性工作制实现企业和职工双赢——三明市总工会"妈妈班组"情况介绍》，2013 年福建省女职工权益保护现场会发言。

潘毅，2011，《中国女工：新兴打工者主体的形成》，九州出版社。

佟新，2003，《异化与抗争——中国女工工作史研究》，中国社会科学出版社。

Paul Burstein，2001，"Legal Mobilization as a Social Movement Tactic：The Struggle for Equal Employment Opportunity，" *American Journal of Sociology*，96（5）.

S. Clarke，2005，"Post-socialist Trade Unions：China and Russia，" *Industrial Relations Journal*，36（1）.

多重困境下的行动策略：
关于公益性民间妇女组织的实证研究

石　鑫[*]

摘　要　本文通过对公益性民间妇女组织的实证研究，分析结构性因素对公益性民间妇女组织发展的制约和影响，探寻组织应对困境的策略。研究发现，公益性民间妇女组织面临的困境主要体现在政策空间不足、公益生态环境性别意识匮乏、妇女组织合作有待机制化，以及女性人才流失等方面。在应对这些困境的过程中，公益性民间妇女组织发展出了增强合法性、培育孵化新组织、多元化汲取资源，以及扩大参与者范围等一系列行动策略。

关键词　公益　妇女组织　社会组织　困境　应对策略

一　问题的提出

公益性民间妇女组织是指由公民自发成立，自主开展各种针对妇女群体，尤其是弱势女性群体自我赋权与发展的志愿活动的非营利组织。改革开放以来，公益性民间妇女组织获得了迅速发展，成为社会组织中发展最快的种类之一[①]。这些组织在维护女性利益，促进女性发展，推动性别平等等方面发挥了积极作用。以女性为主体、服务女性、实现对施助者与受

---

[*] 石鑫，女，全国妇联妇女研究所助理研究员，研究领域为妇女运动、妇女组织。
[①] 其中影响较大的有红枫妇女心理咨询服务中心、陕西省妇女理论婚姻家庭研究会、北京农家女文化发展中心、妇女传媒监测网络、北京大学法学院妇女法律研究与服务中心、云南省健康与发展研究会、中国反对家庭暴力网络等。

助者的共同赋权，是公益性民间妇女组织区别于其他民间组织的显著特点。然而，进入21世纪，公益性民间妇女组织的发展与其他领域的社会组织，如环保、健康、教育等相比显得相对滞后。许多公益性民间妇女组织开始面临发展瓶颈的制约。近年来，民间组织在社会建设中的作用越来越受到政府重视，这为公益性民间妇女组织提供了发展机遇，也对组织能力和可持续发展提出了要求。本研究通过对三家公益性民间妇女组织的实证调研，力求探究公益性民间妇女组织在发展中遇到的困境，总结应对这些困境的对策，以期对其他同类型组织有所借鉴，并对相关社会组织研究提供参考。

本研究选取的三家公益性民间妇女组织的基本情况是：A学会，民政注册，关注农村妇女发展、家庭暴力、社会性别培训、NGO组织建设等；B中心，工商注册，关注农村妇女发展和进城务工妇女权益，提供技能培训、性别意识提升、妇女创业、妇女社区养老等服务；C网络，工商注册，主要通过替代性媒体进行性别平等意识传播和倡导[①]。这三家组织均成立较早、影响较大，目前在国内同领域中处于领先地位，同时也得到本领域之外其他机构的认可。我们认为它们在发展中遇到的困境也是其他公益性民间妇女组织最可能遇到的，而它们的应对策略也更有借鉴意义。

二 已有研究综述

在理论框架上，20世纪90年代后，对社会组织的研究主要形成了公民社会和法团主义两大分析框架。两者试图在国家—社会二元框架中理解社会组织，并对其在此框架中的具体位置展开争论。一些研究者认为民间组织的增多象征着中国公民社会的初步发展，伴随而来的是公共领域的开放和社会获得更多自主空间（邓正来、景跃进，1992；孙立平，1992）。另一些研究认为中国的社会组织呈现出法团主义形态，反映了国家在改革进程中试图继续掌控社会的努力（Unger，1996；张静，1998；Chan，1993）。

近年来，越来越多的研究通过聚焦中国社会组织发展的实践，试图突破公民社会和法团主义视角的限制，运用新的概念和视角来呈现社会组织

---

① 按照学术惯例，组织名、人名都已匿名化处理。

运行的复杂性（纪莺莺，2013），如"分类控制"体系（康晓光、韩恒，2005），"利益契合"的分析框架（江华等，2011）等。民间组织在各种制度约束下的应对策略也成为研究的聚焦点，如强调伦理信念（朱健刚，2004）、通过非正式渠道进行日常运作（张紧跟等，2008）、补充合法性资源（和经纬等，2009）、"非协同治理—策略性应对"框架（黄晓春、嵇欣，2014）等。这些研究多从对某类社会组织的经验研究入手进行理论探讨，从各种研究结论来看，社会组织面临的困境和应对策略还具有一定的共性。

作为民间组织的一种，公益性民间妇女组织除与其他民间组织面临许多共同的问题外，还有一些特殊的困境，如社会对妇联组织的长期依赖，以及女性主体意识和结社意识淡漠等因素（刘伯红，2000；黄粹，2011）。牛天秀（2005）发现一些妇女NGO无法与本地公众（包括妇女）的利益和价值观达成一致，导致了组织的合法性匮乏。李小江（2005）注意到妇女组织在争取国际项目资助过程中过度受国际社会发展规划影响，与中国本土的妇女运动脱节，对组织后续发展产生了不利影响。这些都导致民间妇女组织面临额外阻力。

本研究在已有理论框架的研究思路基础上，把公益性民间妇女组织置于当代中国治理转型的大脉络中，考察政府与市场塑造的宏观结构和本土妇女运动的历史过程如何对组织的形态与功能产生影响，并在此背景下理解公益性民间妇女组织应对困境的行动策略，进而分析这种组织策略的社会意义。

三　公益性民间妇女组织发展环境分析

（一）宏观政策空间：发展与张力

改革以来，中央和地方政府先后颁布一系列关于民间组织的政策法规。这些政策法规对公益性民间妇女组织发展不断释放空间和机会。

20世纪80年代末到90年代，为了整顿民间组织管理混乱的局面，政府启动了针对民间组织的立法。1988年至1998年，国务院先后颁布了《基金会管理办法》《社会团体登记管理条例》和《民办非企业单位登记管理暂行条例》，确立了民间组织归口登记、双重负责、分级管理的管理体制，对改革开放以后出现的民间组织进行了规范。这一时期，尽管对民间组织的法规政策中有培育与鼓励的措施，但管理体制总体趋向规范和严格。

在政府让渡政策空间和民间需求强烈的背景下，再加上1995年第四次世界妇女大会的促动，民间妇女组织呈现出快速发展的局面。后来影响较大的公益性民间妇女组织大多成立于这一时期，如红枫妇女心理咨询服务中心、陕西省妇女理论婚姻家庭研究会、北京农家女文化发展中心等。

以2002年中共十六大提出深化行政体制改革为标志，与建设公共服务型政府相适应，民间组织管理体制进入新的发展阶段。2006年，十六届六中全会进一步要求创新社会管理体制，发展和规范各类社会组织，促进公益事业发展。2013年，十八届三中全会进一步提出加快实施政社分开，推进社会组织明确权责、依法自治、发挥作用。此后，中央及地方有关社会组织的优惠和扶植政策陆续出台。其中，最有突破意义的是国务院通过的《国务院机构改革和职能转变方案》，明确规定成立四类社会组织[①]可以直接向民政部门申请登记，不再需要业务主管单位审查同意。到2013年底，广东、北京、安徽等19个省份已试行社会组织直接登记。直接登记的尝试大大促进了社会组织的注册管理和发展。

从一系列政策文件的出台可以看出，随着政府管理职能的改革的推进，政府对社会组织的作用认识更加深刻，态度更宽松，培育和扶持措施更为具体，监管也更加规范。在广东、上海等改革的先行示范区，社会组织迅速发展。在此背景下，2013年广东出现了全国首家致力于农村妇女发展的非公募公益基金会——广东绿芽乡村妇女发展基金会（以下简称绿芽基金会）。绿芽基金会的成立，标志着公益性民间妇女组织从社会团体和民办非企业单位扩展到基金会组织形态，也显示出民间妇女组织资源动员能力战略性提升的空间。

然而，由于各项法规政策出台的经济社会背景不同，法规政策着力点各不相同，彼此间存在一定的张力，各项法规政策之间的关系还有待整体性地梳理（黄晓春、嵇欣，2014）。例如，虽然中央有四类社会组织直接登记的改革意见，但《社团登记管理条例》等相关法规尚未完成相应修订。这些都在实践中限制了民间组织的注册和发展。从实际情况看，民政

---

① 四类组织为：行业协会商会类、科技类、公益慈善类、城乡社区服务类。

部门以外的其他部门大都不愿担任民间组织的业务主管单位，大量的民间组织因此难以注册登记。据估计，没有登记注册而开展活动的各类社会组织的数量，大约 10 倍于合法登记的社会组织（王名，2007）。这一状况已成为影响民间组织发展的重要瓶颈。

注册难给公益性民间妇女组织的发展造成一系列后续问题。第一，非正规的注册或不注册给组织带来了隐含的法律风险。虽然政府对公益性组织通常采取"不干预"的态度，但组织其实是在不具有法律合法性的状态下运行，随时可以被取缔，处于极为弱势的地位。第二，没有民政注册身份给组织带来很多经济上的限制，如无法享受非营利组织的免税待遇，不能参加政府购买服务等。第三，没有合法身份，导致组织开展活动时面临很多管理上的障碍。以 B 中心为例，随着 B 中心的业务拓展，B 中心在民政部门新注册了若干民办非企业单位。这时，工商注册的 B 中心要管理民政注册的民办非企业单位，就遇到了"名不正言不顺"的管理难题。这些障碍一方面直接影响了公益性民间妇女组织发挥扶助妇女发展、推动性别平等的功能，也使政府在开展向社会组织购买公共服务时，陷入找不到具有合法资质和专业能力的社会组织的困境。

（二）公益生态圈：性别意识的匮乏

在公益生态链中，公益性民间妇女组织往往处于下游。它们的生存依赖处于生态链上游的基金会等资助方的资助。能否有持续稳定的资助者对民间组织的生存和发展非常关键。对于公益性民间妇女组织来说，资金来源极为有限——具有性别平等和赋权妇女的意识的资助方才会资助妇女组织。而随着民间组织资助方的变化，性别问题逐渐淡化，退出了资助者的重点关注领域。这对公益性民间妇女组织将产生方向性的影响。

在双边和多边援助的背景下，"妇女参与发展"在国际合作项目中被列为优先领域，国际机构在相当长的一段时间内是公益性民间妇女组织的主要资助方。相关调查发现，妇女和性别领域是国际组织资助最多的领域之一①。随着中国经济实力的增强，以 2008 年为开端，陆续有众多的国际援助方停止了对中国的资金援助。靠国际机构支持成立的草根 NGO，在国

---

① 根据中国发展简报调查，国际组织资助项目侧重依次为性别、教育、环境（谢世宏、毕彦如，2013：15）。

际资金撤出后,生存遇到很大困难。与此同时,中国的公益事业迅速发展。到2014年底,全国基金会总数达4211家(杨团,2015:55)。但是,国内基金会和国际机构关注领域的最大差异就在于对性别领域的资助。国内基金会普遍对妇女和妇女NGO的资助较少,而更多关注社工、残障和救灾领域(谢世宏、毕彦如,2013:15)。此外,国内基金会在资助理念上操作型多、支持型少,即基金会直接在基层执行项目,而不是通过培训、研究、倡导和联合等方式支持民间组织开展工作。这就大大限制了公益性民间妇女组织筹资的范围。

除了向基金会申请资助外,民间组织还可以通过向政府提供社会服务,解决资金难题。但是,目前中国的政府购买服务政策尚未将性别意识纳入主流。《政府购买服务管理办法(暂行)》规定,政府购买服务项目主要分为基本公共服务、社会管理性服务、行业管理与协调性服务、政府履职所需辅助性事项几大类,其中没有专门针对性别平等和妇女赋权的分类。如果民间组织想做有关性别的项目就要被纳入其他公共项目。这就影响了公益性民间妇女组织在性别平等领域专业化水平的提高,而且与妇女组织本身的使命产生冲突。此外,政府购买公共服务资金使用的门槛较高,资金使用规定多,如不能提取管理费用、需要配套资金等,都增加了资金使用难度。这些都导致公益性民间妇女组织利用政府购买公共服务的资金比较有限。

B中心下属的民办非企业单位参加了政府购买的养老服务的公共项目。由于不是专门针对妇女的项目,她们一直对自己做该项目的合理性感到矛盾。负责人这样解释:

> 政府采购非常定向,比如民政就只注重养老。这里的风险是,B中心是做妇女发展的,尽管妇女作为劳动力为养老服务,但政府购买更多地希望老人受益,如果把那块儿做大了,人家就要质疑你的使命。不光是外界的质疑,我们理事会,尤其专家学者就要质疑,你还是不是妇女组织?

(三) 妇女组织间的合作:有待机制化

中华全国妇女联合会(简称全国妇联)是中国最大的妇女组织,与民间妇女组织相比，全国妇联拥有更多的政治资源和影响力。首先，在实际工作中，全国妇联兼具改善妇女地位的全国性政策机构和群众组织的功能。前者赋予全国妇联在顶层设计、政策倡导方面独特的优势，后者使全国妇联具有最广大的代表性和包容性。其次，在组织资源上，全国妇联拥有遍布城乡的从省、市、县，直到街道和乡一级的基层组织，且拥有稳定的活动场所、经费来源、人员，以及开展工作必要的社会资本。

由于全国妇联的这种组织结构和工作特点，公益性民间妇女组织在开展工作时，必然会与全国妇联发生各种联系和合作。一方面，这种联系体现在公益性民间妇女组织的管理上。根据全国妇联章程和民间组织管理相关规定，全国妇联可以牵头发起成立民间妇女组织，也可以对其发挥主管作用。但是，这种管理职能不是机制化的。在实际工作中，全国妇联会根据自己的工作重点、机构设置和管理方式等来决定和各类民间妇女组织的关系，因而更偏好支持与自身关注的特定议题和重点密切相关的民间妇女组织。

另一方面，在具体工作中，公益性民间妇女组织常常需要依托全国妇联的组织网络开展工作，全国妇联也可以借助公益性民间妇女组织提供的专业性支持。在农村妇女发展、关爱留守女童、推动妇女参政以及起草和修订有关妇女权益的重要法律等领域，全国妇联和公益性民间妇女组织都有密切的合作。值得指出的是，全国妇联传统的组织结构是"倒金字塔形"，即越到基层专职人员越少。这就使全国妇联的各项工作在基层落实存在一定难度。而公益性民间妇女组织立足一线面对妇女群众开展工作，直接满足基层妇女的需求，可以与全国妇联的组织形成互补。

可以看出，在以上这些合作中，全国妇联与公益性民间妇女组织的关系缺乏机制化的联结。这对公益性民间妇女组织的注册管理、资源获取和工作开展都带来一定程度的不稳定性，同时也不利于全国妇联在基层实现组织目标。因此，推进全国妇联与公益性民间妇女组织之间的制度性联系，建立合作的长效机制，是妇女组织发展的必然要求。例如自2009年以来，北京、上海、广东等地都启动的构建枢纽型社会组织的改革试点，就是对全国妇联与公益性民间妇女组织合作机制化的一次有益探索。枢纽型社会组织是在同类型社会组织中发挥桥梁纽带和聚集服务功能的联合性社会组织，对于相关领域的民间组织承担业务主管单位职责。北京、广东等地妇联承担了主管民间妇女组织的职能后，成立了专门的社会组织管理服务部门，对本区域妇女社会组织进行了分类统计，培育孵化了一批新的民间妇女组织,对公益性民间妇女组织的发展起到了一定的助推作用。

(四) 女性参与者:人才流失危机

20世纪八九十年代成立的公益性民间妇女组织的创始人和骨干当时大多在三四十岁,到今天她们已经接近或到了退休的年龄,找不到合适的接班人成为困扰组织发展的一个普遍难题。

受访的三个妇女组织均表示,现在最需要的是复合型人才,特别是既有项目管理能力,又有研究能力,但又"不同于学院派的那种研究人员"(A学会负责人语)。这从一个侧面反映出公益性民间妇女组织工作者希望在指导思想和专业性方面有所提升。公益性民间妇女组织的行动是一种社会运动,需要有理论研究支撑,而不仅限于帮助个体的女性改变困境,这样才能在满足妇女现实性需求的同时,提升妇女的性别意识,满足战略性需求,使妇女群体产生积极的改变。这就需要一批既有丰富的实践经验,又有必要的理论素养和知识积累的人来总结、引领、提升。如果没有一批兼具实践经验和研究能力的骨干人员,妇女公益事业只能停留在"做好事"阶段。对此,C网络负责人这样解释:

> 比如你想推动一个议题发展,必须做研究。但这个挑战很大,因为你做的研究不是学院式的,你根本没有那种资源和能力。……我们做研究的目的不是写论文,是为了作为倡导的一种证据,所以和学术性的研究差别还是挺大的。

A学会负责人则强调管理人员具有研究能力的重要性:

> 机构管理要有leadership,又需要筹资能力,还需要有在某个领域专家的水平,自己能出去做研究,做的研究在行业里能说上话。操作性要强,能把一个概念、理念变成实操的东西。

现实中,她们都承认这种复合型的女性精英人才是最为稀缺的。究其原因,主要有两个方面。

一方面,公益组织人员工作时间长,工作强度大,但是在薪资待遇和社会保障方面则相对薄弱。由于制度设计的原因,公益组织的行政成本被压缩在很有限的范围内。根据《基金会管理条例》规定，基金会工作人员工资福利和行政办公支出不得超过当年总支出的10%；公益组织平均工资不得超过当地平均工资的两倍，否则不可享受减免税待遇等。同时，在社会认识上，公众对公益组织从业人员有较高的道德要求，公益从业者要求高薪必然面临着一种道德风险。这些都限制了公益从业人员拿高薪的可能，把高层次专业人才挡在公益圈外。

另一方面，女性精英进入公益性民间妇女组织的时代背景和历史过程是无法复制的。最早进入公益性民间妇女组织的女性精英都是从政府、高校、妇联等体制内部门流动出来的，她们正是符合这种"懂研究、会管理"的要求的复合型人才。当时推动她们放弃"铁饭碗"的最大动力是对改革后层出不穷的妇女问题背后原因的探寻。而随着研究深入，妇女研究逐步学科化和制度化，国家给予妇女研究更多学术资源，大批对妇女问题感兴趣的女性精英被吸引进学术机构，导致行动领域人才减少。这就使公益性民间妇女组织难以找到合适的专门人才。

四 公益性民间妇女组织的应对策略

（一）增强合法性基础

登记难给公益性民间妇女组织带来的问题主要是法律正当性不足。为了弥补这一不足，公益性民间妇女组织依托妇女组织的理论资源和社会资本，探索通过增强组织的政治正当性、行政正当性和社会正当性，以树立组织的权威性和专业资质。

正当性（legitimacy），也译为合法性、合理性，是一个内涵非常复杂的概念。概括地说，它表明某一事物具有被承认、被认可、被接受的基础。这种基础可以是法律程序，也可以是一定的社会价值或共同体所沿袭的各种先例。高丙中（2002）把正当性分解为社会（文化）正当性、法律正当性、政治正当性和行政正当性，来解释民间组织何以能够在与法律不一致的情况下"正常"地存在并开展活动。本研究借用这一组范畴来分析公益性民间妇女组织增强组织正当性的策略。

组织的社会正当性有三个来源，一是地方传统，二是当地的共同利益，三是有共识的规则或道理。一个民间组织至少要符合其中一个很基才能生存下去（高丙中，2002）。对公益性民间妇女组织来说，要获得社会正当性就必须处理好性别平等与地方利益以及共识价值观的关系。有学者曾指出，一些家暴受害妇女庇护所之所以无人问津，是由于违背了当地对家庭暴力的传统看法"家丑不可外扬"（牛天秀，2005）。当庇护所提供的服务与民众的共识价值观发生冲突时，而自然缺乏了社会正当性。这就意味着，公益性民间妇女组织提供的服务必须植根于本土妇女的需要，符合当地的共同利益，而非某种抽象理念。

政治正当性表示组织由于符合国家的思想价值体系而被承认享有的正当性。为了获得政治正当性，公益性民间妇女组织大都主动承担起一定的政治责任。一方面，公益性民间妇女组织有意识地生产一些与党政部门价值观相匹配的价值符号。例如，公益性民间妇女组织提出"赋权妇女"等不易被现行社会接受的新观念时，为了减少阻力，往往在行动中使用社会熟知的"男女平等"价值观，因为这符合中国的基本国策，也是党政部门公开宣传的主流意识形态。另一方面，公益性民间妇女组织注意将自己的目标和行动表达为与政府的目标、政策相一致。目前，经济发展、社会稳定、民生改善是政府最关注的中心任务，因此民间组织常常积极宣示自己在"做好事"、促进社会和谐、为政府拾遗补阙方面的功能。通过话语转换的策略，公益性民间妇女组织获得了一定的政治正当性。

行政正当性表示民间组织由于遵守行政部门及其代理人掌握的规章、程序而拥有的正当性。民间组织的行政正当性可以由某一级单位领导以某种方式把自己的行政正当性让渡或传递过来。如果社团组织者本身就是相当级别的行政领导，那么这种社团就具有天然的行政正当性（高丙中，2002）。在中国的语境下，行政正当性经常比法律正当性还有效。对于公益性民间妇女组织来说，获得行政正当性的途径就在于通过频繁和政府部门、妇联、高校等"体制内"机构合作，与政府部门工作人员以及学界专家发展私人关系，或积极参加各类研讨会等"合法"活动，传递给社团一定的正当性。

A学会负责人表示，争取妇联的支持对民间妇女组织十分重要。例如在出国交流、项目合作等日常事务中，很多手续都需要妇联的合作，而这些事情往往没有明确的规章制度，更多取决于妇联对该组织的态度。妇联领导如果了解、信任民间妇女组织，当地的民间妇女组织工作开展就比较顺利。反之，民间妇女组织就会遇到各种有形无形的障碍。这就意味着，妇联可以向民间妇女组织传递必要的行政正当性。B中心则与当地政府部门一直有较好的合作，通过主动向政府部门汇报工作、邀请政府领导视察访问等方式争取政府部门的了解和支持。这种主动合作使 B 中心在一定程度上克服了以企业身份开展公益活动的障碍。

这些探索表明，增强社会正当性、政治正当性和行政正当性可以在一定程度上弥补法律正当性的不足。可见，即使在国家制度供给不足的背景下，公益性民间妇女组织还是有生存和运转的空间。这种空间有多大，则与组织寻求到的正当性相关。谋求正当性往往蕴含着许多复杂的操作和灵活的策略，尤其与组织创始人或负责人的背景、理念、能力、人脉等个人因素密切相关。公益性民间妇女组织不是均质的，每个组织都有自身产生、发展的社会环境和历史过程，因此也必然具有不同的优势和劣势。公益性民间妇女组织需要立足于自身经验，充分利用自己独特的优势和可能性去选择发展路径。

（二）培育孵化新组织

NGO 的资金来源决定了它难以承受过高的行政开支。为此，民间组织就必须控制自身的科层化程度，使组织不要过于庞大。那么公益性民间妇女组织发展后如何提高服务能力和扩大服务范围？培育孵化新的组织就成为组织的发展策略。

公益性民间妇女组织主要通过项目化运作，经过一段时间后，一些较成熟的项目就会形成新的品牌，并培养出新的管理队伍。这些项目经过孵化就可以成为独立的新组织。这些新组织有操作型的、有支持型的，但都仍然围绕着妇女/性别这个主题。这些组织之间再根据各自特点、分工发展横向的合作。而原来的组织更多地发挥业务指导、支持作用。这已成为公益性民间妇女组织发展的一种新趋势。

最近两三年来，B 中心在一些项目点逐步把项目委托给当地的妇女组织来做，由 B 中心的团队发挥监督、管理、引导的作用，同时提升 B 中心团队的管理能力。B 中心负责人这样解释：

> 我们的团队不能再做具体的项目，而要教它们怎么做项目，怎么提升和管理，不偏离我们组织的使命和目标。……我们的目标就是总结出一套经验来，然后把下面一些不同阶段的草根组织真正地培育和孵化。它成长起来以后可以向政府和基金会要钱了，我就撤退了。

组织结构扁平化和培育孵化新组织,保证了组织运行的低成本和高效率,同时,也有利于实现公益性民间妇女组织赋权妇女、提升受益群体能力的组织使命。这一应对策略的结果是公益性民间妇女组织数量的增加和能力的提高。可以说,这是公益性民间妇女组织在应对资金困境的过程中创造出的新的发展机制。

(三) 多元化汲取资源

近年来,随着国际机构援助的减少,以及国际资金的政治敏感性问题,公益性民间妇女组织在有意识地减少国际机构资助的比重,越来越多地向国内资助方寻求资助。由于不同的资助方有不同的资助重点,公益性民间妇女组织可以根据要开展的项目性质来决定寻求哪种来源的资金资助。例如,涉及儿童教育和养老服务的项目,可以申请政府购买社会服务;涉及妇女维权,以及性别意识传播和倡导的项目,则可向境外的机构申请资助;涉及妇女发展、直接为妇女提供生活服务的项目,可以向企业的社会责任部筹资等。

此外,较成熟的公益性民间妇女组织还可以通过成立非公募基金会的方式来筹集资金。公益性民间妇女组织处于公益链条的下游,是直接提供服务的,但是却具有上游的国际机构和基金会没有的优势。她们实践经验丰富,了解基层妇女的实际需求,善于处理项目执行过程中出现的各种复杂情况。这些都是处于公益链条上游的资助者无法掌握的。当一个公益性民间妇女组织发展成熟了,成立了自己的基金会,就可以实现从"输血"到"造血"的转变,更好地开展契合妇女群体需求的活动。

B中心未来的愿景是希望注册一家真正属于自己的基金会,专门资助草根妇女组织。B中心负责人说:

> 我们还是希望最好能注册一个基金会。我们的发展势必往那个方向走。没有人能按我们的思路成为我们的基金会,只有自己成立基金会的时候才能真正统领下面的组织,让他们做业务性的东西。你做方向性的支持,你的团队才能用得上。

(四) 扩大参与者范围

以往公益性民间妇女组织的骨干力量多是从体制内出来的妇女精英,

加上社会热心公益人士组成的志愿者队伍，整体来说年龄层偏大。随着性别研究和公益事业的发展，一批具有硕士、博士学位的青年高学历人才带着行动研究的视角和对性别问题的关注进入民间妇女组织。同时，志愿者的人群更加年轻化，在校大学生公益意识尤为高涨。与以往的体制内精英相比，这些青年参与者缺少丰富的社会经验和社会资本，但他们的独特优势在于熟悉互联网和移动平台，可以积极利用论坛、博客、微博、微信等社交媒体参与性别问题的讨论，影响舆论和大众文化。这些变化在一定程度上缓解了组织人才缺少的局面，也改变了以往由专家、学者、名人等有社会资本的精英主导的妇女运动形态。

C网络主要通过网络媒体传播女权主义理念。这种工作方式依靠年轻人广泛参与来进行同龄人之间的"同伴教育"。C网络负责人指出：

> 妇女运动早年最大的问题就是有门槛，有年龄、知识身份的科层。你要想大的发展，要很多很多人参与进来。但在那种体制里，年轻人没有自己的位置，没有主体性，只能做一个辅助。实际上年轻人可以做一些别的，比如教育其他年轻人。(参与范围)大了以后许多形态就不一样了，不需要按照原来的形态去做。其实有些他们做的方法是以前的人从来没想过的。

在公益组织中，年轻人得到的工资待遇可能不高，但是却可以在社会活动能力、综合素质和社会资本积累等方面获得迅速成长。这是公益性民间妇女组织吸引人才的重要原因。C网络重视为员工提供个人发展平台。当被问到组织能给予员工什么时，C网络负责人回答：

> 在这个组织比在其他组织工作得到的机会更多。比如她们现在毕业一两年就可以去给别人讲课，一般人很少有这种机会。开始自己做很难，所以就大家一起商量，现在她们都可以做了。还可以去追求自己的社会影响力……有比较多的成为青年活动家的机会。不是只是做一些辅助别人的工作，这是这个组织能够给予她们的。

B中心则通过有意识的组织建设，吸收来自不同背景的人才，合理化组织中的人员结构，从而提升组织的能力。B中心负责人说：

中心最早的时候，超过一半的工作人员都是来自这个群体（指受益者群体）。（她们）容易和群体打成一片，但局限就是很难达到符合发展需求的高度。现在我们的人员结构就比较合理。这个群体来的不到1/3，另外一部分是返聘的政府系统、妇联的退休人员，另外高学历的达到1/3。这样有学术背景的站得更高，政府体制内的更有经验，能把住方向，来自群体的有更强的亲和性。这些人组成不同的团队，分布在各个团队里，能够推动中心最初的使命上一个台阶。

公益组织从业人员更重视的不是收入，而是能为社会、他人带来多少改变，以及个人在此过程中的成长和被社会认可。被访谈的三个组织都表示，吸引员工最主要的原因是对公益事业的热情。公益性民间妇女组织可通过团队建设，扩大参与者范围，一方面营造独特的公益组织文化，提升员工的参与感和成就感；另一方面重视为员工提供上升和发展空间，以此来吸引人才，留住人才。

五　拓展分析

实践经验表明，虽然公益性民间妇女组织兼具民间组织和妇女组织的双重"边缘"身份，但是，通过增强组织合法性、培育孵化新组织、多元化汲取资源，以及扩大参与者范围等行动策略，可以在一定程度上应对这些环境局限。

这些行动策略是在当前社会组织管理制度改革和妇女运动发展的一个特定交叉点上展开的。首先，民间组织面临的治理环境是动态和多样化的。在中央政府提升对社会治理的关注度的同时，还需适时变革民间组织管理制度，不断简化民间组织的登记程序，对公益组织进行人事、财务、募捐等方面给予政策激励，由控制性管理向服务性管理转变。在此过程中，公益性民间妇女组织积极主动地采取各种行动策略，不断寻找、创造、扩张自己的活动空间。这种寻找和创造增加了社会自治成功的案例，提高了政府对社会自治的信心，构成了国家与社会之间良性的互动。

其次，建立妇联与公益性民间妇女组织的合作机制是妇女组织整体发展的必然要求。作为体制内的妇女组织，妇联应建立与公益性民间妇女组织的合作机制，把联合民间组织作为重要的工作战略，在工作机构、经费预算等方面进行相应设置，释放资源，支持公益性民间妇女组织的发展。

最后，公益性民间妇女组织运作模式与20世纪90年代相比已发生变化。以往由性别意识较强的精英女性主导、国际机构资助、专家学者共同参与的组织运作模式面临挑战，体现在领导人逐渐换代、组织小型化、国内资助比例上升、参与者年轻化，以及重视互联网技术对社会议题的推动等方面。这些变化改变了公益性民间妇女组织的组织结构、人员构成和工作方式。如果一个公益性民间妇女组织不能适应新形势，还按照原来的模式工作，必然走向式微。但是，这种变化的发生更多是组织对制度环境变化的反应，这种反应如何影响公益性民间妇女组织未来的成长，以及在多大程度上改变公益性民间妇女组织对性别议题的推动，还需要进一步的深入研究。

参考文献

邓正来、景跃进，1992，《建构中国的市民社会》，《中国社会科学季刊（香港）》总第1期。

高丙中，2000，《社会团体的合法性问题》，《中国社会科学》第2期。

高小贤，2000，《中国民间妇女组织的空间和策略》，载李小江编《身临"奇"境——性别、学问、人生》，江苏人民出版社。

和经纬等，2009，《在资源与制度之间农民工草根的生存策略——以珠三角农民工维权为例》，《社会》第6期。

黄粹，2011，《浅析我国民间妇女组织的制度需求和制度供给》，《辽宁师范大学学报》（社会科学版）第1期。

黄晓春、嵇欣，2014，《非协同治理与策略性应对——社会组织自主性研究的一个理论框架》，《社会学研究》第6期。

纪莺莺，2013，《当代中国的社会组织：理论视角与经验研究》，《社会学研究》第5期。

江华等，2011，《利益契合：转型期中国国家与社会关系的一个分析框架——以行业组织政策参与为案例》，《社会学研究》第3期。

康晓光、韩恒，2005，《分类控制：当前中国大陆国家与社会关系研究》，《社会学研究》第6期。

李小江，2005，《全球化背景下中国妇女研究与国际发展项目——兼谈本土资源和本土化问题》，《云南民族大学学报》（哲学社会科学版）第1期。

刘伯红，2000，《中国妇女非政府组织的发展》，《浙江学刊》第7期。

牛天秀，2005，《基层妇女的非政府组织为何门可罗雀》，《唯实》第 3 期。

孙立平，1992，《国家与社会的结构分化》，《中国社会科学季刊（香港）》总第 1 期。

王名，2007，《改革民间组织双重管理体制的分析和建议》，《中国行政管理》第 4 期。

肖扬，2004，《对妇联组织变革动因及其途径的探讨》，《妇女研究论丛》第 4 期。

谢世宏、毕彦如，2013，《中国公益 NGO 概览——〈中国公益组织名录〉特别报告》，中国发展简报网站，http://www.chinadevelopmentbrief.org.cn/periodical/6-70.html。

杨团，2015，《中国慈善发展报告（2015）》，社会科学文献出版社。

张紧跟、庄文嘉，2008，《非正式政治：一个草根 NGO 的行动策略——以广州业主委员会联谊会筹备委员会为例》，《社会学研究》第 2 期。

张静，1998，《法团主义》，中国社会科学出版社。

朱健刚，2004，《草根与中国公民社会的成长》，《开放时代》第 6 期。

Chan, Anita, 1993, "Revolution or Corporatism? Workers and Trade Unions in the Post-Mao China," *The Australian Journal of Chinese Affairs*, Vol. 29: 31–61.

Unger, Jonathan, 1996, "Bridges: Private Business, the Chinese Government and the Rise of New Associations," *The China Quarterly*, Vol. 147: 795–819.

生育保险取消户籍限制对女性生育权益的影响：基于北京的调查

黄桂霞　李　文[*]

摘　要　本研究以定量与定性相结合的方式，对生育保险的基本情况及取消户籍限制对女性的影响进行了初步研究。研究发现生育保险可以降低女性生育成本，户籍和女性所在单位的所有制性质对女性能否享受生育保险影响较大。但我国现有生育保险水平较低，尚不能满足女性生育需求。因此，要增强政府责任，消除城乡户籍差异，不断完善生育保险政策，提高生育保险水平，降低女性在生育中承担的经济成本，为职业女性创造更加平等的发展环境。

关键词　生育保险　户籍限制取消　生育权益

本研究的生育保险主要包括分娩费用报销、生育津贴（产假期间的工资收入或补贴）、产假时间等内容。从制度政策角度来看，生育保险是否覆盖所有劳动者，是女性能否享受生育保险的前提；而在需要时能否享受相应待遇则是社会保障社会价值的关键衡量指标，妇女生育时的分娩费用能否报销，女职工生育能否按国家规定享受产假和产假期间的生育津贴等生育待遇，是衡量生育保险价值及实施效果的重要指标。

---

[*] 黄桂霞，女，全国妇联妇女研究所助理研究员，研究领域：性别平等、社会保障；李文，女，全国妇联妇女研究所助理研究员，研究领域：妇女参政、农村妇女发展。

一　制度政策发展

生育保险不仅是保障妇女权益和地位的需要，也是提高人口素质、保障企业公平竞争、体现女性生育社会价值的有效制度。中国的生育保障制度政策，从 20 世纪 50 年代的《女职工劳动保护条例》、90 年代的《企业职工生育保险试行办法》到 21 世纪的《社会保险法》关于生育保险的规定、《生育保险办法（征求意见稿）》以及《女职工劳动保护特殊规定》，有了较大的发展。1994 年《企业职工生育保险试行办法》规定，城镇企业为本单位职工缴纳生育保险；之后，有 27 个省、自治区、直辖市相继颁布了当地生育保险试行办法。各地生育保险试行办法虽有差异，但基本都只是覆盖本市城镇户籍职工。自 2007 年 1 月 1 日起成都市非城镇户籍从业人员可以参加综合保险，其中包括女职工生育补贴，之后又有广州、厦门、威海等市将生育保险覆盖到非本市城镇户籍从业人员。2011 年 12 月，北京市出台《关于调整本市职工生育保险政策有关问题的通知》，自 2012 年 1 月 1 日起，北京市行政区域内的所有用人单位和与之形成劳动关系的职工，都参加生育保险，享受生育津贴和生育、计划生育手术医疗待遇。北京是目前非本市城镇户籍从业人员生育保险覆盖面、保障内容和水平都最高的地区。2012 年 4 月 18 日通过的《女职工劳动保护特别规定》将女职工产假时间延长到 98 天。2012 年《生育保险办法（征求意见稿）》规定，中华人民共和国境内的国家机关、企业、事业单位、有雇工的个体经济组织以及其他社会组织及其职工或者雇工，应当参加生育保险。这意味着所有女职工不分户籍都可以平等享受生育保险待遇，即法定的生育医疗费用和生育津贴均纳入生育保险基金支付范围。从生育保险的参保率来看，2000 年城镇职工生育保险覆盖率仅为 26.0%；2005 年有 5409 万人享有生育保险，占城镇职工数的 46%；2010 年有 12336 万人，达到职工总数的 95%。2013 年全国参加生育保险的人数为 16392 万人，提前完成了社会保障"十二五"规划提出的到"2015 年生育保险参保人数达到 1.5 亿人"的目标。

在城镇职工生育保险不断扩大覆盖面的基础上，政府也日益重视城乡居民的生育保障。城镇非就业妇女的生育医疗待遇借助城镇居民医疗保险平台得到了解决。① 农村居民分娩费用报销由新型农村合作医疗（以下简称新农合）支付，在此基础上，国家建立了农村妇女分娩补助项目，通过财政设立专项资金，对农村住院分娩的产妇给予财政补助。项目范围涵盖全国 31 个省、自治区、直辖市，所有农村户籍孕产妇都可以得到财政补助，解决了农村妇女的住院分娩医疗费用问题。

二 生育保险基本情况及影响因素

本研究的数据主要来源于 2010 年全国妇联与国家统计局联合进行的第三期中国妇女社会地位调查②中关于生育保险享有情况的调查数据。根据调查问卷的设计，本部分主要从生育的医疗费用报销、女工的产假时间和生育期间的收入（生育津贴）三个层面进行分析。加权后的数据显示，共有 22728 人回答了"被调查者/配偶生育最后一个孩子时的分娩费用"问题，其中城镇 11213 人，农村 11515 人。由于以男性为被调查者了解其配偶的产假时间不能准确反映女性整体状况，而且未就业人员或从事农业劳动者没有法定意义上的产假，所以产假时间及产假期间的工资/补贴只针对从事非农就业的已生育女性，共有 6687 个样本。有 3339 名非农就业女性回答了"生育最后一个孩子时的产假天数"和"生育最后一个孩子时产假期间的收入"问题，其中城镇户口的有 3037 人，占 91.0%，农业户籍的 302 人，占 9.0%。

本文的数据分析主要从两个方面进行。一方面是被调查者的个人特征，包括户籍、年龄（生育时间）等；另一方面是劳动力特征，包括被调查者的就业身份、是否单位正式员工、职位、所在单位类型及性质等。从个人特征来看，户籍和年龄差异引起的保障水平差异主要源于制度的发展变迁；从劳动力特征来看，劳动者由于身份不同和所在单位不同导致的生

---

① 2009 年人力资源社会保障部颁发的《关于妥善处理城镇居民生育医疗费用的通知》（人社厅〔2009〕97 号）明确提出，将城镇居民基本医疗保险参保人员的住院分娩发生的符合规定的医疗费用纳入城镇居民医保基金支付范围，其中，开展门诊统筹的地区，还将符合规定的产前检查费用一并纳入基金支付范围。
② 自 1990 年以来，全国妇联每隔十年进行一次全国规模的国情、妇情调查，第三期中国妇女社会地位调查以 2010 年 12 月 1 日为标准时点，以全国除港澳台以外居住在家庭户内的 18～64 周岁的中国男女公民作为个人问卷调查的对象，对各项反映中国妇女社会地位现状的资料进行了全面系统的搜集，个人问卷包括个人基本情况、受教育经历、工作和职业经历、社会保障情况以及家庭、参政、个人观念等内容。

育保障水平的差异主要是保障制度的碎片化所致。

1. 生育保险的基本情况

（1）分娩费用报销情况。

分娩费用包括产前检查费、接生费、手术费、住院费和药费等。虽然职工和城镇居民的分娩费用可以由单位或保险基金支付，但仍有很多已生育女性要自己支付部分甚至全部分娩费用。

表 1 分娩费用报销的具体情况

单位：%

样本变量	全部免费/报销	定额补贴或部分报销	全部自费	N
户籍				
城镇户籍	24.3	21.5	53.3	11213
农村户籍	3.3	7.7	87.0	11515
生育最后一个孩子的时间				
2001～2010 年	6.5	25.3	67.5	6125
1991～2000 年	10.2	12.0	76.7	6004
1981～1990 年	16.2	7.6	74.3	7163
1971～1980 年	18.0	6.8	72.2	3072
1961～1970 年	7.6	5.9	80.5	118
区域				
京津沪	37.2	13.3	49.0	1348
东部	11.5	13.9	73.8	8301
中部	9.0	12.3	77.1	7136
西部	10.9	14.4	71.8	5943
北京	32.8	10.7	56.5	878
单位所有制				
国有单位	32.9	26.0	41.1	2252
城镇/农村集体	20.1	15.6	64.3	613
私营/个体	11.7	15.4	72.9	1113
三资企业	15.2	29.2	55.6	169
是否国有单位正式职工				
正式职工	41.5	29.4	28.1	1960
非正式职工	12.1	19.8	68.1	470

（2）产假休假时间情况。

10 年来，中国女性生育时的产假时间延长，同时，能按照国家规定享受产假的比例也有了提高。调查显示，非农就业女性生育最后一个孩子时享受了 90 天以上产假的占 62.8%；基于一部分女性是在 1988 年之前生育的，法定产假为 56 天，共有 83.8% 的女性的产假时间达到 56 天以上。

表 2 非农就业女性产假时间享受情况

单位：%

样本变量	少于 55 天	56~89 天	90 天以上	N
户籍				
城镇户口	14.5	20.3	65.2	3801
农村户口	49.7	11.3	39.1	515
生育最后一个孩子的时间				
2001~2010 年	10.5	6.2	83.3	785
1991~2000 年	14.8	10.2	75.0	953
1981~1990 年	22.2	23.4	54.4	1080
1971~1980 年	26.0	56.4	17.6	213
区域				
京津沪	9.0	36.4	54.6	370
东部	15.4	14.7	69.9	1246
中部	20.8	18.8	60.4	832
西部	22.0	19.9	58.1	749
北京	9.3	33.3	57.4	258
单位所有制性质				
国有单位	12.5	23.8	63.7	3475
城镇/农村集体	22.7	28.5	48.8	671
私营/个体	21.7	14.0	64.3	1128
三资企业	7.1	13.1	79.8	157
合计	16.2	21.0	62.8	

注：由于 1961—1970 年生育孩子的样本只有 5 个，不具有统计意义，所以本处未做分析。

（3）非农就业女性产假期间的工资、补贴享有情况。

调查显示，生育最后一个孩子时休过产假的非农就业女性产假期间有工资、补贴的比例为 88.1%。对于有单位的女性，产假期间有工资、补贴的比例为 91.5%，比 2000 年第二期中国妇女地位调查时所在单位提供产假/孕期保健工资的 56.4% 提高了 35.1 个百分点，比 1990 年第一期中国妇女社会地位调查时能在单位享受到产假工资的 32.4% 提高了 59.1 个百分点。

表3 非农就业女性产假期间生育津贴享受情况

单位：%

样本变量	与产前差不多	基本工资/部分补贴	没有收入	N
户籍				
城镇户口	43.8	33.7	21.3	3801
农村户口	12.9	5.5	79.8	515
生育最后一个孩子的时间				
2001~2010 年	54.0	33.9	11.8	785
1991~2000 年	44.1	41.7	13.7	953
1981~1990 年	49.4	40.7	9.2	1080
1971~1980 年	55.2	33.9	10.4	413
区域				
京津沪	37.8	55.7	6.2	370
东部	51.5	36.6	11.4	1246
中部	53.4	36.7	9.1	882
西部	48.3	35.0	16.2	749
北京	34.7	48.8	16.5	285
单位所有制				
国有单位	52.8	38.0	9.2	3475
城镇/农村集体	34.6	39.6	25.8	671
私营/个体	25.5	31.9	42.6	1128
三资企业	29.2	41.5	29.2	157
是否国有单位正式职工				
正式职工	63.4	34.4	2.3	2117
非正式职工	35.0	53.2	11.8	471

2. 生育保险享受水平的影响因素

女性在生育时享受生育保险的项目和水平上存在一定差异，到底是哪些因素影响了女性生育保险的享受,影响程度如何?

(1) 分娩费用报销的影响因素。

因变量为分娩费用能否报销,由二元 logistic 回归分析发现,户籍、区域、所在单位性质以及是否单位正式员工/在编人员是女性生育最后一个孩子时分娩费用能否报销的显著影响因素,而生育时间对能否报销分娩费用的影响不显著。农业户籍的女性分娩费用能够报销的比例仅为相应城市户籍的 18.8%。城镇女性分娩费用完全报销的比例高出农村女性 21.0 个百分点,农村女性分娩费用全部自费的比例高达 87.0%。

表 4 分娩费用报销的 logistic 回归

	S.E.	Sig.	Exp (B)
城乡(城市户口为参照)			
农村	0.255	0.000	4.414
生育最后一个孩子时间(2001~2010 年为参照)		0.521	
1991~2000 年	1.092	0.440	2.323
1981~1990 年	1.092	0.422	2.405
1971~1980 年	1.092	0.383	2.591
1961~1970 年	1.095	0.513	2.046
区域(京津沪为参照)		0.000	
东部	0.207	0.000	2.243
中部	0.123	0.041	0.777
西部	0.126	0.000	0.620
所在单位性质(党政机关/人民团体为参照)		0.000	
社会团体	1.429	0.754	0.639
事业单位	1.459	0.444	0.527
企业	1.425	0.776	0.667
民办非企业	1.424	0.980	1.037
个体	2.104	0.640	0.373
是否国有单位正式员工(非正式员工为参照)		0.000	
正式员工	0.495	0.768	0.864
常量	1.868	0.206	0.094

Nagelkerke R^2 = 0.202,进入模型的个案数为 2566。

(2) 产假休假的影响因素。

因变量为非农女性生育最后一个孩子时是否按照国家规定享受产假,由二元 logistic 回归分析发现,户籍、区域、所在单位性质是非农就业女性生育最后一个孩子时能够按照国家规定享受产假的显著影响因素,而生育时间的影响不显著。其中,从事非农劳动的农业户口女性能按国家规定享受产假的可能性仅为非农户口女性的 20.9% 。农业户口从事非农劳动的就业人员基本属于流动人口中的农民工,在城乡二元分割的体制下,即使在城镇就业,与城镇女性在业者相比,流动女性生育时所能享受的待遇依然较差。

表 5 产假休假的 logistic 回归模型

样本变量	S.E.	Sig.	Exp(B)
城乡(城市户口为参照)			
农村	0.178	0.000	4.408
生育最后一个孩子时间(2001~2010 年为参照)		0.000	
1991~2000 年	1.079	0.013	14.800
1981~1990 年	1.076	0.030	10.401
1971~1980 年	1.073	0.119	5.326
区域(京津沪为参照)		0.000	
东部	0.217	0.000	2.161
中部	0.145	0.489	1.106
西部	0.147	0.031	0.727
所在单位性质(党政机关/人民团体为参照)		0.001	
社会团体	0.291	0.001	2.722
事业单位	0.268	0.494	1.201
企业	0.220	0.001	2.145
民办非企业	0.192	0.035	1.500
个体	0.420	0.185	1.745
常量	1.097	0.052	0.119

Nagelkerke R^2 =0.108,进入模型的个案数为 3273。

(3) 产假期间收入的影响因素。

因变量为非农就业女性生育最后一个孩子时产假期间是否有相应的工

资收入或生育津贴,由二元 logistic 回归分析发现,户籍与是否国有单位正式员工是非农就业女性生育最后一个孩子产假期间是否有相应的工资收入或生育津贴的显著影响因素,其中,农业户口女性产假期间收入与产前差不多的可能性是城镇户口女性的 41.9%。而生育最后一个孩子时的时间、所在单位性质、区域等因素影响不显著。

表 6 产假期间收入的 logistic 回归

样本变量	S.E.	Sig.	Exp(B)
城乡（城市户口为参照）			
农村	0.319	0.000	4.929
生育最后一个孩子时间（2001~2010 年为参照）		0.046	
1991~2000 年	1.005	0.019	10.505
1981~1990 年	1.006	0.008	14.687
1971~1980 年	1.003	0.007	14.843
区域（京津沪为参照）		0.459	
东部	0.360	0.166	1.646
中部	0.227	0.223	1.318
西部	0.230	0.515	1.161
所在单位性质（党政机关/人民团体为参照）		0.014	
社会团体	1.585	0.082	15.804
事业单位	1.613	0.268	5.958
企业	1.565	0.143	9.892
民办非企业	1.560	0.253	5.941
个体	39586.365	1.000	5.443E8
是否国有单位正式员工（非正式员工为参照）		0.000	
正式员工	0.747	0.165	0.354
常量	2.008	0.028	0.012

Nagelkerke R^2 = 0.241,进入模型的个案数为 2297 个。

三 北京市女性生育保险情况

从 2012 年开始,北京市行政区域内的用人单位,包括企业、机关、事业单位、社会团体、民办非企业单位、基金会、律师（会计师）事务所、有雇工的个体工商户（以下简称用人单位）和与之形成劳动关系的职工，应当参加生育保险。新纳入参保范围的女职工，2012年9月30日之前生育的，可即时申领享受相应的生育津贴待遇。2012年10月1日以后生育的，非本市城镇户籍女性如连续缴费不足9个月，其生育津贴由用人单位支付。如果分娩后连续缴费满12个月的，职工的生育津贴由生育保险基金予以补支。补支标准为申报领取津贴之月，用人单位职工月缴费平均工资除以30天再乘以产假天数。

按照研究计划，课题组成员首先对相关的法规、政策、统计资料等进行分析研究，根据已婚未育和已经生育的调查对象，设计了两份访谈提纲。根据8类不同用人单位类型，每类单位选取3名非本市城镇户籍女职工，分别为2012年1月1日至9月30日之间生育、2012年10月1日后生育以及2010年10月后已婚未育的各1人，共访谈24人。

1. 已育女性生育保险享受情况

（1）访谈提纲。

对于已育女性，访谈内容包括对现有政策的了解、评价及建议，实际参保情况以及享受情况。2012年10月1日之后生育的女性：

姓名： 　身份证号：

性别： 　年龄：

结婚时间： 　生育时间：

①对北京市生育保险政策调整的了解程度；

②是否参保，参保时间；生育时是否享受到了生育保险；

③生育医疗费用报销比例，产前检查、住院分娩自费情况；

④产假时间；

⑤是否领取了生育津贴，领取时间，从单位还是生育保险基金领取，与生育前收入的差异，能否满足现实生活需求；

⑥生育是否影响了职业发展和能力提升；

⑦丈夫是否享受了父育假及休假时间；

⑧认为生育保险现存哪些问题，对生育保险发展的期望及建议。

已生育女性访谈统计表明，2012年9月30日之前生育的女性与10月

1 日之后生育的女性在生育保险享受方面存在一定差别，主要反映在以下问题上：是否及时领取了生育津贴，每月多少，与生育前收入的差异。

本次访谈对象是非京籍已生育女性，虽然 2012 年北京规定有劳动关系的女性都可以享受生育保险，但访谈发现，这一政策的实施效果并不理想。在已生育的 16 位访谈对象中，有 12 位参加了生育保险（75%），其中 11 位生育时享受到了生育保险待遇。

（2）生育保险待遇享受情况。

①分娩费用报销情况。

2010 年第三期中国妇女社会地位抽样调查数据北京数据显示，被调查者/配偶生育最后一个孩子时分娩费用全部免费/报销的比例为 32.8%，定额补贴或部分报销的比例为 10.7%，全部自费的比例达到 56.5%。

本次访谈发现，在有生育保险的女性中，产前检查都按规定报销了 1400 元，但普遍反映标准低不能满足实际的检查需要。而住院分娩费用最多的报销 90%，没有保险的产前检查和分娩费用都自费，个人负担较重。

产前检查报销费用较少，实际检查次数多，1400 元的标准和实际费用有较大差距。

②产假休假时间。

2010 年第三期中国妇女社会地位抽样调查数据北京数据显示，从事非农劳动的已生育女性产假不足 55 天的为 9.3%，56~89 天的为 33.3%，90 天以上的占 57.4%。

2012 年《女职工劳动保护特别规定》规定女职工产假时间为 98 天，难产的增加 15 天。按照新规定，本次访谈对象的产假时间应该有普遍延长。访谈发现确实如此，在已生育的 16 位女性中，有 12 位女性休了产假，其中 11 位按规定休够了法定的 98 天；有 6 位配偶休了父育假，有 2 位配偶将假期调整给妻子用于休产假，其余 8 位已生育女性的配偶没有享受父育假。

③生育津贴享受情况。

2010 年第三期中国妇女社会地位抽样调查数据北京数据显示，从事非农劳动的已生育女性产假期间生育津贴与产前差不多的比例为 34.7%，有基本工资或部分生活补贴的比例为 48.8%，没有收入的比例为 16.5%。

从本次访谈简单统计可以发现，生育津贴享受比例较低，已生育的 16 位女性，有 6 名产假期间没有任何收入。有人甚至不知道有生育津贴。有生育保险的已生育女性,生育津贴都能拿到基本工资,仅有 2 位拿到的生育津贴与产前差不多。访谈对象普遍反映,生育津贴水平较低,不能满足现实生活需要,但同时也都认为,与之前不能参加生育保险没有津贴相比,目前的状况要好很多。

(3) 生育保险现存问题。

关于生育保险目前存在的问题,主要反映在以下几个方面。

一是政策执行存在的问题较大,报销不容易。

二是社会监督明显不够,公司不完全按照政策规定执行,比如产假、生育津贴不按照标准给,如果员工提出意见可能导致失业,结果只能让步。

三是领取程序复杂不合理,要居委会开具证明、要居住证等。导致有人有生育险,却没有享受到,因为太烦琐,懒得折腾。

(4) 期望和建议。

对于完善生育保险政策的期望和建议,主要集中在以下几点。

一是加大对生育保险政策的宣传。访谈对象普遍反映,对生育保险政策了解少,对参加保险的方式、报销水平、程序都不清楚,对北京市生育政策基本不了解,对新农合可以定额报销、产前检查和分娩费用医疗报销也不了解。

二是进一步扩大生育保险的覆盖范围。未在职人员也可以自己缴纳生育保险,以保证可以享受到相关福利待遇。

三是延长产假时间,保障男性享有带薪生育假。对于现有产假时间,大家普遍反映时间太短,总共才 4 个半月,而剖腹产基本要半年时间伤口才停止疼痛。有人建议最好将产假时间延长至孩子断奶后,也就是 10~12 个月。受访者普遍认为男性应有带薪生育假,女性生育后,面临角色转换,需要丈夫的陪伴与适应。

四是提高产前检查报销额度。有人建议提高医疗费用报销额度,有些母亲身体条件不好,因怀孕、生育可能出现各种并发症,但费用不在报销范围内,导致经济负担较重。建议可以制定顺产和剖腹产的不同标准,总之要基本够用,尽量减少产妇家庭自费费用。

五是提高生育津贴标准。对于现行政策中生育津贴的规定,大家希望标准能更高一些,因为对于收入一般的家庭来说,较高水平的津贴会有更多帮助;发放时间长一些,针对不同情况给予不同水平、期限不同的生育津贴,更好地满足生育母子的需要。有人提出每月 2000~3000 元津贴标准。

2. 已婚未育女性生育保险情况

（1）访谈提纲。

对已婚未育女性，问题主要涉及对现有政策的了解和对政策的希望与建议。

  姓名：　　身份证号：
  性别：　　年龄：
  结婚时间：　　计划生育时间：
  ①是否了解生育保险政策取消户籍限制的调整；
  ②自己是否参保；
  ③对现有保障内容和水平的看法；
  ④是否清楚享受生育保险的程序；
  ⑤如何看待男性生育假，多长时间比较合适；
  ⑥现有生育保险存在哪些问题，对生育保险未来发展的期望和建议；
  ⑦生育是否会影响职业发展。

已婚未育女性访谈统计发现，已婚未育女性的参保率和对政策的了解都好于已生育女性，但对享受生育待遇的程序不太了解，而且普遍认为现有生育保障内容和水平都明显不足。

（2）存在问题及建议。

一是加强对生育保险政策的宣传，提高公众对这一政策的了解程度。

二是适当延长产假时间，方便女性哺乳和身体恢复。因为提倡母乳喂养，工作单位离家都比较远，98天产假后上班后，实现母乳喂养比较难。而且剖腹产的伤口愈合基本要6个月，可以延长产假时间至6个月。

三是提高生育津贴水平。

四是缩短分娩费用的报销周期，增加围产保险额度。访谈对象反映，产前围产费用额度太低，不能实报实销实时结算，周期长，后期报销比较麻烦。因此，建议缩短报销周期，实行实时报销；调大围产保险额度，期望能够全额报销。

五是夫妻双方都缴费，但只能享受一方的，建议另一方也能报销部分或全部。

3. 生育对职业发展与个人能力提升的影响

大部分受访者认为，生育对职业发展和个人能力提升造成一定影响。其中一部分认为影响很大。职业规划时，要先考虑到孩子，生活压力、工作压力都比较大。毕业找工作的时候用人单位就问结婚没结婚，有没有孩子，孩子多大了。因为相对于女性来说，结婚生育不仅直接影响其职业发展，更多地会影响单位的工作安排及效益。

（1）职业选择受影响。

备孕和生育这几年工作环境要相对轻松，一些有挑战性的工作要量力而行。生育后的一两年工作不好调整。有受访者提到，怀孕生育时总是想找个时间比较宽松不是很累的工作，以方便怀孕、生育和养育孩子，等孩子上幼儿园后才会更多考虑个人的职业发展。有受访者谈到，先在事业单位就业，孩子一岁多，就会开始考虑换一个收入高些，哪怕会忙一点的单位。

（2）职业晋升会受影响。

一旦怀孕，公司就不会安排较为重要的职位和工作。有人从怀孕开始就被调岗，由于是新单位，刚开始上班就怀孕了，公司没辞退并且给转正，调岗也就认了。

（3）收入会受影响。

一些访谈对象反映，生完孩子去上班薪水降低了，绩效工资直接被扣除。产假休完后，收入太低，于是有些女性就选择离职回家专职带孩子。

四　发现与讨论

通过对第三期中国妇女社会地位调查中相关生育保险的数据分析，以及针对北京市非本市城镇户籍生育保险情况的访谈，本研究主要有以下几点发现。

1. 户籍对女性能否享受生育保障影响较大

从中国生育保障的基本制度和实践来看，户籍是影响生育女性能否享受生育保障的重要因素，城镇就业者的生育保障水平远远高于农业劳动者。第三期中国妇女社会地位抽样调查数据显示，城镇女性分娩费用完全报销的比例远远高于农村女性，农村生育妇女只能从新农合中得到分娩费用的定额补贴，而且水平较低。城镇职工能享有的产假和保障母婴健康和生活的生育津贴，农业劳动者也无法享受。这些差异存在的根本原因在于生育保险主要针对本市城镇户籍人口，在这样的制度政策下非本市城镇户籍女工不能享受相应的生育保障待遇。所以，即使同样从事非农就业，非农户口女性的产假时间达到国家规定的比例也远远高于农业户口女性的比例，产假期间有工资或补贴的非农户口女性比例是农业户口女性的4倍。因此，消除城乡户籍差异，是建立公正生育保障的一个必要条件。

2. 生育保险可以降低女性生育成本，对女性职业中断起到缓冲作用

政府、用人单位对女性生育经济成本的分担，在一定程度上可以降低家庭尤其是女性的生育成本，从而降低怀孕分娩及产假阶段女性的职业中断率。生育保险为妇女提供医疗服务、产假、生育津贴等，主要作用是保证女性因生育而暂时丧失劳动力的基本经济收入和医疗保障，帮助生育女工恢复劳动力，重返工作岗位。调查分析发现，分娩费用报销水平和产假期间生活补贴水平对生育女性的职业中断影响较大，分娩费用全部报销的女性因生育中断职业的比例仅为全部自费女性相应比例的一半，提高分娩费用报销比例和生育津贴水平，会在一定程度上降低女性生育时的职业中断率。相关研究也表明，女性在怀孕和产假期间中断职业的比例较低，怀孕和生产对女性就业率的影响较小，生育保险发挥了重要作用。因此，要增强国家在人口再生产中的责任，进一步完善生育保险政策，提高生育保险统筹层次和保险水平，尤其是分娩费用报销比例和生育津贴水平，降低女性在生育中承担的经济成本，给女性生育以更多的支持，解除女性生育的后顾之忧，为职业女性创造更加平等的发展环境。

3. 单位所有制对生育保险的享受影响较大

能否享受生育保险待遇，尤其是待遇水平高低，与女性所在单位性质密切相关。无论是2010年全国生育保险情况、北京市城镇户籍女性还是本次访谈的非北京市城镇户籍女性的生育保险，国有单位，包括部分企业、机关、事业单位、社会团体的女性的生育保险情况较个体和私营企业的保险待遇要好。由生育保险享受水平的影响因素也可以看出，所在单位性质是女性生育时分娩费用报销、能否按照国家规定享受产假的显著影响因素。

4. 政策执行较差，生育保险水平有待进一步提高

北京市《关于调整本市职工生育保险政策有关问题的通知》明确规定，所有与用人单位有劳动关系的女性都能享受生育保险。实际调查时，在访谈对象本身更多选择体制内单位的基础上，生育保险也仅覆盖了76%（共访谈24人，有5人没有生育保险）的女性。保险水平也较低，医疗费用和生育津贴水平都不能满足大部分生育女性的实际需求。访谈中，在享受了生育保险的 11 位已生育女性中，普遍反映产前检查和分娩报销不足，与北京建档医院规定的产检项目所需费用差距较大。生育津贴水平较低，发放时间较短。

服务业转型中售货员多维身份认同的变迁
——以 L 市为例

苏熠慧[*]

摘 要 本文尝试通过"交叉口"（intersectionality）视角，考察女性售货员在服务业转型过程中多维身份认同的变迁。本文展现了计划经济时期的国营百货 A 与市场经济时期的私营百货 B 的女性售货员在公民、性别和阶级三重身份上的不同，发现：计划经济时期国家安排的性别分工下形成的公民身份逐渐由于市场进入而消逝，建立在"姐妹情感"上的性别认同也逐渐出现分化，性别分化与阶级分化互相加强。

关键词 阶级 公民身份 性别身份

一 问题提出与文献回顾

中国剧烈的社会转型改变了许多人的命运，包括女性劳动者。自改革开放以来，物质逐渐丰富，商业逐渐发达，商业系统逐渐由计划经济时期国家分配的机制转为由市场主导的机制。商品市场和劳动力市场在各种贸易中结合，原先商业内部女性劳动者的劳动方式也发生了变化。售货员，作为商业系统中的重要组成部分，在 1979 年前被认为是城市女性青睐的职业，而在 1979 年之后却被认为是不稳定、工资低、农村女孩的职业。这种变化是如何发生的？两个时期女性售货员的劳动有什么不同？她们的身份认同有什么区别？本文通过对这些问题的追寻，来讨论社会变迁下女性劳

---

[*] 苏熠慧，女，上海财经大学讲师，研究领域：劳动与性别。

动者多维身份的建构过程。

对于服务业的研究，主要集中在三个方面。第一，对"情感劳动"（emotional labor）的研究。霍斯希尔德（1983）的研究表明，女性较为集中的服务业劳动中，资本对情感的控制，造成女性在情感上的异化（Hochschild, 1983）。第二，对"性别分工的全球化"的研究。蓝佩嘉（2008）在对台湾家政工的研究中发现，资本主义的全球扩张，将传统的性别分工延伸到全球范围，造成资本、父权和种族三重制度对第三世界女性的剥削。这些研究虽然都承认劳动过程中存在性别压迫，但性别与阶级之间的关系在这些研究中却相对模糊。第三，对"性别化的劳动过程"的研究。在这类研究中，性别与阶级之间的关系得到了更好的体现。何明洁（2009）在对酒楼女工的研究中发现，酒店业的劳动过程是借用女性的社会性别建构对女工实施控制。在她的研究中，阶级不平等与性别不平等是重合和并行的。但是她的研究也只是将女性作为资本的对象与控制的客体，而忽略了女性主体的建构过程。女性在劳动过程中所形成的认同，以及这种认同建立的机制，却没有得到应有的重视。

本文希望通过"交叉口"（intersectionality）的视角，将女性劳动者的阶级与性别建构放在社会变迁的角度下进行考察。"交叉口"的视角是女性主义者Patricia Collins提出来的概念。这个概念旨在批判自由主义的女性主义过于注重女性在性别方面的主体性，忽略了她在社会生活其他方面的主体意识，且传统女权主义过于强调女性作为统一的整体所呈现出来的同质性，而忽略了女性内部存在的差异性（Collins, 1998）。"交叉口"理论强调，女性作为具有多重叠合身份的主体，具有性别、劳动者、公民等多维的身份。女性群体内部因为这些特征而呈现出差异。不同的身份相互作用，使得不同种族、不同阶级的女性在身份认同上呈现出巨大差异（Collins, 1998）。在"交叉口"的隐喻中，每个女性个体都交织于性别、种族、阶级、公民等不同的身份中，就像站在不同道路相交的"交叉口"上。本文将"交叉口"理论用于考察改革开放前后女性售货员在阶级、公民、性别等不同身份认同的变迁情况，考察不同时期女性售货员的不同身份是如何在社会变迁中建构起来的，且相互作用的机制。

二　研究方法

本文选取了L市的两个百货公司进行研究。L市是东南沿海的小城市。

早在明末清初，就开始出现小型的贸易，到民国时期，贸易已经非常发达。作为东南沿海的小城市，L 市的商业发展得较早，且由于城市规模较小，商业变迁的轨迹也比较清晰。因此，选取 L 市区的商业系统进行研究，能够更好地在历史的维度中考察变迁。本文选取了 L 市区的两个百货公司作为案例进行研究。一个是国营百货 A，一个是私营百货 B。对于国营百货 A 的研究，主要使用 L 市档案局的档案资料，以及对国营百货 A 普通员工和领导的访谈，通过结合历史档案资料和口述史资料还原当时女性劳动者的劳动过程和身份认同。访谈对象为 20 人。对于私营百货 B，主要通过访谈以及民族志的方法进行研究，并辅以 100 份问卷作为补充材料。民族志田野调查的时间为 2013 年 7~9 月，2014 年 1~3 月，2014 年 6~8 月。

三　L 市区商业变迁历史：国家的退出与市场的进入

L 市，位于福建西部，是闽江、九龙江和汀江的发源地，主要地形为盆地，四周为山峦包围。这个地区在清末、民国初期，便有大量商人外出经商。1934 年，汀漳公路开通后，湘、赣等地商人到 L 市采购，商业日趋繁荣。1937 年，城区有商铺 400 余家。由于战乱，到 1949 年，城区只剩店铺 225 家。新中国成立以后，L 市贯彻"繁荣经济、保障供给"的方针，发展以国营商业、供销合作商业为主，个体商业和集体贸易为辅的社会主义商业体系。

1950 年，L 市进入了公私合营的进程，开始进入大型的国有商业系统。1955 年中国百货公司在福建省 L 市设立门市部。这个门市部在 1956 年移交给 L 市管理，成立中国百货公司 L 市分公司，也就是国营百货 A。国营百货 A 拥有经理 3 人，股长 3 人，门市部主任 1 人，一般干部 38 人，共计 45 人。截至 1956 年该公司进行工资改革的时候，国营百货 A 已经拥有员工 102 人，其中正式工人 39 人，临时雇用 6 人，行政管理人员 51 名，勤什 3 人，炊事 2 人，销售保管 1 人。在 1956 年实行财产管理责任制以后，国营百货 A 从 1957 年开始，保持了以上比较稳定的机构设置。从 1972 年开始，国营百货 A 建立了九一路分店，1978 年又逐渐建立龙川路、九一路、登高路、西安路、溪南路分店。20 世纪 70 年代，国营百货 A 在规模和雇用的人数上有了巨大飞跃，在营业额上也有了巨大的提高。同时也成为 L 市的支柱百货公司。1980 年，正当国营百货 A 发展得欣欣向荣时，全公司相应国家的号召，开始实行承包责任制——以柜长承包为主的承包责任制。1982 年，紫金百货大楼建立，隶属于国营百货 A。1987 年，紫金百货从国营百货 A 中独立出来，并改制为股份制公司。2002 年，国营百货 A 进行了双置换改制——企业身份置换和职工身份置换同时进行。国营百货 A 对资产进行评估以后，出售给私人，并将出售的价格折合成股份，为私人所有，从而转变为私营的百货公司。由此，曾经在计划经济时期占据重要地位的国营百货 A 逐渐衰败，而改制之后在 L 市商业系统中的地位，也逐渐被 2001 年兴起的私营百货 B 所取代。

2001 年 5 月，原先国营百货 A 所在的地区开了一家百货公司，即私营百货 B。它从建立初期便为 L 市最大的私营百货公司，占地面积 3000 平方米，经过 2007 年的装修升级后，营业面积已达 1.2 万平方米，员工共有 500 人。私营百货 B 一共四层。从第一层到第四层分别为：时尚名品馆、摩登少女馆、雅仕名媛馆、温馨家居馆。整个公司所销售的品牌多达 200 个，欧珀莱、欧莱雅、ESPRIT、欧时力、周大福、匡威、NIKE、ADIDAS 都在其经营范围之内。它的组织架构包括市场部、财务部、管理部、营业部四个主要部门。

国营百货 A 的衰弱与私营百货 B 的兴起，经历了由计划经济到市场经济的转型。两个时期中，国家与市场都在女性多维认同的构建中扮演着不同的角色。

首先，在国营百货 A 兴盛的计划经济时期，国家不仅掌握着生产资料和生活资料的分配，也控制着劳动分工。1949～1960 年，国营百货 A 的售货员主要由私人杂货店的人员通过公私合营转变而来。之后到 2002 年改制前，国营百货 A 主要采用计划性招工方式，通过向商业局递交招工计划，经过审批而获得招工名额。计划安排下的招工包括三种形式：亦农亦商、土地征用、退休补员招收（招收上山下乡的知青）。以上三种招工都具有一个共同的特点：国家在性别分工中发挥主导作用，通过招工计划，将大量女性安排到服务业中。

国家不仅在性别分工中占据主导角色，也掌握着生产资料和生活资料的分配。这表现在货物流通和工资制定的计划性上，国营百货 A 中买卖的所有货物都根据国家的计划而执行，而在工资的分配上也严格按照计划规定的级别进行。国家深深介入服务业的劳动过程。售货员的劳动由她们和国家之间的社会契约所规定，售货员的身份认同也受到国家安排的形塑。与国家的强影响不同，市场在计划经济时期对售货员的劳动并没有太大影响。在资源匮乏的计划经济时期，所有的物资流通都是由国家通过行政手段进行控制的。自由市场不存在，更不用说剩余资源能够通过自由市场进行交换的方式。

其次，当国营百货 A 被要求改制，逐渐走向衰败时，私营百货 B 也孕育而生。可以说，私营百货 B 诞生于市场经济时期，其劳动者的身份认同更多地受到市场而非国家的影响。在这个时期，国家从劳动者的再生产领域中全面退出，它不再介入售货员的招聘过程，也不再全面干预工资等生活资料的分配。国家的退出，在一定程度上为市场的培育创造了条件。日益丰富的产品交由逐渐形成的商品市场进行自由流通和分配。与此同时，《劳动法》的实施，宣告了劳动力市场的建立和国家在劳动分工领域的退出，也宣告了国家与劳动者之间的社会契约转而被资本与劳动者之间的法律契约所取代。当售货员的劳动力变成商品在劳动力市场上进行买卖时，雇主和顾客便对售货员的劳动产生了更大的规制。在国家逐渐退出生产和生活领域时，资本和市场便逐渐代替它控制了售货员的劳动。因此，在市场经济时期，女性售货员身份认同的建构更多地受到资本和市场，而非国家的影响。

总之，计划经济时期的国营百货 A 和市场经济时期的私营百货 B 处于不同的制度环境中，前者处于强国家弱市场的环境，而后者处于弱国家强市场的制度环境。因此，两个阶段女性劳动者的身份认同也受到不同制度环境的影响，女性劳动者在强国家弱市场中所构建出来的多维身份认同与在弱国家强市场中构建出来的多维身份认同存在一定的差异，而社会转型中女性劳动者多维身份认同的变迁也在一定程度上反映了制度环境的变迁。

四 从国营百货 A 到私营百货 B：女性售货员多维身份的变迁

（一）公民身份的塑造和消逝

1. 计划经济时期：为国家服务与女公民的塑造

（1）以政治身份为基础的招工。

正如上文所述，计划经济时期国家主导着性别分工。在国营百货 A 郭书记的回忆中，服务业中的招工存在计划性向女性倾斜的趋势："我们当时商业是女职工多。当时觉得女同志比较适合这样的工作，男同志说话比较生硬。"（20140902GLZ）

在国家安排的性别分工中，女性的政治身份而非性别身份扮演着重要角色。招工过程中，政治审核是建立国家与女性联系的重要途径。国家通过政治审核，选取优秀的公民为其劳动。

郭书记和她的丈夫都曾是下乡知青，他们通过严格的招工审核进入国营百货A工作，"例如我们有7个知青，但是只招一个，那就由生产大队组织，给你们社员评分，自己内部也进行推荐，选择最优秀的人成为被推荐对象，上报到公社，然后由公社报到单位。单位就会通知被推荐人体检，体检合格后，就会给被推荐人发一个通知。所以当时通过农村招工被招到百货的知青，是属于政治面貌比较好的。"（20140902GF）

通过政治审查，国家强调了女性劳动的首要条件——做一个好公民。劳动成为公民为国家服务的途径，女性劳动者的公民身份在劳动中得以强调。

（2）围绕公私关系展开的劳动。

在国营百货A的日常劳动中，"公与私之间的关系"是他们面临的重要问题。围绕"公与私之间的关系"的讨论，是对公民义务的强调。郭书记是这么描述当时售货员所面对的公与私的关系的："小孩子迫不及待地想吃软糖，但是按照规定是不行的。有售货员就让小孩子吃了，然后其他顾客就不满意了，觉得怎么可以把公家的东西拿出来做人情。可是那个售货员非常有技巧，她称完了以后再减掉一颗。你可以看出营业员的工作都要很好地处理公与私之间的关系。"（20140218GSJ）对于国营百货A的女性劳动者来说，"公与私之间的关系"胜过她们在工作场所中所身处的许多关系，包括女性售货员之间、女性管理者与女性销售员之间的关系。

（3）无处不在的政治学习。

正是由于公私关系在劳动过程中的重要性，使得国营A通过各种政治学习，来提高女性售货员为国家和人民服务的意识，履行公民的职责。李先生认为无处不在的政治学习是国营百货A帮助大家处理公私关系的重要途径。"以前强调为人民服务，现在强调经济利益。刚进去的时候培训了几天。……先政治学习一个星期。具体内容我忘记了。反正就记得思想品德要好。因为我们天天要跟钱打交道。政治学习我现在印象最深刻的就是

天天学习，要我们政治品德好，公家东西不能贪。"（20140215GXS）

2. 市场经济时期：为顾客服务与女公民的消逝

（1）劳动力和身体的商品化。

当中国从计划经济时期过渡到市场经济时期，国家从生产和生活中退出，劳动力逐渐成为商品，在劳动力市场上自由交换。劳动者与国家之间的社会契约，也逐渐被劳动者与市场之间的法律契约所取代。通过劳动合同，国家安排的劳动分工由"劳动力市场"所主导。私营百货 B 的招聘过程体现了这一市场化导向，首先由营业部根据专柜需要填报"用工"申请表，向办公室申请并提出招聘岗位的基本要求，由办公室根据公司用工需求拟定招聘计划，经分管领导审核、批准，之后办公室经市"人才市场""人力资源市场"收集应聘人员相关资料后进行初步筛选，根据情况组织楼层主管面试，合格后，办理试用手续。

对私营百货 B 来说，购买的不仅仅是女性售货员的劳动力，甚至包括其身体表征——"外表"。人事经理提到，"外表的美丽"是招聘的首要条件，"我们当时会收到一大堆的简历；但是我们会根据每个柜台的要求来招人。例如，男装柜需要什么样的人，化妆品柜需要什么样的人，女装柜需要什么样的人，我们在招之前都会有些设想。我们招聘的时候会针对不同的柜台招人。我们这里有西装柜，卖的是高档的西装；这个柜台我们一般都要招最漂亮的售货员。……我们招的女性年龄也有一定跨度。童装柜需要年龄比较老的，因为她们比较有性子跟那些妈妈们磨，小女孩们是做不了这个工作的，她们受不了。化妆品柜售货员的年龄没有到 40 岁的，大多到 30 岁就差不多换岗了。"（20130710JH）在这段叙述中，我们可以看出，私营百货 B 购买女性售货员身体表征的目的在于通过女性售货员的外表，来体现所销售商品的特性。因此，在市场经济时期，劳动力市场和商品市场而非国家决定劳动力的配置，也同时影响着劳动分工。

（2）以顾客服务为中心的劳动。

当劳动力市场和商品市场决定女性售货员在市场经济时期的劳动内容时，国家安排的劳动分工逐渐被市场所安排的劳动分工所取代。为国家和人民的服务也慢慢被为顾客的服务所取代。以国家发展为中心的劳动也逐渐转为以顾客为中心的劳动，而以顾客为中心的服务背后是私营百货 B 希望在市场竞争中胜出的意愿。私营百货 B 的售货员在进入工作的第一个月，必须接受各种培训，其中，最重要的内容为"服务意识的培训"。人事经理是这么介绍的,"在竞争越来越激烈的情况下,在产品日益供过于求的市场里,在商品本身的差异越来越小的情况下,我们唯有提供令客人满意的服务,增加产品的附加值来满足顾客的需求,来挽留顾客、赢得市场。"由此看出,提高服务质量的目的是"增加产品的附加值",从而满足顾客的需求,最后"赢得市场"。归根到底,是为了私营百货 B 能赢得市场,增加更多的利润。在这样的背景下,售货员被要求"改变自己"以满足顾客的需要。

(二) 性别身份的再造

1. 计划经济时期:去性别化的劳动与姐妹情谊

(1) 去性别化的劳动。

国营百货 A 的劳动是去性别化的,在招工的过程中,政治身份的重要性远远高于性别身份的重要性。女性售货员性别化的外表对于国营百货 A 来说并不重要。芳是这么讲述国营百货 A 在招工过程中对待外表的态度的:"我那时候也没有什么面试,就体检了一下。……对形象都没什么要求。那个阿姨很矮啊,也上来了。还有一些知青回来,外表也不怎么样,也进来了。"(20140211WXF)

在具体的劳动过程中,国营百货 A 对女性售货员的要求是"朴素","以前对外表没要求。有一段时间,人人都发一条领带,有工作服。……没有说要化妆。当时就说要统一服装,打领带。后来也没有了。……没有说要漂亮。"(20140709WXF) 对"朴素"外貌的要求体现了国营百货 A 女性售货员劳动过程的去性别化特征。

(2) 姐妹情谊。

虽然国营百货 A 的劳动过程是去性别化的,但在劳动过程中,女性之间仍然形成了"姐妹关系"。珍姐是这么回忆当时的同事关系的"以前同事的感情真的很好,现在都没有办法像当时的感情。以前大家真的处得像姐妹一样。"(20140606GLZ) 因此,在国营百货 A 的劳动过程中所建构起来的性别认同是一种"姐妹"身份和"姐妹"关系。

2. 市场经济时期:性别化的劳动与性别分化

(1) 性别化劳动。

对于私营百货 B,日常顾客接待及销售是女性售货员工作的主要内容。在顾客接待及销售过程中,外表的打理成为重要内容,化妆品柜台的小华对于"漂亮"的强调体现了劳动过程中的性别特征。

"一定是漂亮，但不仅需要漂亮，而且要有非常好的气质。尤其是皮肤要好，要不然你买化妆品的时候看到（售货员）皮肤疙疙瘩瘩的，很可怕的。一般卖化妆品的年龄也都比较小。如果你底子还不错，那么就会送你去培训。"（20140620JH）

在这样的劳动过程中，女性售货员的性别化表征也成为她们劳动的一部分，与她们所销售的商品紧紧联系在一起。

(2) 性别分化。

由于性别化是女性售货员劳动的重要特征，她们的分工也按照性别化程度来安排。女性售货员的基本工资是由私营百货 B 制定的。一般柜台 1800 元/天，化妆品柜台和男装柜台的基本工资稍高，为 2200 元/月。其余的工资收入主要靠提成。私营百货 B 将柜台出租给各个品牌代理商，由代理商给女性售货员提成。女性售货员每售出一个商品，就获得 1% 的提成。有些柜台也会规定，若营业额达到一定数量（若每月销售总额为 8 万元），则获得 2% 的提成。

女性售货员的薪酬根据外表和年龄划分为不同的等级。年轻漂亮的女孩被安排在化妆品柜和西装柜，二者是私营百货 B 中利润最多、薪资最高的柜台；年龄较大、外表普通的妇女则被安排在童装柜，其为私营百货 B 中利润最少的柜台。小珍是私营百货 B 里工作了几年的老百货员。她因为漂亮，被安排在男装柜。"工资最高的是男装柜和化妆品柜，这是工资最高的两块。……营业员的工资是按照基本工资加抽成的；商场会有一个最低的基本工资底线，每个柜台的基本工资都差不多，大概在每月 1800 元；然后每个人卖出一件，就抽一个点，一个点的意思就是卖出 100 元你赚 1 元；在男装柜台的话，就能抽到比较多的钱；……所以，男装柜台对售货员的要求很高，相较于其他柜台，这些售货员的流动率不是很大；一般在百货，工资越高的柜台，效益越好的柜台，她们的流动就会越低。"（20140615ZZ）当性别化成为女性售货员劳动过程的重要特征，薪资待遇也根据女性的性别和年龄特征存在差异，这就造成了女性之间的分化。

(三) 阶级身份的若隐若现

1. 计划经济时期：话语打造的阶级身份

在计划经济时期，"阶级"话语渗透在劳动者生活的方方面面，在上文所提到的政治学习中,"阶级"作为重要的话语,成为劳动者的主要学习内容。但是在现实的劳动中,由于生产资料和生活资料分配不均而导致的阶层分化和社会分化,却是不存在的。国营百货 A 的薪资是扁平化的。工人之间,工人干部之间并不存在分化。"我们的奖金分到柜,由柜长决定怎么分。以前大家分配也比较平均,因为我们商业的工作时间也不好算。比如你这个月值班,下个月又轮到其他人了。或者有些人上中午班,营业额少,这样也不可能少给他们。柜长也不会因为要多赚那些钱,少分给其他人。因为这样也会影响关系。以前为了保持好的关系,都不会私吞太多奖金,也不会太计较。"(20140720WWX)在上面的考核机制中我们可以看出,奖金的分配较为平均。此外,荣誉也是通过较为民主的形式分配到个人。"那时候评劳模也有名额分配,然后分到各个柜台。大家都在柜台内部选。"(20140215ZSZ)由此可以看出,不论是工资还是荣誉,国营百货 A 都有平均化的趋势。扁平化的薪资保持了售货员在经济上较为平等的地位,也由此避免了工人之间、工人与干部之间的分化。

2. 市场经济时期:雇佣关系下的阶级分化

市场经济时期,企业不再是国家的代表,而成为市场的代言人,与女性售货员之间存在着市场雇佣关系。在私营百货 B 中,公司与女性售货员的雇佣关系存在着各种冲突甚至对抗。作为公司的代表,大堂经理的任务就是监视女性售货员,看她们的劳动是否符合公司的要求。若女性售货员的外表和姿态没有达到公司的要求,大堂经理就会代表公司惩罚女性售货员。笔者在商场做田野调查时,不止一次看到大堂经理对女性售货员的责骂。"你的头发太长了""说了不能戴耳环,你怎么又戴""你的妆化得太差""你这样打扮太土了"。这些对女性售货员批评的背后蕴含着对女性售货员外表的控制。许多刚开始享受工作的售货员在工作一段时间以后,纷纷和大堂经理吵架,甚至离开。"一开始我觉得这个工作还挺好的。以为只要打扮得漂漂亮亮站在那里就好了。可没想到公司对我们这个要求,那个也要求。我明明打扮得很好了,都按照公司的要求做了,公司还是对我这要求,那要求。"(20140608WF)女性售货员和大堂经理的吵架无处不在,"公司对我们的礼貌礼仪的要求实在太多。我真的很不舒服。我感觉自己就像玩偶一样的。打扮得漂亮又有什么用,不被当人看。"(20140615WWS)对外表的控制不仅是女性售货员与公司之间最大的矛盾,对私人空间的控制更增加了女性售货员与公司之间的冲突。"不能玩手机。经理会出来巡视,看到玩手机会扣你钱。这个真的很烦。你想有时候也没有办法，家里有事找你，或者小孩儿生病什么的，你都不能接电话。工作时间这么长，我们什么时间可以做自己想做的事情啊。"（20140708WF）小珍是个话痨，她在私营百货 B 中工作了一段时间就离开了，说不能忍受公司不让她说话，"你说说看嘛。我们怎么可能不说话。我平常最爱说话了。但是她们都不让我说话。有一次我只是跟同柜台的女孩交流了一下，可能笑得有些大声。大堂经理就走过来把我狠狠骂了一顿。"（20140809XZ）在这些矛盾和冲突的背后，是作为私人资本的私营百货 B 与作为劳动者的女性售货员之间的冲突，是雇用者和被雇用者之间的冲突，是不同阶级的冲突。

五　结论

本文引入的是"交叉口"视角，考察女性售货员在不同经济体制下多维身份的变迁。在"交叉口"视角看来，女性劳动者不仅是性别的主体，也同样是劳动的主体，甚至是种族、城乡以及公民的主体，拥有包括性别认同、阶级认同、种族认同、城乡认同、公民认同在内的多重认同。这些认同在女性劳动者那里排成了不同的系列。在不同经济体制下，国家与市场作为两股重要的力量，形塑着女性售货员的多维身份认同。第一，在计划经济时期，国家在生产和生活中扮演着重要角色。国家主导着劳动分工，通过将女性安排到服务业来实现性别分工。在这个过程中，政治身份的建构存在优先性。在国营百货 A 的招工中，政治身份置于首要位置。通过无处不在的政治学习，政治身份得以巩固。国家与公民之间的关系，被转化为公与私之间的关系，在劳动的过程中得以强调。但是在市场经济时期，国家与公民之间的关系，公与私之间的关系，逐渐从生产和生活中退出。市场开始主导劳动力的买卖，女性劳动者与企业之间的关系建立在买与卖的雇用基础上。女性售货员将自己的劳动力卖给企业，企业在这个过程不仅购买女性售货员的劳动力，也同时购买女性售货员的身体表征。企业通过购买女性售货员的身体表征，来体现商品的性质。于是，在劳动力和身体商品化的过程中，国家与女性劳动者的关系让位于市场与女性雇用者的关系。女性公民的身份在从计划经济向市场经济转型的过程中逐渐消逝。第二，在计划经济时期，女性售货员的工资是由国家统一分配的，不同柜台之间的工资没有太大差异，干部与普通营业员之间的工资差异也很小。扁平化的薪酬体现了平均主义。女性劳动者与干部之间在经济地位上较为平等。虽然"阶级"是工人生产和生活中的重要口号，但女性劳动者与干部之间在生产资料和生活资料的分配中并不存在分化。国营百货 A 的工资薪酬较为平均，且奖金的发放也较为平均，等级的分化也不明显。进入市场经济之后，资源的分配采用市场的自由竞争原则。私营百货 B 中所体现的提成制就是建立在自由竞争的基础上。通过市场竞争，售货员在经济地位上出现差距，售货员与管理者出现分化，且围绕着雇佣关系出现劳资方面的矛盾。从计划经济进入市场经济，原先只作为话语的"阶级"逐渐转化为实际意义上的阶级。随着自由竞争成为工资分配的主要原则，劳动控制成为企业管理的重要内容，阶级的分化逐渐出现并加深。第三，计划经济时期的国营百货 A，女性售货员的劳动是去性别化的，劳动者外表的性别特征在劳动中被抹平，被国家所强调的政治特征所取代。但在这样去性别化的劳动中，性别的身份通过女性售货员之间的互帮互助得以建构。在女性的互助中形成了姐妹情谊。姐妹也成为计划经济时期性别身份的重要内容。但进入市场经济之后，商品市场很大程度上要求女性售货员的劳动围绕着客户需求和商品特质，这使得私营百货 B 的女性售货员在劳动中被不断要求体现性别特征。性别化的劳动将女性特质与商品特征联系在一起，并根据年龄和外貌进行分层。原先计划经济时期的姐妹情谊逐渐被市场经济时期所形成的性别分化所取代。

参考文献

何明洁，2009，《劳动与姐妹分化——"和记"生产政体个案研究》，《社会学研究》第 2 期。

蓝佩嘉，2008，《跨国灰姑娘：当东南亚帮佣遇上台湾新富家庭》，行人出版社。

Arlie Hochschild, 1983, *The Managed Heart*, Berkeley: University of California Press.

Patricia Hill Collins, 1998, "Some Group Matters: Intersectionality, Situated Standpoints, and Black Feminist Thought," in *Fighting Word*, Minneapolis: University of Minnesota Press.

图书在版编目(CIP)数据

青年学者妇女/性别实证研究成果集:2012-2014年度/中国妇女研究会办公室,汕头大学妇女研究中心主编.--北京:社会科学文献出版社,2016.8
　ISBN 978-7-5097-9229-2

　Ⅰ.①青… Ⅱ.①中…②汕… Ⅲ.①妇女学-中国-文集 Ⅳ.①C913.68-53

中国版本图书馆CIP数据核字(2016)第119059号

青年学者妇女/性别实证研究成果集(2012—2014年度)

主　　编 / 中国妇女研究会办公室　汕头大学妇女研究中心

出 版 人 / 谢寿光
项目统筹 / 王　绯
责任编辑 / 黄金平

出　　版 / 社会科学文献出版社·社会政法分社(010)59367156
　　　　　　地址:北京市北三环中路甲29号院华龙大厦　邮编:100029
　　　　　　网址:www.ssap.com.cn
发　　行 / 市场营销中心(010)59367081　59367018
印　　装 / 三河市尚艺印装有限公司

规　　格 / 开　本:787mm×1092mm　1/16
　　　　　　印　张:15.25　字　数:255千字
版　　次 / 2016年8月第1版　2016年8月第1次印刷
书　　号 / ISBN 978-7-5097-9229-2
定　　价 / 65.00元

本书如有印装质量问题,请与读者服务中心(010-59367028)联系

▲ 版权所有 翻印必究